suhrkamp taschenbuch 2345

George Sand (1804-1876) war zu ihrer Zeit eine der berühmtesten und umstrittensten Schriftstellerinnen Frankreichs und ist heute in Deutschland zu Unrecht vergessen. Ihr Werk umfaßt mehr als einhundert Bände, von denen die autobiographischen Schriften *Geschichte meines Lebens*, *Briefe eines Reisenden* und *Ein Winter auf Mallorca* (denen die in diesem Band enthaltenen Texte entnommen sind) nicht nur lebendige und aufschlußreiche zeitgeschichtliche Dokumente darstellen, sondern auch das Porträt einer Frau enthalten, die unabhängig und in Freiheit leben wollte und daher gegen viele gesellschaftliche Konventionen und Regeln verstieß. Sie war nicht nur eng mit den berühmtesten Männern ihrer Zeit befreundet, mit A. de Musset, F. Chopin, F. Liszt, H. de Balzac, Sainte-Beuve, A. Dumas, G. Flaubert oder I. S. Turgenjew, verkehrte nicht nur freundschaftlich mit Arbeiterschriftstellern, wie dem Maurer Charles Poncy oder dem Weber Magu, die sie moralisch und finanziell nach Kräften unterstützte, sondern kämpfte auch an der Seite der Revolutionäre von 1848, Louis Blanc, Ledru-Rollin, A. Barbès für eine soziale Republik. Kein Wunder, daß sie in Deutschland mit Mißtrauen betrachtet wurde und hier in Vergessenheit geriet.
Daß George Sand von H. Heine, F. Dostojewski, M. Bakunin, A. Herzen – um nur ganz wenige zu nennen – so sehr geschätzt und verehrt wurde, liegt vor allem an dem Mut und der Aufrichtigkeit, mit denen sie gegen das Prinzip der Autorität und eine heuchlerische Moral ankämpfte, die beispielsweise auch eine nicht in Liebe oder Zuneigung geschlossene Ehe als sakrosankt hinstellte.
Renate Wiggershaus lebt als freie Schriftstellerin, Funkautorin und Kritikerin in Kronberg im Taunus.

George Sand
Geschichte meines Lebens

Aus ihrem
autobiographischen Werk
ausgewählt
und mit einer Einleitung
versehen von
Renate Wiggershaus

Suhrkamp

Die Auszüge wurden den folgenden Ausgaben entnommen:
Geschichte meines Lebens, Leipzig 1855, dt. von Claire v. Glümer;
Briefe eines Reisenden, Leipzig 1844, dt. v. L. Meyer;
Ein Winter auf Mallorca, Frankfurt 1974, dt. v. Ulrich C. Krebs
Umschlag: Hermann Michels
Illustration von Hans-Jörg Brehm
Foto: Archiv für Kunst und Geschichte, Berlin

suhrkamp taschenbuch 2345
Erste Auflage dieser Ausgabe 1994

Druck: Ebner Ulm · Printed in Germany

1 2 3 4 5 6 – 99 98 97 96 95 94

Inhalt

EINLEITUNG

»George Sand, die größte Schriftstellerin, ist zugleich eine schöne Frau. Sie ist sogar eine ausgezeichnete Schönheit. Wie der Genius, der sich in ihren Werken ausspricht, ist ihr Gesicht eher schön als interessant zu nennen; das Interessante ist immer eine graziöse oder geistreiche Abweichung vom Typus des Schönen, und die Züge von George Sand tragen eben das Gepräge einer griechischen Regelmäßigkeit. Der Schnitt derselben ist jedoch nicht schroff und wird gemildert durch die Sentimentalität, die darüber wie ein schmerzlicher Schleier ausgegossen. Die Stirn ist nicht hoch, und gescheitelt fällt bis zur Schulter das köstliche, kastanienbraune Lockenhaar. Ihre Augen sind etwas matt, wenigstens sind sie nicht glänzend, und ihr Feuer mag wohl durch viele Tränen erloschen oder in ihre Werke übergegangen sein, die ihre Flammenbrände über die ganze Welt verbreitet, manchen trostlosen Kerker erleuchtet, vielleicht aber auch manchen stillen Unschuldtempel verderblich entzündet haben. Der Autor von *Lélia* hat stille sanfte Augen...[1] – schrieb Heinrich Heine 1840 über die damals 36jährige George Sand, die zu jener Zeit bereits eine der berühmtesten und umstrittensten Schriftstellerinnen Frankreichs war. Wer war diese Frau, für deren klare Prosa, die »stets Güte und seelische Vornehmheit atmet«[2], Marcel Proust eine Vorliebe hatte; die in Dostojewski »Entzücken und Verehrung« weckte und deren Romane ihm »Freuden, ja, Glück« gegeben hatten[3]; bei deren Begräbnis Gustave Flaubert »weinte wie ein Kind«[4]; und von der Oscar Wilde sagte, »von allen Künstlern dieses Jahrhunderts war sie die selbstloseste«[5]; die in Deutschland hingegen als »Emanzipierte verworfen« wurde, »als das Mannweib mit der Männerkleidung, mit der Reitpeitsche in der Hand, dem Dolch im Gürtel, der Zigarette im Munde«[6], deren »Begeisterung«, so der deutsche Literaturgeschichtler Ludwig Spach 1876, »unsägliches Unheil im Innern der Familienkreise und am häuslichen Herd anrichtete« und die »die systematische Untergrabung der Ehe... mit weiblicher Delikatesse zuwege brachte«.[7]

Als George Sand alias Amantine-Aurore-Lucie Dupin am 1. Juli 1804 geboren wurde, waren ihre Eltern erst einen Monat verheiratet, und zwar gegen den ausdrücklichen Willen der Mutter ihres Vaters. Diese Großmutter, die auf die heranwachsende George Sand einen entscheidenden Einfluß haben sollte, war die uneheliche Tochter von Marie Rainteau, die unter dem Namen Mlle. de Verrières an der Oper gesungen hatte, und dem Marschall Moritz von Sachsen, einem der vielen unehelichen Kinder des Kurfürsten August des Starken. Sie war mit 15 Jahren verheiratet worden und hatte noch im selben Jahr ihren Mann verloren, heiratete im Alter von 30 Jahren den 62jährigen liebenswürdigen Finanzmann Claude Dupin de Francueil und gebar 1779 einen Sohn: Maurice Dupin, den späteren Vater George Sands. Nach dem Tode ihres Mannes kaufte sie das Besitztum Nohant in der Landschaft Berry, etwa 200 Kilometer südlich von Paris, das früher ein Schloß gewesen war, 1793 aber nur noch einen Turm, Ländereien und ein im Stil Ludwigs XVI. erbautes Haus umfaßte.[8] Bevor ihr Sohn Maurice gegen ihren Willen als Freiwilliger in das Heer der Republik eintrat, zeugte er mit einem Dienstmädchen des Hauses einen Sohn: Hippolyte, der spätere Halbbruder George Sands.
Auf einem Feldzug in Italien verliebte sich Maurice Dupin in die Geliebte seines Generals: die schöne Antoinette-Sophie-Victoire Delaborde, Tochter eines Vogelhändlers in Paris. Auf diese Liebe, die sich als sehr beständig erwies, reagierte die Mutter Mauricens dermaßen eifersüchtig und ablehnend, daß die beiden Liebenden keinen anderen Ausweg sahen, als in aller Heimlichkeit zu heiraten, um die eheliche Geburt des zu erwartenden Kindes zu sichern. In der »Geschichte meines Lebens« berichtet George Sand über ihre Geburt: »Eines Tages hatten sie (ihre Eltern, die Schwester ihrer Mutter und einige enge Freunde – R. W.) einige Quadrillen getanzt; meine Mutter trug gerade ein hübsches rosenfarbenes Kleid, und mein Vater spielte auf seiner treuen Cremoneser Geige eine Tanzmelodie eigener Erfindung. Meine Mutter war ein bißchen leidend, verließ die Tanzenden und ging in ihr

Zimmer. Da ihr Gesicht nicht entstellt war, und da sie sich in größter Ruhe fortbegeben hatte, wurden die Contretänze fortgesetzt. Bei dem letzten Chassez-huit begab sich meine Tante in das Zimmer meiner Mutter und rief in demselben Augenblicke: ›Kommen Sie, kommen, Sie, Maurice! Sie haben eine Tochter!‹

›Sie soll Aurore heißen, wie meine gute Mutter, die nicht hier ist, um sie zu segnen, aber die sie eines Tages segnen wird‹, sagte mein Vater, indem er mich in seine Arme nahm. Es war der 5. Juli 1804, im letzten Jahr der Republik und im ersten des Kaiserreichs. ›Ihre Geburt war von Musik und Rosenrot umgeben, sie wird glücklich sein!‹ rief meine Tante.«[9]

Vergeblich versuchte die Großmutter, die sich eine glänzendere Partie und eine Frau ohne Vergangenheit für ihren Sohn erhofft hatte, diese Ehe noch im nachhinein zu annullieren. Sie fügte sich schließlich – besiegt auch durch die hübsche kleine Enkelin – in ihr Geschick. Aurore Dupin, also die kleine George Sand, lebte nun – während der Vater an den Feldzügen Kaiser Napoleons teilnahm – zusammen mit ihrer fröhlichen, flinken und zärtlichen Mutter Sophie-Victoire in einer bescheidenen Mansardenwohnung in Paris. Als Oberst Dupin 1808 als Adjutant Murats, des Schwagers von Napoleon, in Madrid kämpfte, reisten ihm seine Frau, die im achten Monat schwanger war, und seine vierjährige Tochter nach. Die Reise durchs feindliche Spanien verlief äußerst beschwerlich; das Kind, das Sophie-Victoire in Madrid zur Welt brachte, war blind. Auf der Rückreise wurden die Kinder vom Fieber und von der Krätze befallen, und als sie schließlich in Nohant bei der Großmutter ankamen, waren sie alle vier ausgehungert und krank. Während Aurore sich schnell erholte, starb der kleine Bruder nach einigen Wochen. Wenige Tage später wurde der Vater beim Sturz von seinem scheuenden Pferd tödlich verletzt. Der Schmerz der Frauen war unbeschreiblich. Dennoch brachte er sie beide, die so verschieden waren – die Großmutter kühl, ernst, fürsorglich, würdevoll; die Mutter lebhaft, leidenschaftlich, jähzornig und doch auch herzensgut zu gleicher Zeit – einander näher, allerdings nur für kurze Zeit. 1810 verließ Sophie-Victoire Nohant, um sich in Paris niederzulassen und dort für ihre erste Tochter Caroline, die einer früheren Beziehung entstammte, zu sorgen. Für Aurore, die ihre Mutter leidenschaftlich liebte, war diese erste Trennung eine bittere und schmerzliche Erfahrung. Man einigte sich darauf, daß die Großmutter und Aurore während der Wintermonate in Paris wohnen sollten und Sophie-Victoire während der Sommermonate nach Nohant kommen würde.

Abgesehen von dem Kummer, der durch die Abwesenheit der innig geliebten Mutter verursacht wurde, führte Aurore ein unbeschwertes Leben. Sie hatte viele gleichaltrige Spielgefährten, darunter auch ihren Halbbruder Hippolyte. Sie beide wurden von dem ehemaligen Erzieher ihres Vaters, dem ein wenig sonderlichen Dechartres, in Grammatik, Latein und den Naturwissenschaften unterrichtet. Er versorgte die Kranken in der näheren Umgebung, ohne sich diese Dienste bezahlen zu lassen; Aurore nahm er bei seinen Visiten und Ausritten häufig mit. Die Großmutter unterwies sie in der Musik und Literatur.

Die Kluft zwischen Mutter und Großmutter wurde immer größer. Beide versuchten, ihren Einfluß auf Aurore geltend zu machen. Die Großmutter, die auf Aurore all die Liebe, die sie einst für ihren Sohn empfunden hatte, projizierte, wollte sie zu einer gebildeten, vornehmen jungen Dame erziehen, die die Etikette beherrschte; ihre Mutter hingegen haßte die vornehme Welt, von der sie einst wegen des Standesunterschieds so zurückgestoßen worden war, immer mehr. Diese Verachtung verlangte sie auch von der Tochter. Aurore, die so zwischen zwei sozialen Klassen stand, schwankte in ihren Sympathien und Interessen hin und her. Sie spürte, daß sowohl ihre Mutter als auch ihre Großmutter recht und unrecht zugleich hatten. Da ihre Zuneigung und Liebe beiden Frauen gehörte, war sie oft traurig und innerlich zerrissen. Gleichzeitig verfestigten sich aber auch die für sie so charakteristischen Eigenschaften einer leidenschaftlichen Aufrichtigkeit, des Zuhören- und Beobachtenkönnens, des spontanen Engage-

ments und leidenschaftlicher Hingabe, wenn es darum ging, Leiden zu mindern.
Innerliche Ruhe und relatives Glück fand Aurore erst im Kloster der Englischen Augustinerinnen, in das ihre Großmutter, die selbst keine praktizierende Katholikin, vielmehr eine Anhängerin Voltaires war, sie 1817 schickte, damit sie ihre Bildung vervollständige und Etikette und Sitten sicher beherrschen lerne. Im Kloster gab es drei Gruppen von Mädchen: die amüsanten Teufel, die braven Frommen und zwischen diesen die Mehrheit der Dummen und Trägen. Aurore war von ihrem Lehrer Dechartres wie ein Junge erzogen worden; daher war es nur natürlich, daß sie sich unter die Teufel einreihte. Da sie aber wegen ihrer tollen Streiche von den von ihr am meisten verehrten und geliebten Personen, der Nonne Mater Mary-Alicia und dem Jesuiten Abbé de Prémond nicht etwa bestraft, sondern nur sanft oder auch ironisch getadelt wurde, versuchte sie, sich dieser beiden Menschen dadurch als würdig zu erweisen, daß sie die Bibel und das Leben der Heiligen und Märtyrer studierte. Eines Tages erlebte die 15jährige, während sie noch allein in der stillen Kirche kniete, eine Art Halluzination und mystische Ekstase: »Plötzlich ging eine Erschütterung durch mein ganzes Wesen, ein Schwindel überfiel mich, ein weißer Glanz schien mich zu umgeben, und ich hörte eine Stimme in mein Ohr flüstern: Tolle, lege... (Das bedeutet: Nimm und lies. R. W.) Ich fühlte, daß sich der Glaube meiner bemächtigte und zwar durch das Herz, wie ich es gewünscht hatte, und war so dankbar dafür und so entzückt, daß ein Tränenstrom mein Gesicht benetzte.«[10] Von jenem Tag an gehörte sie zu den Frommen und Braven und hatte den intensiven Wunsch, selber Nonne zu werden.
Als die Großmutter von diesem Vorsatz Aurores hörte, holte sie sie unverzüglich aus dem Kloster. Im Februar 1820 verließ Aurore voller Trauer und mit Bedauern diesen Ort der Unbeschwertheit und auch des Glücks – wie sie in der Geschichte ihres Lebens schrieb –, wo sie zusammen mit vielen jungen Mädchen ein fröhliches und zum ersten Mal in ihrem Leben ein geregeltes

Leben geführt hatte. Ihr Kummer wurde noch durch die Befürchtung verstärkt, mit einem fünfzigjährigen General verheiratet zu werden. Außerdem war sie unglücklich darüber, daß sich die Zwistigkeiten zwischen ihrer durchaus nicht mehr zärtlichen Mutter und ihrer immer kränklicher werdenden Großmutter verstärkt hatten. »Nach Nohant«, sagte ihre Mutter, »werde ich erst dann zurückkehren, wenn meine Schwiegermutter tot ist.«[11] Dieser Vorsatz sollte sich erfüllen. Die Großmutter starb bereits im darauffolgenden Jahr, am 25. Dezember 1821, nachdem sie lange Zeit bettlägerig gewesen und Tag und Nacht von ihrer Enkelin umsorgt und gepflegt worden war. Während der achtzehn Monate, die Aurore nach ihrem Klosteraufenthalt bis zum Tod ihrer Großmutter in Nohant zugebracht hatte, hatten sich drei wesentliche Züge ihres Charakters entwickelt: erstens der leidenschaftliche Wunsch, sich Wissen anzueignen (sie las alles, was ihr unter die Hände kam: Leibniz und die »einflußreichen Gestalter des neuen romantischen Menschen«[12]: Byron, Chateaubriand und Rousseau, »den Mann der Leidenschaft und des Gefühls«, der sie »erschütterte«[13]), gepaart mit dem Verlangen, die Wahrheit zu ergründen und ihre Kenntnisse und Überzeugungen mit ihren Handlungen und ihrer Lebensweise in Einklang zu bringen. Zweitens der Drang, frei zu sein, frei inmitten einer Natur, einer Landschaft, die sie seit ihrer Kindheit wegen ihrer Unberührtheit und Melancholie mit all ihren ständigen Verwandlungen innig liebte. (Damit sie bei den Nachtwachen, die sie bei der Großmutter hielt, oder bei der Lektüre nicht einschlief, verschaffte sie sich Bewegung, indem sie bereits im Morgengrauen in praktischen Männerkleidern, die ihr Dechartres empfohlen hatte, einige Stunden durch Wälder und über Felder ritt.) Schließlich der Wunsch, unabhängig zu sein, gepaart mit dem Mut, ihre Freiheit zu gebrauchen, was unweigerlich dazu führte, daß sie für das Geschwätz der Kleinstädter und die von diesen aufgestellten Normen in bezug auf das, was sich für ein junges Mädchen gehörte und was nicht, eine gewisse Unempfindlichkeit, ja sogar Verachtung entwickelte.

Durch den Tod der Großmutter wurde Aurore Dupin mit 17 Jahren die alleinige Erbin des Landgutes Nohant sowie des Hôtel Narbonne, eines vornehmen Hauses in Paris. Davon hatte sie ihrer Mutter, Dechartres und einigen alten Dienern eine Rente zu zahlen. Die Mutter Aurores, der durch eine testamentarische Klausel die Vormundschaft entzogen worden war, war darüber so erbost und aufgebracht, daß Aurore zum ersten Mal die Kluft bewußt wurde, die sie von der Mutter trennte. Diese, die sich nicht weitergebildet hatte und kaum über ihren kleinen Haushalt hinausblickte, war abwechselnd ungerecht, liebenswürdig und jähzornig. Sie bestand darauf, daß die minderjährige Aurore sie nach Paris begleiten und bei ihr wohnen sollte.
Das Leben in Paris gestaltete sich überaus unerquicklich. Tochter und Mutter hatten sich völlig entfremdet; ihre Interessen waren zu verschieden, als daß ein erträgliches Leben möglich gewesen wäre.
Dieser Zustand änderte sich erst, als Aurore im April 1822 herzliche Aufnahme auf dem Gut eines ehemaligen Waffengefährten ihres Vaters fand. Das Ehepaar Roëttiers du Plessis, das selber fünf Töchter hatte, behielt Aurore mehrere Monate bei sich und behandelte sie wie eine eigene Tochter. An den Spielen, die Aurore mit den Töchtern veranstaltete, nahmen auch Gäste des Hauses teil, unter anderen Casimir Dudevant, der als legitim anerkannte Sohn des Obersten Baron Dudevant und einer Dienstmagd. Dieser »gute Kamerad«, wie Aurore ihn nannte, hielt, ohne daß je ein Wort über Liebe zwischen ihnen gefallen wäre, um ihre Hand an. Aurore stimmte erfreut zu, weil sie Casimir mochte und hoffte, das heitere Leben, das sie bei den Plessis führten, in Nohant fortsetzen zu können, aber auch, weil sie sich endlich von der Bevormundung durch ihre Mutter befreien wollte. Diese Heirat, der die launische Mutter vor ihrer endgültigen Zustimmung noch eine ganze Reihe von Hindernissen in den Weg gelegt hatte, bedeutete aber nichts anderes, als daß die Fesseln in andere Hände übergingen. Aurores Abhängigkeit sollte noch größer werden.

Die Achtzehnjährige, fast noch ein Kind, schrieb wenige Wochen nach der Hochzeit an eine Freundin: »Wenn zwei Menschen miteinander eine Ehe eingehen, so muß, glaube ich, einer von ihnen vollkommen auf sein eigenes Ich verzichten und nicht nur auf seinen Willen, sondern auch auf seine eigene Meinung; er muß sich entschließen, mit den Augen des andern zu sehen und das zu lieben, was er liebt.«[14]
Zu diesem Verzicht war Aurore bereit: sie unterwarf sich in allem völlig ihrem Mann. Daß diese Ehe dennoch nicht eine der üblichen wurde, in denen die Eheleute allmählich ihre ihnen von der Gesellschaft zugedachten Rollen akzeptierten und sich aufeinander einspielten, lag nicht nur daran, daß Casimir langweilte, was Aurore liebte: Bücher, Musik und Gespräche über Philosophie und Religion, und daß Casimir liebte, was Aurore zumindest langweilte: Treibjagden, Saufgelage und Lokalpolitik, sondern auch an ihrer physischen Vergewaltigung. Zwanzig Jahre später schrieb sie, dieser Erfahrung eingedenk, an ihren Halbbruder anläßlich der Heirat seiner Tochter: »Verhindere, daß dein Schwiegersohn in der Brautnacht brutal mit deiner Tochter umgeht, denn viele organische Leiden und schmerzhafte Niederkünfte haben bei zartbesaiteten Frauen keine andere Ursache. Die Männer wissen nicht genügend, daß dieses Vergnügen für uns eine Marter ist. Sag ihm also, er solle sich mit seiner Sinnenlust ein wenig zurückhalten und so lange warten, bis seine Frau durch ihn allmählich so weit gebracht ist, sie zu begreifen und zu erwidern. Nichts ist abscheulicher als der Schrecken, die Qual und der Abscheu eines armen Kindes, das von nichts weiß und sich nun von einem Rohling vergewaltigt sieht. Wir erziehen sie wie Heilige, dann aber geben wir sie wie Stutenfüllen preis...«[15]
Im Juni 1823, neun Monate nach ihrer Hochzeit, gebar sie einen Sohn: Maurice. Obgleich sie das Kind von ganzem Herzen liebte und umsorgte, schien ihr das Leben leer und fade an der Seite ihres Ehemannes. Sie wurde kränklich und litt unter nervösen Störungen. Eine gewisse Abhilfe schaffte ein gemeinsamer längerer

Besuch bei der Familie Plessis. Dort gewann Aurore sehr schnell ihre alte Fröhlichkeit wieder. Als sie aber einmal, während sie mit anderen jungen Mädchen spielte, nicht auf Casimir hörte, gab dieser ihr vor aller Augen eine Ohrfeige. Das war die erste, von Aurore als solche empfundene Erniedrigung, der später eine ganze Reihe weiterer entwürdigender Handlungen folgte, die 1836 zur endgültigen Trennung der Ehepartner führten.

Auf einer Reise durch die Pyrenäen, die die Dudevants mit ihrem Sohn 1825 unternahmen, verliebte sich Aurore in den jungen Staatsanwaltsvertreter Aurélien de Sèze. Obgleich diese Liebe leidenschaftlich erwidert wurde, gestatteten sich die beiden nur eine platonische, schwesterlich-brüderliche Beziehung. Aber Aurore blühte auf und gewann zusehends an Kräften. Ihr Mann wurde zum ersten Mal nachdenklich, faßte gute Vorsätze und verhielt sich Aurore gegenüber eine Zeitlang außerordentlich liebenswürdig.

Das änderte sich aber, sobald sie wieder in Nohant waren. Casimir entwickelte sich immer mehr zu einem Trinker und Schürzenjäger, war häufig abwesend und überließ seine Frau sich selbst. Aurore ihrerseits blieb nun nicht mehr allein zu Hause sitzen, um platonische Briefe an einen fernen Freund zu schreiben, sondern ging häufig mit Freunden aus der Nachbarschaft aus. Als sie im September 1828 einer Tochter das Leben schenkte, wurde allgemein vermutet, daß der Vater dieses Kindes Stéphane de Grandsagne, ein Jugendfreund Aurores sei. Die beiden Eheleute teilten schon lange nicht mehr dasselbe Schlafzimmer, die häuslichen Auseinandersetzungen nahmen zu, und Aurore versuchte, ihren Kummer durch Lektüre und das unbeschwerte Zusammensein mit Freunden zu bewältigen. Der Erzieher ihres Sohnes, Jules Boucoiran, wunderte sich über die »Spannkraft und Charakterstärke, die es ihr erlaubten, am Tage nach den heftigsten häuslichen Szenen zu lachen, als ob nichts gewesen wäre, und unter der Last ihres Unglücks nicht das Haupt zu beugen.«[16]

1830 lernte Aurore Dudevant bei Charles Duvernet, einem Freund, der einen Kreis junger Literaten um sich versammelt hatte – Anhänger Victor Hugos, Saint-Simons, Fouriers – den 19jährigen Jules Sandeau kennen, der, wie sie sagte, ihr »erfrorenes Herz« wärmte. Die Liebe zu diesem jungen Studenten der Rechte und das immer unerträglicher werdende Leben an der Seite Casimirs[17] veranlaßten sie, von Casimir eine Rente zu verlangen, die es ihr ermöglichte, sechs Monate des Jahres in Paris und sechs Monate in Nohant zu leben. Widerwillig gewährte ihr Casimir den mit großer Entschiedenheit vorgetragenen Wunsch.

Neugierig, wissensdurstig, darauf brennend, in irgendeiner Weise aktiv zu werden, und trunken von Freiheit traf Aurore in Paris ein – einem Paris, das gerade einen Sieg davongetragen hatte: durch die Julirevolution und den Sturz Karls X.[18]; einem Paris aber auch, in dem Adel, Geistlichkeit und insbesondere das reiche Bürgertum maßgebende Machtfaktoren im Staatsleben wa-

George Sand und ein Begleiter (Chopin?) im Konzert

ren und die Bourgeoisie sich durch Geldgier, Egoismus, Lebens- und Genußsucht auszeichnete.
Aurore Dudevant mietete eine Mansardenwohnung, in der sie zusammen mit Jules Sandeau, später auch ihrer kleinen Tochter wohnte. Gemeinsam lernten sie viele Künstler und Literaten kennen, u. a. den Herausgeber der satirischen Zeitschrift *Figaro*, Henri de Latouche[19]; den Schriftsteller Honoré de Balzac, der Aurore und Jules des öfteren in ihrer Mansardenwohnung besuchte und ihre Liebesgeschichte 1837 in dem Buch *Ein berühmter Provinzler in Paris* verarbeitete; und den Schriftsteller und Literaturkritiker Sainte-Beuve, der für George Sand viele Jahre die Rolle eines beinahe väterlichen Beraters spielte, obgleich er nicht älter war als sie.
Aurore genoß ihre Freiheit. Sie ging ins Theater, in Kabaretts, republikanische Klubs, zu Treffen der Saint-Simonisten, besuchte Museen und Cafés. Für diese Ausgänge nähte sie sich ein Männerkostüm, nicht nur, weil es weniger Unkosten verursachte als Frauenkleider und ihr ermöglichte, im Theater auf den billigen Plätzen und nicht nur den für Damen vorgesehenen Logen- oder Balkonplätzen zu sitzen, sondern auch, weil sie damit, ohne Aufmerksamkeit zu erregen und ohne auf Begleitung angewiesen zu sein, überall hin konnte, wohin sie wollte, weil man sie in ihrem Kostüm allgemein für einen Studenten hielt.[20]
De Latouche bot Aurore an, in seinem Redaktionsstab mitzuarbeiten, worauf sie gern einging. In seiner Wohnung hatte jeder (später auch Jules Sandeau) einen eigenen kleinen Tisch, an dem er arbeitete. De Latouche belehrte, verbesserte und unterhielt seine Leute durch kleine Satiren – für Aurore Dudevant eine ideale Schule: sie lernte und verdiente gleichzeitig etwas Geld.
Gemeinsam schrieben Aurore und Jules einen Roman *Rose et Blanche*, der unter dem Namen J. Sand erschien und von der Kritik wohlwollend aufgenommen wurde. Als Aurore nach einem Aufenthalt in Nohant im Frühjahr 1832 wieder nach Paris kam, brachte sie nicht nur ihre Tochter Solange, sondern auch ein neues Manuskript mit: *Indiana*. Jules Sandeau, der an diesem

Roman nicht mitgearbeitet hatte, weigerte sich, seinen Namen zur Verfügung zu stellen. Andererseits hatte ihre Schwiegermutter sie schon vorher ersucht, »den Namen, den ich trage, nicht auf die Umschläge gedruckter Bücher zu setzen«[21], und wollte der Verleger – da das Publikum den Namen Sand bereits kannte – diesen auf jeden Fall beibehalten. De Latouche riet Jules Sandeau, seine eigenen Schriften wieder mit seinem vollständigen Namen zu zeichnen[22], und wählte für Aurore den Vornamen Georges (ab etwa 1833 George) bei Beibehaltung des Nachnamens Sand. So erschien der erste von Aurore allein verfaßte Roman *Indiana* unter dem Pseudonym Georges Sand.

»Indiana«, schrieb George Sand in ihrem Vorwort, »ist ein Typus: die Frau, das schwache Geschöpf, dem es obliegt, die gehemmten oder, wenn Ihnen dies lieber ist, die durch die Gesetze unterdrückten Leidenschaften darzustellen, ... die Liebe, die mit ihrer blinden Stirn gegen alle Widerstände der Zivilisation anstößt...«[23] Die Kreolin Indiana, verheiratet mit dem Obersten Delmare, »liebte ihren Mann aus dem Grunde nicht«, so heißt es in dem Roman, »weil man es ihr zur Pflicht machte, ihn zu lieben, und weil das innerliche Widerstreben gegenüber jeder Art moralischen Zwang ihr zur zweiten Natur, zu einer Verhaltensregel, zu einem Gewissensgesetz geworden war...«[24] Da sie unter den Mißhandlungen ihres zwar nicht bösartigen, aber doch brutalen Mannes leidet, flüchtet Indiana sich zu ihrem Geliebten Raymon de Ramière, der sie aber in dem Augenblick, in dem sie am meisten seiner Hilfe bedurft hätte, von sich stößt. Sie unternimmt einen Selbstmordversuch, wird aber von dem edlen Sir Ralph Brown gerettet. Die physischen und psychischen Leiden, die ihr von ihrem Mann bzw. Geliebten im weiteren Verlauf des Romans zugefügt werden, übersteigen das Maß des Erträglichen. Indiana, gewillt, sich das Leben zu nehmen, berät sich noch einmal mit Sir Ralph. Sie beschließen, gemeinsam in den Tod zu gehen, entdecken sich aber in letzter Sekunde gegenseitig ihre Liebe.

Der Roman wurde ein großer Erfolg. De Latouche schrieb an

George Sand: »O mein Kind, wie zufrieden bin ich mit Ihnen!«, und Honoré de Balzac meinte in *La Caricature*: »Ich kenne nichts, das schlichter geschrieben, köstlicher ersonnen wäre.« Der gefürchtete Literaturkritiker und spätere Freund George Sands, Gustave Planche, lobte sie über alles in der damals bedeutendsten Zeitschrift Frankreichs, der *Revue des deux Mondes*. François Buloz, der Herausgeber der *Revue*, bot ihr 4000 Francs jährlich an, wenn sie ihm jede Woche 32 Seiten abliefern würde. Der Verleger von *Indiana* gab ihr einen Vorschuß von 1500 Francs für ihren nächsten Roman *Valentine*, dessen Heldin ebenfalls eine unglücklich verheiratete Frau sein sollte. So war George Sand plötzlich von einem Tag auf den anderen reich und berühmt. Es kümmerte sie wenig, daß Vergleiche zwischen Indiana und ihr selbst, Delmare und Casimir Dudevant, Raymon und Aurélien de Sèze gezogen wurden. Gegen Verdächtigungen und das Geschwätz der Übelwollenden hatte sie sich bereits als Siebzehnjährige, die in männlicher Kleidung durch die Landschaft galoppierte, eine gewisse Immunität erworben.

Der frühe und umwerfende Erfolg George Sands beruhte teilweise auf dem damals vieldiskutierten Thema ihrer ersten Bücher: dem tragischen Problem, dem sich zahlreiche Frauen in der Ehe ausgesetzt sahen, insbesondere jene, die, fast noch Kinder, an mehr oder weniger alte Männer verheiratet wurden, wobei konventionelle und finanzielle Rücksichtnahmen die Hauptrolle spielten. Die Saint-Simonisten, insbesondere der französische Sozialist Père Enfantin, forderten die völlige Emanzipation der Frau und Freiheit des Geschlechtsverkehrs. George Sand, durchaus eine Anhängerin Saint-Simons, teilte allerdings die Enfantinsche Auffassung nicht. Dem Literaturhistoriker Nisard, der über ihre Romane geschrieben hatte, der Haß gegen die Ehe, das Verderben der Gatten sei der Zweck aller ihrer Bücher, antwortete George Sand: »In der Tat, ich bin sehr erstaunt gewesen, als einige Saint-Simonisten, gewissenhafte Menschenfreunde, schätzbare, achtbare und aufrichtige Forscher der Wahrheit, mich fragten, was ich an die Stelle der Gatten setzten wollte; ich

antwortete ihnen naiv, die Ehe, eben so, wie ich glaube, daß man an die Stelle der Priester, welche die Religion so sehr kompromittiert haben, die Religion setzen müsse... Alle, welche mich ein wenig kennen, haben mich gewiß nicht mißverstanden, denn sie wissen, daß ich nie daran gedacht habe, die konstitutionelle Charte zu ändern.«[25]
Wie wenig George Sand an eine Emanzipation der Frau im modernen Sinn gedacht hatte, geht auch aus den folgenden Zeilen eines Briefes hervor, den sie, nach dem Bruch mit Jules Sandeau, der ihr untreu geworden war, und nach einer acht Tage dauernden, für beide Seiten äußerst unerquicklichen Affäre mit Prosper Mérimée, an Sainte Beuve schrieb: »Wenn Prosper Mérimée mich verstanden hätte, vielleicht hätte er mich geliebt; und hätte er mich geliebt, dann hätte er mich unterworfen; und wenn ich mich einem Mann hätte unterwerfen können, würde ich gerettet sein, denn die Freiheit zehrt an mir und bringt mich um.«[26]

Ihr Ideal war eine in Freiheit und Liebe geschlossene Ehe, die Leidenschaft und Treue einschloß.
Nach diesem mißglückten Versuch, mit Mérimée eine ideale Beziehung herzustellen, zog sich George Sand vorübergehend aus dem gesellschaftlichen Leben zurück und stürzte sich verzweifelt in die Arbeit an einem neuen Roman: *Lélia*. Es war zugleich die Zeit, in der sie die berühmte romantische Schauspielerin Marie Dorval kennenlernte, die zu jener Zeit die Geliebte Alfred de Vignys war. Die weitverbreitete Mär, George Sand habe auch Frauen geliebt, ist zum Teil eine Folge des Mißfallens, das sie bei dem immer eifersüchtigen und sehr egoistischen Vigny erregte. Er forderte Marie Dorval auf, ihre Beziehungen zu der »verdammten Lesbierin«[27] abzubrechen. Dieser Schauspielerin, die in größter Armut starb und für deren Begräbnisstätte Alexandre Dumas d. Ä. Geld sammeln mußte (wozu auch Heinrich Heine seinen Anteil beisteuerte, Alfred de Vigny, zu dessen Ruhm sie auf der Bühne nicht unwesentlich beigetragen hatte, hingegen nichts), setzte George Sand in der *Geschichte ihres Lebens* ein Denk-

mal.[28] Einige Züge dieser Schauspielerin sind in die Figur der sanften, hübschen, sinnlichen Kurtisane Pulcheria in dem Roman *Lélia* eingegangen.

Lélia – das ist das lange Bekenntnis einer Frau über ihr sinnliches Unvermögen sowie das Unvermögen der Männer, ihre Sinnlichkeit zu wecken. Von der Heldin in diesem Buch sagte George Sand, darin habe sie ganz sich selbst dargestellt. Das Buch hatte einen ungeheuren Erfolg, rief aber wegen seines als unmoralisch empfundenen Inhalts gleichzeitig auch große Mißbilligung hervor. *Lélia* war zu offen, zu ehrlich, zu freimütig, zu konkret und barg die Gefahr, die Unaufrichtigkeit zu entlarven, die in vielen damaligen Beziehungen zwischen Frau und Mann herrschte.

Indem George Sand die natürliche Sittlichkeit spontaner Gefühle und Leidenschaften für rechtmäßig erklärte und sich gegen die damals besonders im Bereich der Ehe und Familie herrschende Normierung und Kodifizierung wandte, stellte sie jene gesellschaftlichen Werte in Frage, die wenige Jahre später von dem französischen Sozialisten Pierre Proudhon als unmoralisch verworfen werden sollten: »La propriété, c'est le vol, la famille, c'est la prostitution, Dieu, c'est le mal.« Sie war ein Kind jener romantischen Bewegung, die sich in ihrem Freiheitskampf gegen das

George Sand und Alfred de Musset Medaillon aus Bronze von David d'Angers

Prinzip der Tradition, der Autorität und der Regel überhaupt richtete.
Bei einem Festessen der *Revue des Deux Mondes* lernte George Sand, noch während sie *Lélia* schrieb, 1833 den 22jährigen Alfred de Musset kennen, den Dichter der Jugend und des Weltschmerzes, jenes Weltschmerzes, der, angeregt durch die Übersetzungen von Goethes *Werther* (wozu George Sand ein Vorwort schrieb) und Byrons *Manfred*, damals auch in Paris in Mode war. Musset galt als Dandy: er wurde von den Frauen bewundert und von der literarischen Welt verwöhnt. Victor Hugo hatte ihn in den literarischen Freundeskreis, den *Cénacle*, eingeführt, dem die führenden Künstler der Epoche angehörten und dem Hugo präsidierte. Die Bekanntschaft zwischen A. de Musset und G. Sand entwickelte sich schnell zu einem Liebesverhältnis. Um dem Pa-

Der italienische Arzt Pietro Pagello

riser Klatsch zu entfliehen und sich ungestört an ihrer leidenschaftlichen Liebe erfreuen zu können, beschlossen sie Ende 1833, nach Venedig zu fahren.
Es gibt wohl kaum ein Liebesverhältnis, über das soviel geschrieben wurde wie über das »Drama von Venedig«. Die Auseinandersetzungen begannen bereits unterwegs, als George Sand darauf bestand, ihren Arbeitsrhythmus – sie schrieb täglich acht Stunden – beizubehalten. Und sie setzten sich fort in Venedig. Musset beklagte sich über ihre Kälte, tröstete sich mit Freudenmädchen und Alkohol und wurde schließlich schwer krank. George Sand und ein italienischer Arzt, Dr. Pagello, pflegten ihn gesund, verliebten sich dabei allerdings ineinander, was Musset veranlaßte, allein nach Paris zurückzureisen. George Sand folgte einige Wochen später mit Pagello nach. Neue Versöhnungen,

George Sand. Gemälde von Eugène Delacroix

Auseinandersetzungen, Trennungen folgten, in deren Verlauf sich George Sand in einer verzweifelten Stunde das schöne Haar abschnitt und es Musset schickte. Mit kurzem Haar, bleich und »mit sorgenumwölkter Stirn« ließ sie sich von Eugène Delacroix malen.[29] Nach der endgültigen Trennung schrieb Alfred de Musset seine bedeutendste Prosadichtung: die *Confession d'un enfant du siècle* (1836)[30], in der er seine unglückliche Liebe zu George Sand schilderte. 1859, zwei Jahre nach Mussets Tod erschien Sands Roman *Elle et lui*, eine stark autobiographische Darstellung der Ereignisse von Venedig, in der die Heldin eine eher erhabene Rolle spielt. Daraufhin erschien die Biographie Alfreds, verfaßt von seinem erbosten Bruder Paul de Musset: *Lui et elle*, in der er weder seinem Bruder noch George Sand gerecht wird. Das veranlaßte schließlich die französische Schriftstellerin und ehemalige Geliebte Alfred de Mussets, Louise Colet, den Roman *Lui* zu verfassen.

Nach dieser stürmischen Liebesgeschichte mit Alfred de Musset folgte für George Sand eine Zeit der Ungebundenheit und freier Selbstbestimmung. Mit Hilfe des Rechtsanwaltes Michel de

Michel de Bourges

Bourges, der großen politischen Einfluß auf sie hatte und der am liebsten eine gesellschaftskritische Schriftstellerin aus ihr gemacht hätte, die seine Ideen propagierte, gewann sie den Scheidungsprozeß gegen ihren Mann, wodurch der ihr vererbte Landsitz Nohant endlich in ihren Besitz kam. 1836 machte sie mit der Gräfin d'Agoult, die unter dem Namen Daniel Stern politische und sozialkritische Bücher schrieb, und deren Geliebten Franz Liszt[31] sowie ihren Kindern und Liszts Freunden eine mehrwöchige Reise durch die Schweiz. Sie verkehrte mit dem Theologen und Philosophen Félicité Robert de Lamennais, der damals wegen seines 1833 erschienenen Buches *Paroles d'un croyant* berühmt war, das im Namen der Religion die Souveränität des Volkes proklamierte, mit dem päpstlichen Bann belegt wurde und in wenigen Jahren über hundert Auflagen erlebte[32]; mit dem Philosophen und Sozialisten Pierre Leroux, mit dem sie 1841 die sozialistische »Revue indépendante« gründete; mit Heinrich Heine, den sie ihren Cousin nannte und mit dem sie eine enge Freundschaft verband; mit Honoré de Balzac, der sich nach dem Zerwürfnis Sand/Sandeau auf die Seite des kleinen Jules geschlagen hatte, schließlich aber – entsetzt über dessen Faulheit – George Sand auf ihrem Landsitz Nohant besuchte; mit dem Schauspieler Bocage, dem Maler Delacroix usw. In dieser Zeit entstanden u. a. *Die Briefe eines Reisenden*, von denen ihr Biograph André Maurois sagte, daß George Sand »dort den Besten gleichkommt«.[33]

1837 lernte George Sand Frédéric Chopin kennen, den romantischsten der Romantiker, der neben Franz Liszt der berühmteste und umschwärmteste Pianist seiner Zeit war. Heinrich Heine nannte ihn den »Raffael des Fortepiano, den großen, genialen, den holdseligen Tondichter, den Virtuosen und Poeten«, bei dessen Klavierspiel er »in die süßen Abgründe seiner Musik, in die schmerzliche Lieblichkeit seiner ebenso tiefen wie zarten Schöpfungen« versinke.[34] Chopin hatte Polen nach der Revolution von 1830 verlassen und lebte seit 1831 als Lehrer und Konzertspieler in Paris. Im Oktober 1837 notierte er in sein Tagebuch: »Sie schaute mir tief in die Augen, während ich spielte. Es war eine etwas traurige Musik, Donaulegenden; mein Herz tanzte mit ihr durch das Land. Und ihre Augen in die meinen versenkt, dunkle, seltsame Augen, was sagten sie? Sie stützte sich auf den Flügel, und ihre glühenden Blicke umfingen mich... Blumen ringsum. Mein Herz war gefangen! Sie liebt mich... Aurora, welch entzückender Name!«[35]

Ein Jahr später unternahmen sie zu viert – Chopin, George Sand und ihre beiden Kinder – eine Reise nach Mallorca, die Chopin und Maurice, die beide kränkelten, gesundheitlich wiederherstellen sollte. Es kam aber anders als erhofft. Sie stießen bei den Mallorquinos auf feindselige Ablehnung. Das hatte verschiedene Gründe. So lebten George Sand und Chopin zusammen, ohne verheiratet zu sein; sie gingen nicht in die Kirche; und die zehnjährige Solange lief in Hosen herum wie ein Junge.

Schließlich mußten sie sogar das von George Sand gemietete Haus wieder verlassen, weil man Chopin, der unter starken Hustenanfällen litt, in Verdacht hatte, er sei von einer ansteckenden Krankheit befallen. Sie mieteten sich daraufhin in einem verlassenen Kloster ein, der Kartause in Valldemosa, und versuchten dort, Ruhe zu finden und zu arbeiten. George Sand unterrichtete ihre Kinder, schrieb an ihrem metaphysisch-mystischen Roman *Spiridion*, bekochte und pflegte den kranken Chopin, durchstöberte in strömendem Regen – die mehrere Monate dauernde Regenzeit hatte gerade begonnen – die Läden von Palma und versuchte, trotz der Widerwärtigkeiten und Mißgeschicke heiter zu bleiben. Chopin, auf den die Umgebung der leeren Klosterzellen und der Mangel an Gesellschaft deprimierend wirkte, komponierte auf Mallorca die Préludes, u. a. das fis moll-Präludium, in dem George Sand das Klopfen des Regens zu hören vermeinte. Ihre größtenteils vom Mißgeschick gezeichneten Erlebnisse schilderte sie in dem aufschlußreichen und amüsanten Buch *Ein Winter auf Mallorca*, das 1841, noch zu Lebzeiten Chopins, erschien.[36] Später, in der *Geschichte meines Lebens*, die 1854, nach Cho-

pins Tod, erschien, berichtete sie offener über die Ängste Chopins, seine Hypochondrie, seine psychischen Leiden.[37]
Die Rückreise im Februar 1839 war für den Blut hustenden Chopin entsetzlich. Die Luft auf dem Schiff war durch eine Ladung lebender Schweine verpestet, die von den Matrosen gepeitscht wurden, damit sie nicht seekrank würden. Erst in Frankreich – immer hingebungsvoll von George Sand gepflegt – erholte sich Chopin allmählich.
Bis zum Bruch im Jahre 1847 wohnte Chopin nun entweder bei George Sand in Nohant, das für ihn so etwas wie ein Zuhause wurde, wo seine Freundin freundschaftlich, ja mütterlich für ihn sorgte, oder – vor allem während der Wintermonate – zusammen mit ihr und den Kindern in zwei gemieteten Pavillons in Paris.
Dort versammelten sich abends die Freunde George Sands und Chopins, um gemeinsam zu speisen, sich zu unterhalten, Musik zu hören bzw. zu spielen. Zu den Gästen gehörten Pierre Leroux, Eugène Delacroix, Honoré de Balzac, Heinrich Heine, Bocage, Marie Dorval und der große polnische Dichter Adam Mickiewicz. Die acht Jahre in Nohant bzw. Paris wurden Chopins schöpferisch reichste und reifste Zeit. Die tiefe Freundschaft, die er und George Sand füreinander empfanden, wurde erst nach und nach durch ihre ganz unterschiedlichen Geschmacksrichtungen, ihre tiefgehenden politischen Meinungsverschiedenheiten (die

George Sand, Chopin, Liszt und Delacroix

George Sand bis 1847 daran hinderten, jene proletarischen Schriftsteller einzuladen, denen sie freundschaftlich verbunden war und die sie finanziell und moralisch unterstützte) und vor allem durch Chopins ungerechtfertigte Eifersucht und die daraus resultierenden Familienzwistigkeiten zerstört.
Für G. Sand selber war Nohant immer der sichere Zufluchtsort, wohin sie sich nach stürmischen persönlichen oder politischen Ereignissen flüchten konnte: 1832 nach dem Bruch mit Jules Sandeau, 1834 nach der Trennung von Musset, 1847 nach dem Weggang Chopins, 1848 nach der Niederschlagung der Revolution und 1851 nach dem Staatsstreich Louis Napoléons. In späterer

Charles Poncy

Zeit, als sie Nohant immer seltener verließ, wurde ihr Landsitz das Ziel zahlreicher Besucher, die ihr freundschaftlich zugetan waren: Flaubert und Turgenjew, Delacroix und Balzac, A. Dumas, d. Ä. und die berühmte Sängerin Pauline Viardot fanden herzliche Aufnahme bei ihr.
Während der vierziger Jahre schrieb George Sand ihre sogenannten sozialistischen Romane, u. a. *Le Compagnon du Tour de France* (1840) (der Held Pierre Huguenin trägt Züge des Arbeiterdichters Agricol Perdiguier, der eng mit George Sand befreundet war), *Horace* (1841) (die Geschichte von Paul Arsène, einem idealistischen, proletarischen Republikaner), *Consuelo* (1842), *Le Meunier d'Angibault* (1844, dt. 1845). Die Thesen vom Verschmelzen der sozialen Klassen, von der brüderlichen Teilung der Reichtümer, die George Sand in diesen Romanen vertrat, brachten ihr viel Kritik ein. Buloz, der Herausgeber der immer konservativer gewordenen *Revue des deux mondes*, dem Sand seit einem Jahrzehnt vertraglich verpflichtet war und der sich, wie sie später an Flau-

George Sand und Ledru-Rollin

bert schrieb »Schlösser und Landbesitz mit meinen Romanen gekauft hat«[38], weigerte sich, den Roman *Horace* abzudrucken, wenn er nicht wesentlich verändert würde. Daraufhin ließ Sand ihn in der von ihr und Pierre Leroux 1841 gegründeten Zeitschrift *Revue indépendante* erscheinen, die »anderthalb Jahre lang das interessanteste Journal Europas war«[39], bevor sie 1844 einging. George Sand interessierte sich immer mehr für politische und soziale Probleme, korrespondierte mit dem Historiker Louis Blanc, dem italienischen Freiheitskämpfer Giuseppe Mazzini, nahm teil am Schicksal Michail Bakunins und Alexander Herzens und bezeichnete sich schließlich selber als Sozialistin, später als Kommunistin.

Sie war eine Verfechterin des Gleichheitsgedankens, wünschte

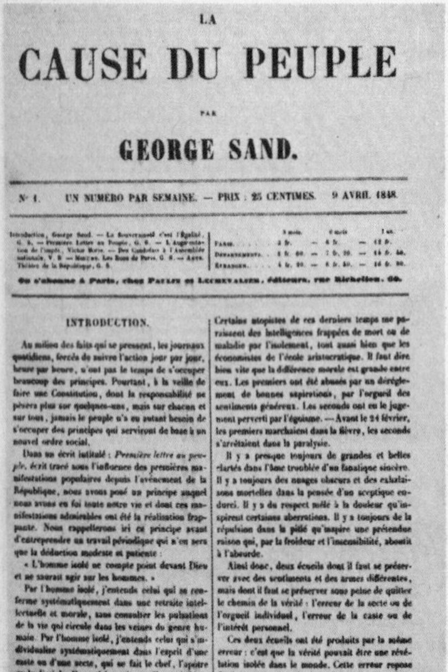

LA

CAUSE DU PEUPLE

PAR

GEORGE SAND.

N° 1. UN NUMERO PAR SEMAINE. — PRIX : 25 CENTIMES. 9 AVRIL 1848.

INTRODUCTION.

Au milieu des faits qui se pressent, les journaux quotidiens, forcés de suivre l'action jour par jour, heure par heure, n'ont pas le temps de s'occuper beaucoup des principes. Pourtant, à la veille de faire une Constitution, dont la responsabilité ne pèsera plus sur quelques-uns, mais sur chacun et sur tous, jamais le peuple n'a eu autant besoin de s'occuper des principes qui serviront de base à un nouvel *ordre social*.

Dans un écrit intitulé : *Première lettre au peuple*, écrit tracé sous l'influence des premières manifestations populaires depuis l'avénement de la République, nous avons posé un principe auquel nous avons eu foi toute notre vie et dont ces manifestations admirables ont été la réalisation frappante. Nous rappellerons ici ce principe avant d'entreprendre un travail périodique qui n'en sera que la déduction modeste et patiente :

« L'homme isolé ne compte point devant Dieu et ne saurait agir sur les hommes. »

Par l'homme isolé, j'entends celui qui se renferme systématiquement dans une retraite intellectuelle et morale, sans consulter les pulsations de la vie qui circule dans les veines du genre humain. Par l'homme isolé, j'entends celui qui s'individualise systématiquement dans l'esprit d'une caste ou d'une secte, qui se fait le chef, l'apôtre ou le disciple d'une théocratie ou d'un privilège.

Certains utopistes de ces derniers temps me paraissent des intelligences frappées de mort ou de maladie par l'isolement, tout aussi bien que les économistes de l'école aristocratique. Il faut dire bien vite que la différence morale est grande entre eux. Les premiers ont été abusés par un déréglement de bonnes aspirations, par l'orgueil des sentiments généreux. Les seconds ont eu le jugement perverti par l'égoïsme. — Avant le 24 février, les premiers marchaient dans la fièvre, les seconds s'arrêtaient dans la paralysie.

Il y a presque toujours de grandes et belles clartés dans l'âme troublée d'un fanatique sincère. Il y a toujours des nuages obscurs et des exhalaisons mortelles dans la pensée d'un sceptique endurci. Il y a du respect mêlé à la douleur qu'inspirent certaines aberrations. Il y a toujours de la répulsion dans la pitié qu'inspire une prétendue raison qui, par la froideur et l'insensibilité, aboutit à l'absurde.

Ainsi donc, deux écueils dont il faut se préserver avec des sentiments et des armes différentes, mais dont il faut se préserver sous peine de quitter le chemin de la vérité : l'erreur de la secte ou de l'orgueil individuel, l'erreur de la caste ou de l'intérêt personnel.

Ces deux écueils ont été produits par la même erreur : c'est que la vérité pouvait être une révélation isolée dans le monde. Cette erreur repose fatalement sur un principe aristocratique ou théo-

die 1. Nummer der von George Sand herausgegebenen Zeitschrift La Cause du Peuple sich einen menschlichen, mitleidigen Staat, in dem die Guten und Nützlichen sich zusammenschließen sollten. In der Zeitschrift *La Vraie République* v. 7. Mai 1848 schrieb sie: »Versteht man unter Kommunismus das Verlangen und den Willen, daß mit Hilfe aller gesetzlichen Mittel die empörende Ungleichheit außergewöhnlichen Reichtums und außergewöhnlicher Armut sofort verschwinden soll, um einem Beginn wahrhafter Gleichheit Platz zu machen – ja, dann sind wir Kommunisten und wagen dies euch, die ihr uns ehrlich fragt, zu gestehen, denn wir sind der Meinung, daß ihr es ebenso seid wie wir...«[40] Der Sozialismus bzw. Kommunismus war für George Sand nicht so sehr ein ökonomisches oder politisches System, sondern eher eine moralische Einstellung, eine Geisteshaltung, eine Religion.

Als 1848 die Revolution ausbrach, reiste George Sand nach Paris, arbeitete eng mit Alexandre Auguste Ledru-Rollin zusammen, der sie beauftragte, das Bulletin der Republik zu redigieren, sowie mit Louis Blanc und dem durch die Februarrevolution befreiten Armand Barbès. Begeistert schrieb sie dem Arbeiterschriftsteller Charles Poncy: »Ich habe das Volk gesehen, groß,

Die Balkone der Wohnung George Sands in Paris, wo sie 1848 wohnte.

erhaben, aufrichtig, weitherzig – das Volk von Frankreich, vereint im Herzen Frankreichs, im Herzen der Welt... Ich habe Nächte ohne Schlaf, Tage ohne Rast verbracht. Wir sind verrückt, wir sind berauscht vor Freude darüber, daß wir, im Schlamm eingeschlafen, zwischen den Sternen erwachen!« Sie gab die Zeitschrift *La Cause du Peuple* heraus, von der aber wegen der bald darauf siegenden Reaktion nur drei Nummern erschienen. Am 23. April fanden die Wahlen statt, bei denen die Massen noch konservativer wählten als die Wähler des vormaligen Klassensystems. Am 15. Mai drangen die Arbeiter von Paris – angeführt von Blanqui und Barbès – ins Palais Bourbon ein, erklärten das Parlament für aufgelöst und proklamierten eine sozialistische Republik. Daraufhin schritt die Nationalgarde ein, ein Großteil des Volkes schrie: »Tod den Kommunisten. A la lanterne!«, und

Louis Napoléon

der Aufstand wurde blutig und brutal niedergeschlagen. Als die Revolution »geschlachtet worden« war – so George Sand an ihren Sohn Maurice – und die Reaktion über Paris hereinbrach, war sie verblüfft, daß sie nicht verhaftet wurde. 10000 Arbeiter wurden getötet, Tausende in die Gefängnisse gesteckt oder deportiert, und wer der Verhaftung entgehen konnte, flüchtete nach England ins Exil. George Sand suchte einen Teil jener zu retten, die noch zu retten waren: sie stattete einige Male Louis Napoléon einen Besuch ab, verhandelte mit den Gouverneuren der Strafkolonien und den Generälen, denen die Gefängnisse unterstanden. Als gute Bekannte sich wegen dieser Verhandlungen mit den Machthabern von ihr trennten, schrieb sie an den Schriftsteller und Buchhändler Jules Hetzel: »So oder so werde ich es sein, der man beim ersten Zeichen eines Aufstandes die Kehle durch-

George Sand 1849

schneidet. Mir ist es gleich, das können Sie mir glauben, so tief bin ich von allem und jedem in dieser Welt angewidert.«[41] Und dennoch, sie schickte weiterhin Geld an die bedürftigen Familien der Exilierten und korrespondierte eifrig mit ihren verbannten Freunden. In Deutschland brachte ihr ihr Engagement nur Kritik ein: »Sei es eine unfreiwillige Selbsttäuschung gewesen, sei es aufgestachelter Ehrgeiz der 44jährigen Frau, eine Hauptrolle zu spielen in der Tragikomödie der allgemeinen Emanzipation, der Entäußerung aller konventionellen Pflichten, genug, sie hielt die rote Fahne empor, als Symbol der Freiheit, während Lamartine mit Lebensgefahr der Trikolore treu blieb; jedenfalls eine ihrer unwürdigen Rollen auf einem bereits mit Blut eingeweihten Theater.«[42]

Enttäuscht und verbittert über die furchtbare Niederschlagung des Arbeiteraufstands flüchtete sie sich in Nohant wieder an den Schreibtisch. Es entstanden die berühmten »romans champêtres«, die ländlichen Erzählungen, die allgemein mit Begeisterung aufgenommen wurden. In ihrem unmittelbaren, kräftigen Stil entwarf sie ideale Gestalten von lauteren, armen und guten Menschen, entfaltete sie eine wahrhaft arkadische Glückseligkeit, ländlichen Frieden, eine liebenswerte Idylle, in der das Gute und Wahre siegte, in der Versöhnung möglich war – eine »Schäferei für Städter, die wieder einmal zur Natur zurück sollen«.[43]

Die philosophischen Auseinandersetzungen mit den Gedanken Saint-Simons, Pierre Leroux' und Louis Blancs verschwanden

Das Arbeitszimmer George Sands

immer mehr aus ihren Büchern. Sie kehrte wieder zu der Rousseauschen Lehre zurück, der Mensch sei von Natur aus gut, erst die Gesellschaft pervertiere ihn.

Als Sainte-Beuve, der gehört hatte, George Sand sei in finanziellen Schwierigkeiten, die berühmte Schriftstellerin für den mit 20000 Francs dotierten Gobert-Preis vorschlug, lehnte die Académie Française, die nur aus Männern bestand, mit 18 gegen 6 Stimmen ab. Für George Sand hatten u.a. Mérimée, Vigny, Sainte-Beuve gestimmt. Jules Sandeau war gar nicht erst erschienen. Den Preis bekam der konservative Republikaner und spätere Präsident der Republik Adolphe Thiers.

In Nohant führte George Sand bis zu ihrem Tod ein zurückgezogenes Leben, in das ihre Enkel sehr viel Freude brachten. Sie schrieb fast täglich ihr Pensum an Seiten, verfaßte einige Theaterstücke, empfing viele Freunde, mit denen oder für die Aufführungen mit Marionetten veranstaltet wurden, und unterstützte auch weiterhin zahlreiche Schriftsteller, Exilierte oder arme Freunde durch materielle Zuwendungen.

Ihr berühmter Altersfreund war Gustave Flaubert, den sie in seinem Landhäuschen in Croisset aufsuchte und der seine Zurück-

Landschaft in der Auvergne, von George Sand

gezogenheit aufgab, um sie im Kreise ihrer Freunde in Nohant zu besuchen. Zwischen beiden entspann sich ein reger Briefwechsel. Sie nannte ihn: »Mein Benediktiner« oder »Mein Troubadour«, er sie: »Lieber Meister«. Man kann sich kaum verschiedenartigere Menschen vorstellen als diese beiden: Flaubert zerbrach sich eine ganze Nacht den Kopf über ein einziges Wort, George Sand schrieb in einer Nacht dreißig Seiten herunter; Flaubert war der Überzeugung: »Ein Romanschreiber hat nicht das Recht, seine Meinung, über was es auch sei, auszudrücken«, George Sand erwiderte: »Ich glaube, daß der Künstler soweit wie möglich in seiner Wesensart leben muß...« So verschieden ihre Kunstauffassung war, so sehr waren sie sich doch in ihren Antipathien verbunden: »Lieber Meister, verehrte vom lieben Gott ge-

Gustave Flaubert

schenkte Freundin, erheben wir brüllend unsere Stimme gegen Herrn Thiers! Nein, nichts vermag eine Vorstellung davon zu geben, wie speiübel es mir bei dem Gedanken an diesen Einfaltspinsel von Diplomaten wird, der seine Dummheit auf dem Mistbeet des Bürgertums noch vermehrt!«[44]
Füreinander hegten sie eine große Zärtlichkeit. George Sand liebte und tröstete ihn, wie nur eine gute, bescheidene Freundin es tun kann: »Alle deine Briefe klingen verzweifelt und schnüren mir das Herz zusammen«, schrieb sie an ihren Troubadour, »Hast du keine Frau, die du liebst, oder von der du mit Vergnügen geliebt werden würdest? Nimm sie zu dir. Gibt es nicht irgendwo einen Hosenmatz, für dessen Vater du dich halten kannst? Zieh ihn auf. Mach dich zu seinem Sklaven. Vergiß dich

George Sand

selbst für ihn.«[45] Ratschläge, aus ihrem praktischen Leben gegriffen, die Flaubert nicht befolgen konnte. Aber für die Freundschaft, die sie ihm entgegenbrachte, wollte er ihr danken.
Er schrieb, veranlaßt durch sie und für sie, »uniquement pour lui plaire«[46], die kleine Meisternovelle *Ein einfaches Herz*, in die er seine Kindheitserinnerungen einbrachte. Für George Sand kam diese Erzählung – es ist die dritte und ergreifendste der unter dem Titel *Drei Erzählungen* erschienenen Novellen, die es überhaupt von Flaubert gibt – zu spät. Sie starb am 8. Juni 1876 nach einem mehrtägigen schmerzvollen Darmleiden.
An Iwan Sergewitsch Turgenjew, der George Sand »eine meiner Heiligen« genannt hatte, schrieb der 54jährige Flaubert: »Der Tod der armen Mutter Sand hat mir unendlichen Kummer bereitet. Ich habe bei ihrem Begräbnis geweint wie ein Kind ... Arme, liebe große Frau! ... Man mußte sie so kennen, wie ich sie gekannt habe, um zu wissen, welch ungeheuer weibliches Gefühl in diesem bedeutenden Menschen war, und welch ungeheure Zärtlichkeit sich in diesem Genius befand ... Stets wird sie eine der Größen und eine einzigartige Zierde Frankreichs sein.«[47]

Renate Wiggershaus

Das Grab von George Sand auf dem Friedhof von Nohant

GESCHICHTE MEINES LEBENS *(Auszüge)*

Im Oktober 1854 wurde in der Zeitschrift La Presse *mit der Veröffentlichung der* Histoire de ma vie *begonnen. Schon ein Jahr später erschien im Otto Wigand Verlag in Leipzig die deutsche Übersetzung dieser 1600 Seiten starken Autobiografie. Diejenigen Leser, die skandalöse Enthüllungen über das Liebesleben von George Sand erwartet hatten, wurden enttäuscht. Erst auf S. 466 der französischen Ausgabe*[1] *schildert George Sand ihre Geburt. Vorher stellt sie auf einigen hundert Seiten das Leben ihrer Vorfahren dar, das sie mit zahlreichen Briefen dokumentiert. Die* Geschichte meines Lebens *endet mehr als 1000 Seiten später mit der Trennung von Chopin im Jahre 1846 – also zwei Jahre vor der 48er Revolution, an der sich George Sand aktiv beteiligte. Das Buch wurde ein großer Erfolg, weil George Sand sehr lebendig nicht nur das Gesicht und die Wandlungen ihres Jahrhunderts schildert, sondern auch die Entwicklung eines Kindes und jungen Mädchens, das hin- und hergerissen wird zwischen Glaube und Zweifel, Hoffnung und Mutlosigkeit.*
Die Auswahl der Texte[2] *erfolgte vor allem unter zwei Gesichtspunkten: sie sollten zum einen die Geschichte der ersten vierzig Lebensjahre von George Sand wiedergeben, zum anderen sollten sie ein Licht auf die Geschichte des 19. Jahrhunderts, seine Sitten und Bräuche werfen. Wie lebte man, und wie starb man? Wie wurde der Tod empfunden? Zu welchen Gefühlen war man fähig? Und welche Art von Freundschaften, Liebschaften, Zuneigungen war üblich? Die Leser werden leicht erkennen, daß es heute in mancher Hinsicht größere Freiheiten gibt, die Menschen aber nicht glücklicher sind. Zu George Sands Zeiten wurden Glück und Traurigkeit, Begeisterung, Überschwang und Verzweiflung gemeinsam und intensiv erlebt. Zurückgezogenheit und Alleinsein waren Momente, die als wichtige, aber doch ausnahmsweise Erscheinungsformen respektiert wurden. Die trostlose Einsamkeit, die heutzutage viele Menschen im Leben, im Altern, im Tode überfällt, kommt in George Sands Biografie nicht vor.*

Ich bin geboren im Jahre der Krönung Napoleons, dem XII. Jahre der französischen Republik (1804).
Diese Geburt, die in bezug auf beide Zweige meiner Familie so

oft und in so eigentümlicher Weise besprochen wurde, hat etwas Sonderbares und hat mich zu häufigem Nachdenken über die Frage der Abstammungen veranlaßt.
Ich habe besonders meine ausländischen Biographen im Verdacht, sehr aristokratisch zu sein, denn sie alle haben mich mit einer vornehmen Herkunft beschenkt, ohne, wie sie als wohlunterrichtete Leute getan haben müßten, auf einen sehr sichtbaren Fleck in meinem Wappen Rücksicht zu nehmen.
Man ist nicht allein das Kind seines Vaters, man ist, wie ich glaube, auch ein wenig das seiner Mutter – es scheint mir sogar, als wären wir dies am meisten; als wären wir auf das unmittelbarste, mächtigste, heiligste mit dem Wesen verbunden, das uns unter seinem Herzen getragen hat. Wenn also mein Vater der Urenkel Augusts II., Königs von Polen ist, so daß ich mich von dieser Seite, zwar auf illegitime, aber unzweifelhafte Weise mit Karl X. und Ludwig XVIII. nahe verwandt fühle, ist es nicht weniger wahr, daß ich durch mein Blut dem Volke ebenso nahe stehe – und auf dieser Seite ist noch dazu kein Bastardtum.
Meine Mutter war ein armes Kind der alten Stadt Paris; ihr Vater Anton Delaborde war Ballspielhaus-Aufseher und Meister Vogler, das heißt, er verkaufte Kanarienvögel und Stieglitze auf dem Quai aux oiseaux, nachdem er in irgendeinem Winkel von Paris ein kleines Estaminet[3] mit Billard besessen hatte, wobei er jedoch schlechte Geschäfte machte. Der Pate meiner Mutter hatte überdies einen berühmten Namen im Vogelgeschäft; er hieß Barra, und sein Name steht noch jetzt auf dem Boulevard du temple über einem Bauwerk aus Käfigen von allen Größen, in welchen immer eine Menge gefiederter Wesen fröhlich singen, die ich wie ebenso viele Paten und Patinnen zu betrachten pflege; wie geheimnisvolle Beschützer, mit denen mich immer eine besondere Sympathie verbunden hat.
Der Urgroßvater meines Vaters, Friedrich August, Kurfürst von Sachsen und König von Polen, war der größte Wüstling seiner Zeit. Es ist gerade keine seltne Ehre, etwas von seinem Blute in den Adern zu haben, denn er hatte, wie man behauptete, einige

hundert Bastarde. Von der schönen Aurora von Königsmark, der großen, gewandten Kokette, vor welcher Karl XII. zurückwich, so daß sie sich an Furchtbarkeit einer Armee überlegen glauben konnte, hatte er einen Sohn, der ihn an Adel bei weitem übertraf, obwohl er nie mehr war als Marschall von Frankreich. Es war Moritz von Sachsen[4], der Sieger von Fontenay; er war gutmütig und tapfer wie sein Vater und nicht weniger unsittlich; aber er war geschickter in der Kriegskunst, war glücklicher in seinen Unternehmungen und wurde besser unterstützt.

Meine Großmutter hat mir oft von ihrer lange erwogenen Heirat und von meinem Großvater erzählt, den ich nie gekannt habe. Sie sagte mir, daß sie während der zehn Jahre, die sie miteinander verlebten, ihn und ihren Sohn als die teuersten Güter ihres Lebens betrachtet hätte; und obwohl sie sich nie des Ausdrucks *Liebe*, in bezug auf ihn, oder irgend einen andern Mann, bediente, lächelte sie, wenn sie mich äußern hörte, daß ich es für unmöglich hielte, einen Greis zu lieben. »Ein Greis liebt besser als ein junger Mann – sagte sie – und es ist unmöglich, eine innige Liebe nicht zu

Moritz von Sachsen, der Urgroßvater George Sands väterlicherseits

erwidern. Ich nannte ihn meinen alten Mann und meinen Papa, wie er es wünschte, und er nannte mich immer, selbst in Gesellschaft, seine Tochter. Und dann« – fügte sie hinzu, »war man wohl jemals alt in jener Zeit? Die Revolution hat erst das Alter in die Welt gebracht. Dein Großvater, mein Kind, war schön, elegant, fein, heiter, liebenswürdig, herzlich und von immer gleicher Laune bis zur Stunde seines Todes. In seiner Jugend war er zu liebenswürdig, um ein ruhiges Leben zu führen, und ich wäre damals vielleicht nicht so glücklich mit ihm geworden, weil man ihn mir zu viel streitig gemacht haben würde. Ich bin überzeugt, daß ich sein bestes Lebensalter genossen habe, und niemals ist eine junge Frau durch einen jungen Mann glücklicher geworden, als ich es war. Wir verließen uns keinen Augenblick, und nie habe ich in seiner Gesellschaft einen Augenblick der Langenweile gekannt. In seinem Geiste war eine Fundgrube von Ideen, Kenntnissen und Talenten, die sich nie für mich erschöpfte. Er hatte die Gabe sich immer in einer Weise zu beschäftigen, die für ihn selbst, wie für andere angenehm war. Im Lauf des Tages musizierten wir miteinander. Er war ein vortrefflicher Violinspieler und machte auch seine Geigen selbst, denn er war ebensowohl Instrumentenmacher als Architekt, Uhrmacher, Drechsler, Maler, Schlosser, Tapezierer, Koch, Dichter, Komponist und Tischler; er konnte auch wunderschön sticken – ich weiß überhaupt nichts, was er nicht verstanden hätte. Das Unglück war nur, daß er bei der Übung dieser Talente, bei den mannigfaltigen Versuchen, die er anstellte, sein Vermögen durchbrachte; aber ich sah nur die Lichtseite, und so richteten wir uns auf die liebenswürdigste Weise zugrunde. Wenn wir abends nicht in Gesellschaft waren, saß Dupin neben mir und zeichnete, während ich Goldfäden auszupfte; oder wir lasen uns gegenseitig etwas vor, oder liebenswürdige Freunde umgaben uns und erweckten seinen feinen, fruchtbaren Geist durch anmutiges Geplauder. Meine Freundinnen waren viel glänzender verheiratet als ich, und doch wurden sie nicht müde zu versichern, daß sie mich um meinen alten Mann beneideten.

Man wußte aber auch zu leben und zu sterben in jener Zeit,« sagte sie ein anderes Mal; »und man hatte keine lästigen Gebrechen. Wer das Podagra[5] hatte, ging trotzdem rüstig einher, ohne Gesichter zu schneiden und verbarg sein Leiden aus gutem Ton. Man war auch nicht durch Geschäfte eingenommen – was die Häuslichkeit verdirbt und den Geist schwerfällig macht. Man wußte sich zugrunde zu richten, ohne etwas davon merken zu lassen, wie großartige Spieler, die verlieren, ohne Besorgnis oder Wunsch. Halbtot hätte man sich noch zu einer Jagdpartie tragen lassen, und man fand, daß es besser wäre, auf dem Ball oder im Theater zu sterben, als auf dem Krankenbette zwischen vier Kerzen und von häßlichen schwarzen Männern umgeben. Man war philosophisch; man suchte nicht den Schein der Sittenstrenge, aber man besaß sie oft, ohne damit zu prunken; wenn man tugendhaft war, so war's aus Neigung und nicht um für pedantisch und prüde zu gelten. Man genoß das Leben, und wenn der Augenblick gekommen war, es zu verlassen, suchte man nicht, es andern zu verleiden. Das letzte Lebewohl meines alten Gatten war die Aufforderung, ihn so lange als möglich zu überleben und mir das Dasein angenehm zu machen. Und gewiß wird man am lebhaftesten bedauert, wenn man sich so großmütig beweist.«
Diese Philosophie des Reichtums, der Unabhängigkeit, der Toleranz und Leutseligkeit war gewiß angenehm und verführerisch; aber leider brauchte man fünf- bis sechsmalhunderttausend Livres Renten, um sie durchzuführen, und ich begreife nicht, wie sie den Armen und Unterdrückten genützt haben könnte.
Darum scheiterte sie vor den Sühnopfern der Revolution, und die Glücklichen der Vergangenheit erhielten sich nur die Kunst, das Schaffot mit Anmut zu besteigen. Ich gebe zu, daß dies viel ist; aber diese letzte Tapferkeit wurde ihnen erleichtert durch den tiefen Ekel vor einem Leben, daß ihnen keinen Genuß mehr versprach und durch das Entsetzen vor einem gesellschaftlichen Zustande, in welchem sie – dem Prinzip nach wenigstens – die Rechte aller an Wohlstand und Freude anerkennen mußten.
...

Ich will nun etwas von dem Gute Nohant[6] erzählen, wo ich aufgewachsen bin, wo ich fast mein ganzes Leben zugebracht habe und wo ich einst zu sterben wünsche.

Der Ertrag des Gutes ist gering; die Wohnung ist einfach und bequem und die Umgebungen sind ohne Schönheit, obwohl Nohant im Mittelpunkt der *vallée-noire* – eines weiten wunderschönen Tales – gelegen ist. Aber gerade diese Lage in dem flachsten, niedrigsten Teile des Tales, inmitten eines fruchtbaren Weizenbodens, beraubt uns der reichen Abwechslung und der umfassenden Aussicht, welche die Abhänge und Höhen gewähren. Wir haben zwar einen blauen Horizont, ein hügliches Land rings umher, und im Vergleich mit der Beauce und der Brie ist die Aussicht hübsch zu nennen, aber im Vergleich mit den Schönheiten, die wir erblicken, wenn wir bis zu dem versteckten Bette des Flusses hinabsteigen – im Vergleich mit der reizenden Fernsicht, die sich vor uns ausbreitet, wenn wir die Hügel ersteigen, von denen das Land umrahmt wird, scheint unsere Landschaft nackt und beschränkt.

Aber wie dem auch sei, sie gefällt uns und wir lieben sie.

Meine Großmutter liebte sie ebenfalls, und mein Vater rettete sich aus seinem vielbewegten Leben oft hierher, um einige Stunden der Ruhe zu genießen. Diese durchfurchte, fette, braune Erde, diese mächtigen Nußbäume, die schattigen Wege und das wilde Gesträuch, dieser grasbewachsene Kirchhof, der kleine mit Ziegeln gedeckte Glockenturm, die antike Halle, die großen morschen Ulmen, die kleinen Bauernhäuser, umgeben von hübschen Hecken, Weinlauben und grünen Hanffeldern – alles dies wird dem Auge angenehm und der Erinnerung teuer, wenn man lange in der friedlichen, bescheidenen und stillen Umgebung gelebt hat.

Das Schloß, wenn man es so nennen will – denn es ist nur ein mittelgroßes Haus aus der Zeit Ludwigs XVI. – ist nicht prunkvoller als eine ländliche Wohnung und stößt an das Dörfchen und den Gemeindeplatz. Die Feuerstellen der Gemeinde, zwei- bis dreihundert an der Zahl, liegen weit zerstreut, aber etwa zwanzig drängen sich, sozusagen Wand an Wand um das Haus – und man muß mit diesen wohlhabenden und unabhängigen Bauern, die in unser Haus treten, wie in ihr eigenes, in guter Eintracht zu leben suchen. Wir haben uns immer wohl dabei befunden – und obwohl die Gutsbesitzer sich gewöhnlich über die Nachbarschaft der Häusler beklagen, so sind die Unannehmlichkeiten, welche die Kinder, Hühner und Ziegen dieser Nachbarn uns bereiten, doch sehr gering gegen den Vorteil, den uns ihre Gefälligkeit und Gutherzigkeit gewähren.

Im zweiten und dritten Teil der Geschichte ihres Lebens schildert George Sand das Verhältnis zwischen ihrer Großmutter und ihrem Vater (belegt durch zahlreiche authentische Briefe), die Jugend und Soldatenzeit des Vaters und schließlich die Liebe zwischen ihm und Sophie Delaborde und die heimliche Heirat der beiden, die er seiner Mutter nicht zu entdecken wagte, da die Beziehung in ihren Augen nicht standesgemäß war.

Mme Dupin und ihr Sohn Maurice, Großmutter und Vater George Sands

Mein Vater kehrte von seiner Mutter in Nohant nach Paris zurück, ohne sich entdeckt zu haben, und lebte ruhig und zurückgezogen in seiner einfachen Häuslichkeit. Meine gute Tante Lucie war im Begriff, sich mit einem Offizier, einem guten Freunde meines Vaters zu verheiraten, und sie pflegten sich zu kleinen Familienfesten mit einigen Freunden zu vereinigen. Eines Tages hatten sie einige Quadrillen getanzt; meine Mutter trug ein hübsches rosenfarbnes Kleid und mein Vater spielte auf seiner treuen Cremoneser Geige eine Tanzmelodie eigner Erfindung. Meine Mutter war ein bißchen elend, verließ die Tanzenden und ging in ihr Zimmer. Da ihr Gesicht nicht entstellt war, und da sie sich in größter Ruhe fortbegeben hatte, wurden die Contretänze fortgesetzt. Bei dem letzten *Chassez-huit* begab sich meine Tante Lucie in das Zimmer meiner Mutter und rief in demselben Augenblikke: »Kommen Sie, kommen Sie, Maurice! Sie haben eine Tochter.«
»Sie soll Aurore heißen, wie meine gute Mutter, die nicht hier ist, um sie zu segnen, aber die sie eines Tages segnen wird«, sagte mein Vater, indem er mich in seine Arme nahm.
Es war der 5. Juli 1804, im letzten Jahr der Republik und im ersten des Kaiserreichs.*
»Ihre Geburt war von Musik und Rosenrot umgeben, sie wird glücklich sein!« rief meine Tante.
Ich kam also am 5. Juli 1804 zur Welt, während mein Vater die Violine spielte und meine Mutter ein hübsches rosa Kleid trug, und hatte wenigstens den Teil des Glückes, das meine Tante Lucie mir prophezeite, daß ich meiner Mutter keine langen Leiden bereitete. Ich wurde als legitime Tochter geboren, das würde aber nicht geschehen sein, hätte mein Vater die Vorurteile seiner Familie nicht so entschlossen beiseite geworfen.
Es war ein Glück für mich, ohne das sich meine Großmutter vielleicht meiner nicht so liebevoll angenommen hätte, wie sie später tat.
Die Großmutter erfuhr von der Geburt der Enkelin und kam nach Paris, um die Ehe rückgängig zu machen.

* George Sand war lange Zeit im Unklaren über ihr genaues Geburtsdatum. Sie kam am 1. Juli 1804 zur Welt.

Meine Großmutter hatte vielleicht nie die ernstliche Absicht gehabt, gerichtlich gegen ihren Sohn einzuschreiten, und hätte sie auch diesen Plan gefaßt, so würde ihr der Mut der Ausführung gefehlt haben. Wahrscheinlich wurde sie von der Hälfte ihres Schmerzes befreit, als sie ihre feindseligen Versuche einstellte, denn wir verdoppeln unser Leid, wenn wir unsre Lieben mit Härte behandeln. Sie wollte indessen noch einige Tage vergehen lassen, ohne ihren Sohn zu sehen, vielleicht um das Widerstreben ihres Sinnes zu besiegen oder um neue Erkundigungen über die Schwiegertochter einzuziehen. Aber mein Vater entdeckte ihren Aufenthalt in Paris; er begriff, daß sie alles erfahren haben mußte, und übertrug es mir, seine Sache zu führen. Er nahm mich in seine Arme, stieg in einen Fiaker, hielt vor dem Hause, wo meine Großmutter abgestiegen war, gewann mit wenigen Worten das Wohlwollen der Pförtnerin und übergab mich dieser Frau, die sich in folgender Weise ihres Auftrages entledigte:
Sie begab sich in die Wohnung meiner Großmutter und verlangte unter irgendeinem Vorwande mit ihr zu sprechen. Als sie vorgelassen war, sagte sie ihr, ich weiß nicht was, unterbrach sich aber plötzlich in ihren Plaudereien, um zu bemerken: »Sehen Sie mal, Madame, welch' hübsches kleines Mädchen ich hier habe. Ich bin ihre Großmutter; ihre Amme hat sie mir heute gebracht, und ich bin so glücklich darüber, daß ich mich keinen Augenblick von ihr trennen kann.«
»Ja, sie ist sehr frisch und kräftig«, sagte meine Großmutter, indem sie ihre Bonbonnière suchte; sogleich legte mich die gute Frau, die ihre Rolle vortrefflich spielte, auf den Schoß der Großmutter, die mir Süßigkeiten reichte und anfing mich mit Erstaunen und einer gewissen Bewegung zu betrachten. Plötzlich stieß sie mich zurück und rief: »Sie täuschen mich, dies Kind gehört nicht Ihnen! Es sieht Ihnen nicht ähnlich – ich weiß, ich weiß, was es ist!«
Es scheint, daß ich, erschreckt über die Bewegung, die mich von dem mütterlichen Schoße entfernte, anfing, nicht zu schreien, sondern wirkliche Tränen zu vergießen, die bedeutenden Ein-

druck machten. »Komm, mein guter, kleiner Liebling«, sagte die Pförtnerin, indem sie mich wieder hinnahm; »man will Dich nicht haben, wir gehen fort!«

Meine gute Großmutter war besiegt: »Geben Sie mir die Kleine wieder«, sagte sie; »das arme Kind! seine Schuld ist es ja nicht! aber wer hat sie hergebracht?« – »Ihr Herr Sohn selbst, Madame; er wartet unten, und ich will ihm seine Tochter wiederbringen. Verzeihen Sie, wenn ich Sie beleidigt habe, aber ich, ich wußte nichts! ich weiß nichts! Ich dachte Ihnen eine Freude zu bereiten – eine schöne Überraschung...« »Gehen Sie, gehen Sie, meine Liebe, ich zürne Ihnen nicht«, sagte meine Großmutter; »holen Sie meinen Sohn und lassen Sie mir das Kind.«

Mein Vater sprang die Treppe in großen Sätzen herauf, fand mich auf dem Schoße, in den Armen meiner Großmutter, welche sich weinend bemühte, mich zum Lachen zu bringen. Man hat mir nicht erzählt, was zwischen den beiden vorging, und da ich erst acht oder neun Monate alt war, ist es wahrscheinlich, daß ich nichts davon verstand. Ebenso wahrscheinlich ist es, daß sie miteinander weinten und sich dann um so inniger liebten. Meine Mutter, welche mir dies erste Abenteuer meines Lebens mitteilte, hat mir gesagt, daß ich, als mich der Vater zu ihr zurückbrachte, einen schönen Ring mit einem großen Rubin in den Händen hielt; meine Großmutter hatte ihn sich vom Finger gezogen, hatte mir aufgetragen, ihn meiner Mutter anzustecken, und mein Vater sorgte dafür, daß ich dies pünktlich vollführte.

Es verging indessen noch einige Zeit, ehe meine Großmutter einwilligte, ihre Schwiegertochter zu sehen; aber schon verbreitete sich das Gerücht, daß mein Vater eine unpassende Verbindung geschlossen hätte, und ihre Weigerung, meine Mutter zu empfangen, mußte notwendigerweise zu nachteiligen Folgerungen über dieselbe und also auch über meinen Vater Anlaß geben. Meine Großmutter erschrak über den Schaden, der aus ihrem Widerwillen entstehen konnte; sie empfing die zitternde Sophie und wurde durch ihre naive Unterwürfigkeit, durch ihre zärtlichen Liebkosungen vollständig entwaffnet. Die kirchliche Trauung wurde im Beisein meiner Großmutter gefeiert, und darauf besiegelte ein Familiendiner die Anerkennung meiner Mutter, sowie die meinige.

Während der Vater an den Feldzügen Kaiser Napoleons teilnahm, lebte Aurore mit ihrer Mutter in einer kleinen Mansardenwohnung in Paris.

Die ersten Verse, die ich gehört habe, sind folgende, die wahrscheinlich jedermann bekannt sind und mir meine Mutter mit der frischesten und sanftesten Stimme vorsang:

»Wir wollen in die Scheune geh'n,
Um das weiße Huhn zu seh'n;
Es legt ein Ei von Silber fein,
Das soll für unser Kindchen sein.«

Der Reim ist nicht eben reich; aber darauf kam es mir nicht an, und *das weiße Huhn, das silberne Ei*, das man mir jeden Abend versprach und nach dem ich morgens schon nicht mehr verlangte, machte auf mich den lebhaftesten Eindruck. Das Versprechen kam immer wieder und mit demselben die naive Erwartung. Die Einbildungskraft macht etwas aus nichts, und die Geschichte dieses silbernen Eis ist vielleicht die aller materiellen Güter, deren Besitz unsere Begierde reizt. Der Wunsch ist viel, der Besitz ist sehr wenig.

Am Vorabend des Weihnachtsfestes sang mir meine Mutter ein ähnliches Lied vor; da dies jährlich aber nur einmal geschah, kann ich mich nicht mehr darauf besinnen. Desto deutlicher erinnere ich mich meines ersten Glaubens an den *Vater Noël*[7], der als ein kleiner Greis mit weißem Barte erschien, durch den Schornstein in den Kamin hinunterstieg und um die Mitternachtsstunde ein Geschenk in meinen kleinen Schuh legte, das ich dann beim Erwachen fand. Mitternacht! diese phantastische Stunde, welche die Kinder nicht kennen und die man ihnen als das unerreichbare Ziel ihres Wachens zeigt! welche unglaublichen Anstrengungen habe ich gemacht, um nicht vor der Ankunft des guten Alten einzuschlafen! ich hatte zugleich das größte Verlangen und die größte Angst, ihn zu sehen; aber es gelang mir nie, mich bis dahin wach zu halten, und am folgenden Morgen galt mein erster Blick dem Schuh am Rande des Kamins. Welche Bewegung verursachte mir die Umhüllung von weißem Papiere! denn der Vater Noël war von außerordentlicher Reinlichkeit und versäumte nie, seine Gabe sorgsam einzuwickeln. Ich lief barfuß hin, um mich meines Schatzes zu bemächtigen; es war niemals ein sehr kostbares Geschenk, denn wir waren nicht reich. Es war nur ein kleiner Kuchen, oder eine Orange, oder ganz einfach ein schöner roter Apfel. Aber das erschien mir so köstlich, daß ich es kaum zu essen wagte. Die Einbildungskraft spielte auch hierbei ihre Rolle – sie ist das ganze Leben des Kindes.

Ich kann Rousseau, der alles Wunderbare als Lüge verwirft, durchaus nicht beistimmen. Die Vernunft und der Unglauben kommen früh genug und von selbst; ich erinnere mich genau des Jahres, als ich zuerst an der Existenz des Vaters Noël zu zweifeln begann. Ich war fünf oder sechs Jahre alt und dachte: es möchte wohl meine Mutter sein, die den Kuchen in meinen Schuh legte. Darum erschien er mir aber auch weniger schön und weniger wohlschmeckend als die andern Male, und ich fühlte eine Art von Bedauern, daß ich nicht mehr an den guten Alten mit weißem Barte glauben konnte. Ich habe meinen Sohn länger daran glauben sehen, denn Knaben sind einfältiger als Mädchen. Er machte, ebenso wie ich, große Anstrengungen, um bis Mitternacht wach zu bleiben; das mißlang ihm ebenso wie mir, aber am folgenden Morgen fand er, wie ich, den wunderbaren Kuchen, der in den Küchen des Paradieses gebacken ist. Aber auch für ihn war das erste Jahr des Zweifels das letzte, wo der gute Alte erschien. Man muß den Kindern die Speisen vorsetzen, deren sie gerade bedürfen, und muß ihrem Alter nicht voraneilen; solange ihnen das Wunderbare zusagt, muß man es ihnen geben; aber sobald sie anfangen, desselben überdrüssig zu werden, muß man sich wohl hüten, den Irrtum zu verlängern und den natürlichen Fortschritt ihrer Vernunft zu hemmen.

Die zweite Erinnerung, die ich mir ohne Hilfe bewahrt habe, ist die an das weiße Kleid und den Schleier, den die Tochter des Glasers am Tage ihrer ersten Abendmahlsfeier trug. Ich war damals etwa dreieinhalb Jahre alt; wir wohnten in der *rue Gange-Batelière* in der dritten Etage, und der Glaser, dessen Laden im Parterre war, hatte mehrere Töchter, die mit mir und meiner Schwester spielten. Ihre Namen weiß ich nicht mehr und kann mich nur der ältesten deutlich erinnern, deren weißes Kleid mir als das schönste in der Welt erschien; ich wurde gar nicht müde, sie zu bewundern. Es tat mir sehr weh, als meine Mutter plötzlich sagte: das Weiß wäre ganz gelb und das Mädchen wäre überhaupt schlecht angezogen. Mir war, als hätte mich ein großer Kummer getroffen, indem man mir den Gegenstand meiner Bewunderung zuwider machte.

Ich erinnere mich, daß einmal, als wir eine Ronde tanzten, dieselbe Kleine zu singen begann:

»Wir gehen nicht mehr in das Holz,
Die Lorbeerbäume sind gefällt.«

Ich war, so viel ich weiß, noch nie im Holze gewesen und hatte vielleicht noch niemals Lorbeerbäume gesehen, aber ich mußte wohl wissen, was damit gemeint war, denn diese zwei kleinen Verse versenkten mich in tiefe Träumerei. Ich verließ den Tanz, um darüber nachzudenken, und wurde sehr wehmütig. Auch mochte ich niemand vertrauen, was mir im Sinne lag, aber ich hätte weinen mögen, so traurig war ich über den Verlust dieses lieblichen Lorbeergehölzes, in das ich nur im Traume eingetreten war, um sogleich wieder daraus vertrieben zu werden. Wer kann die Sonderbarkeiten des Kindesalters erklären? auf mich hatte dies Lied solchen Eindruck gemacht, daß sich der geheimnisvolle Einfluß desselben nie wieder verwischt hat. Sooft dies Tanzlied gesungen wurde, fühlte ich mich von derselben Traurigkeit erfüllt, und ich kann es auch jetzt nicht von Kindern singen hören, ohne dieselbe Wehmut, dasselbe Bedauern zu empfinden. Ich sehe das Holz noch immer, wie es war, ehe es durch die Axt zerstört wurde, und in der Wirklichkeit habe ich nie ein schöneres gesehen. Dann erblicke ich wieder die Erde mit den frisch gefällten Lorbeerbäumen bedeckt und es scheint mir, daß ich den Vandalen noch immer zürne, die mich auf ewig daraus vertrieben haben. Welche Absicht hatte wohl der kindliche Dichter, als er das kindlichste Tanzlied also begann?

Einmal gingen wir nach Chaillot, um meine Tante Lucie zu besuchen, die dort ein kleines Haus nebst Garten besaß. Ich konnte schon gehen, wünschte aber, fortwährend von meinem Freunde Pierret getragen zu werden, für den ich von Chaillot bis zu dem Boulevard eine ziemlich schwere Last wurde. Um mich abends auf dem Nachhausewege zum Gehen zu bewegen, stellte sich meine Mutter, als wollte sie mich allein auf der Straße zurücklassen. Es war an der Ecke der Straße von Chaillot und der Champs-Elysées, wo gerade in diesem Augenblicke eine kleine, alte Frau die Straßenlaternen anzündete. Überzeugt, daß man mich nicht allein lassen werde, blieb ich, entschlossen nicht zu marschieren, ruhig stehen, und meine Mutter entfernte sich mit Pierret einige Schritte, um zu sehen, was ich bei der Aussicht, allein zu bleiben, tun würde. Da die Straße fast menschenleer war, hatte die Frau, welche die Laternen anzündete, unsern Streit mit angehört – sie drehte sich jetzt nach mir um und sagte mit zitternder Stimme: »Nimm dich in acht vor mir – ich nehme die kleinen unartigen Mädchen mit und sperre sie die ganze Nacht in die Laterne.«

Es schien, als hätte der Teufel der guten Frau den Gedanken eingegeben, der mich am meisten schrecken konnte. Ich erinnere mich nicht, je wieder ein ähnliches Entsetzen empfunden zu haben, wie das, welches sie mir einflößte. Die Laterne mit ihrem blitzenden Reflektor nahm für mich phantastische Formen an, und schon sah ich mich in dieses kristallene Gefängnis eingeschlossen und von der Flamme verzehrt, welche nach dem Willen des Polichinell im Unterrocke aufleuchtete. In ein druchdringendes Geschrei ausbrechend, lief ich hinter meiner Mutter her. – Ich hörte die Alte lachen, und das Schnarren der Laterne, die sie wieder hinaufzog, verursachte mir einen nervösen Schauder, als ob ich mich mit von der Erde aufgezogen und in der höllischen Laterne aufgehangen fühlte.

Die Furcht ist, glaube ich, das größte moralische Leiden der Kinder. Sie zu zwingen, den Gegenstand, der ihnen Furcht einflößt, nahe zu besehen oder zu berühren, ist ein Heilmittel, mit dem ich nicht einverstanden bin. Man muß sie vielmehr davon entfernen und sie zerstreuen, denn das Nervensystem beherrscht ihre Organisation, und wenn sie ihren Irrtum erkannt haben, haben sie doch, während man sie dazu zwang, so viel Angst ausgestanden, daß sie das Gefühl der Furcht nicht wieder verlieren. Es ist zum physischen Übel geworden, das ihre Vernunft nicht mehr bewältigen kann. –

1808 reiste die im achten Monat schwangere Sophie Dupin mit ihrer Tochter nach Madrid, wo die französischen Truppen, bei denen sich Oberst Dupin befand, den Volksaufstand der Spanier gegen die Herrschaft von Napoleons Bruder Joseph niederschlagen sollten. Nach der Geburt des Sohnes kehrten alle vier hungernd und krank nach Frankreich zurück.

In den letzten Tagen des August kamen wir in Nohant an. Ich war wieder vom Fieber befallen; der Hunger plagte mich nicht mehr, aber die Krätze war im Zunehmen. Eine kleine spanische Wärterin, die wir unterwegs gemietet hatten und die Lucilia hieß, fühlte auch bereits die Folgen der Ansteckung und berührte mich nur mit Widerwillen. Meine Mutter war beinahe geheilt, aber mein armer kleiner Bruder, dessen Ausschlag nicht mehr sichtbar war, war doch noch kränker und matter als ich. Wir waren, der eine sowohl wie die andere, nur zwei regungslose, brennende Klumpen.

Als wir in den Hof von Nohant einfuhren, erhielt ich meine Besinnung wieder. Es war hier sicherlich nicht so schön, wie in dem Madrider Palast, aber es machte auf mich denselben Eindruck, so imposant ist ein großes Haus für Kinder, die in kleinen Zimmern aufgewachsen sind.

Ich sah meine Großmutter hier nicht zum erstenmal, aber ich

kann mich ihrer vor diesem Tage nicht erinnern. Auch sie erschien mir sehr groß, obwohl sie nur fünf Fuß maß, und ihr weiß und rotes Gesicht, ihre würdige Miene, ihre unveränderliche Kleidung, die aus einem braunen, seidenen Gewande mit langer Taille und engen Ärmeln bestand, daß sie nicht nach den Anforderungen der Mode des Kaiserreichs geändert hatte, ihre blonde Perücke, die auf der Stirn eine gekräuselte Puffe bildete, und ihre kleine, runde Haube mit einer Rosette von Spitzen in der Mitte, machte sie für mich zu einem ganz absonderlichen Wesen, das mit allem, was ich je gesehen hatte, keine Ähnlichkeit besaß.

Das war das erste Mal, daß meine Mutter und ich in Nohant empfangen wurden. Nachdem meine Großmutter ihren Sohn bewillkommt hatte, wollte sie auch meine Mutter umarmen, aber diese hielt sie zurück, indem sie ihr sagte:

»Ach! meine liebe Mutter, Sie dürfen weder mich noch diese armen Kinder berühren; Sie wissen nicht, wieviel Elend wir zu ertragen gehabt haben, wir sind alle krank.«

Aber mein Vater, der immer Optimist war, fing an zu lachen, legte mich in die Arme meiner Großmutter und sagte:

»Denke nur, diese Kinder haben einen unbedeutenden Ausschlag, und nun denkt sich Sophie, deren Einbildungskraft sehr erregt ist, daß sie die Krätze haben.«

»Krätze oder nicht«, sagte meine Großmutter, indem sie mich an ihr Herz drückte, »ich übernehme die Sorge für dies Kind. Ich sehe wohl, daß die Kleinen krank sind; sie haben beide ein starkes Fieber. Gehen Sie schnell zur Ruhe mit Ihrem Sohne, liebe Tochter, Sie haben eine Reise gemacht, die über die menschlichen Kräfte geht. Ich werde unterdessen für die Kleine sorgen; in Ihrem Zustande ist es zu viel, sich um zwei Kinder zu kümmern.«

Sie trug mich in ihr Zimmer, und diese vortreffliche Frau, die sonst so empfindlich und ekel war, legte mich ohne Abscheu vor dem schrecklichen Zustande, in dem ich mich befand, auf ihr eignes Bett. Dies Bett und dies Zimmer, dessen Dekorationen damals noch neu waren, erschienen mir wie ein Paradies. Die Wände waren mit großgeblümtem Kattun überzogen, alle Möbel waren aus der Zeit Ludwigs XV. Das Himmelbett hatte große Federbüsche an den vier Ecken, doppelte Vorhänge, eine Menge Schnitzwerk, Kissen und Garnierungen, deren Pracht und Feinheit mich in Erstaunen setzten. Ich wagte nicht, mich an einem so schönen Ort behaglich niederzulassen, denn ich war mir bewußt, wieviel Ekel ich einflößen mußte, und fühlte mich dadurch sehr gedemütigt. Aber man überhäufte mich mit Liebkosungen und bewies mir eine Sorgfalt, bei welcher ich dies bald vergaß. Die erste Person, die ich nach meiner Großmutter sah, war ein dicker Junge von neun Jahren, der mit einem ungeheuren Blumenbouquet eintrat und es mir mit freundlicher, lustiger Miene ins Gesicht warf. Meine Großmutter sagte: »Das ist Hippolyte, umarmt euch, meine Kinder!« Wir umarmten uns, ohne weitere Erklärungen zu verlangen, und ich verlebte manches Jahr mit ihm, ohne zu wissen, daß er mein Bruder[8] war – er war das Kind aus dem *kleinen Hause*.

Mein Vater nahm ihn bei der Hand und führte ihn zu meiner Mutter; sie umarmte ihn, fand ihn »prächtig« und sagte: »Er gehört mir nun ebensogut, wie Dir Caroline[9] gehört.« Und von der Zeit an wurden wir zusammen erzogen, bald unter den Augen meiner Mutter, bald unter denen meiner Großmutter.

An diesem Tage sah ich auch Dechartres[10] zum erstenmal. Er trug kurze Hosen, weiße Strümpfe, Nanking-Gamaschen, einen nußbraunen, sehr langen und sehr weiten Rock und eine Klappmütze. Er kam mit großer Ernsthaftigkeit, mich zu untersuchen, und da er ein sehr guter Arzt war, mußte ihm wohl geglaubt werden, als er erklärte, daß ich die Krätze hätte. Aber die Krankheit war schon im Abnehmen, und mein Fieber kam nur von übergroßer Ermüdung. Dechartres riet meinen Eltern, zu verschweigen, daß wir die Krätze mitbrächten, um die Hausbewohner nicht in Schrecken zu setzen. Er erklärte in Gegenwart der Domestiken, daß wir nur einen sehr unschuldigen Ausschlag hätten, und als zwei andere Kinder durch uns angesteckt wurden, gelang es, sie

durch sorgsame Behandlung rasch zu heilen, ohne daß sie erfuhren, welches Übel sie gehabt hatten.
Was mich betrifft, so fühlte ich mich nach Verlauf von zwei Stunden, die ich auf dem Bette meiner Großmutter, in der frischen, luftigen Stube zubrachte, worin ich das Summen der spanischen Moskitos nicht mehr hörte, so wohl, daß ich mit Hippolyte in den Garten lief. Ich erinnere mich, daß er mich mit außerordentlicher Sorgsamkeit führte und bei jedem Schritte fürchtete, daß ich fallen könnte. Ich fühlte mich beschämt, daß er mich für ein so kleines Mädchen hielt, und ich bewies ihm bald, daß ich es dem entschlossensten Knaben gleich tat. Das machte ihn zutraulich, und er weihte mich in mehrere sehr angenehme Spiele ein, unter andern in die Kunst »Rotpasteten« zu machen, wie er das nannte. Wir nahmen Sand oder Erde, die wir in Wasser tauchten und, nachdem wir sie tüchtig geknetet hatten, auf großen Schiefertafeln in Kuchenform zurichteten. Nachher trug er diese heimlich in den Backofen, und da er schon sehr neckisch war, freute er sich über den Zorn der Mägde, die, wenn sie Brot oder Kuchen aus dem Ofen nahmen, unser sonderbares Gebäck entdeckten und fluchend hinauswarfen.
Ich bin niemals mutwillig gewesen, denn ich bin von Natur nicht

George Sand, alias Aurore Dupin

schalkhaft. Ich war eigensinnig und herrschsüchtig, weil ich von meinem Vater sehr verzogen war, aber ich tat nichts mit Vorbedacht und war nie versteckt. Hippolyte hatte meine schwache Seite bald herausgefunden, und um mich für meine Launen und meinen Zorn zu strafen, neckte er mich auf's grausamste. Er raubte mir meine Puppe, begrub sie im Garten, steckte ein kleines Kreuz darüber und ließ sie mich wieder ausscharren. Er hing sie an Baumzweigen auf, den Kopf nach unten und bereitete ihr tausend Qualen, die ich dummerweise von der ernsten Seite nahm und über die ich heiße Tränen vergoß. Ich gestehe, daß er mir deswegen häufig verhaßt war, aber ich habe nie etwas nachtragen können, und wenn er kam, mich zum Spielen abzuholen, war ich außerstande, ihm zu widerstehen.

Der große Garten und die gute Luft von Nohant hatten mir bald die Gesundheit wiedergegeben. Meine Mutter stopfte mich noch immer voll Schwefel, und ich unterwarf mich dieser Kur, weil mich meine Mutter durch ihre Überredung vollständig beherrschte. Der Schwefel war mir übrigens sehr zuwider, und ich bat sie, mir Augen und Nase zuzuhalten, während ich ihn schluckte; um den Geschmack nachher loszuwerden, suchte ich die schärfsten Säuren, und meine Mutter, die eine vollständige

Hippolyte Chatiron, der Sohn von Maurice Dupin und einer Dienstmagd, Spielgefährte George Sands

Heilmethode des Instinktes oder des Vorurteils im Kopfe hatte, glaubte, daß Kinder erraten, was ihnen zuträglich ist. Als sie sah, daß ich alle unreifen Früchte anbiß, gab sie mir Zitronen, und ich hatte solche Gier danach, daß ich sie mit Schale und Kernen aufaß, als wenn es Erdbeeren gewesen wären. Mein großer Hunger war vorüber, und fünf oder sechs Tage lang nährte ich mich ausschließlich von Zitronen. Meine Großmutter erschrak über diese sonderbare Diät, aber Dechartres, der mich aufmerksam beobachtete und bemerkte, daß ich mich immer besser befand, war diesmal auch der Meinung, daß mir die Natur das beste Heilmittel angegeben hätte.

Nach dem Tod ihres Vaters, Maurice Dupin, im September 1808 lebte Aurore zunächst mit ihrer Großmutter und ihrer Mutter zusammen. Da sich die beiden aber nicht verstanden, blieb Aurore auf Wunsch der Großmutter in Nohant, während die Mutter zusammen mit ihrer Tochter Caroline eine Wohnung in Paris bezog. Unter der Trennung von ihrer zärtlichen Mutter litt Aurore sehr.

Meine Großmutter umarmte mich mit Feierlichkeit und gleichsam als Belohnung für mein gutes Betragen; und weil sie zu sehr wünschte, mir einen guten *Anstand* zu geben und den unüberwindlichen Hang zur Ungebundenheit zu besiegen, den meine Mutter niemals mit Nachdruck bekämpft hatte, behandelte sie mich nicht genug als Kind. Ich sollte mich nicht mehr auf der Erde wälzen, nicht mehr laut lachen, nicht mehr im Dialekt des Berry sprechen. Ich sollte mich gradehalten, Handschuhe tragen, ruhig sein oder nur leise in einem Winkel mit Urselchen[11] flüstern. Jedem Ausbruch meines Wesens wurde eine sehr sanfte, aber nachdrückliche Zurückweisung zuteil. Man schalt nicht mit mir, aber man nannte mich *Sie*, und das sagt genug. Da hieß es: »Liebe Tochter, Sie halten sich wie eine Verwachsene; liebe Tochter, Sie gehen wie ein Bauernmädchen; liebe Tochter, Sie haben schon wieder die Handschuhe verloren; liebe Tochter, Sie sind zu groß, um so etwas zu tun!« Zu groß! ich war sieben Jahre alt,

und man hatte mir nie gesagt, daß ich zu groß wäre. Es flößte mir eine fürchterliche Angst ein, daß ich plötzlich, seit der Abreise meiner Mutter, so groß geworden sein sollte. Überdies mußte ich eine Menge von Gebräuchen lernen, die mir lächerlich vorkamen; ich sollte vor den Leuten, die meine Großmutter besuchten, eine Verbeugung machen, sollte die Küche nicht mehr betreten und nicht mehr *Du* zu den Domestiken sagen, damit auch sie die Gewohnheit verlören, mich zu duzen. Ich durfte auch meine Großmama nicht *Du* nennen, durfte nicht einmal *Sie* zu ihr sagen, sondern mußte in der dritten Person mit ihr sprechen: »*Will mir Großmama erlauben, in den Garten zu gehen?*«
Die vortreffliche Frau hatte ganz gewiß recht, daß sie mir eine tiefe Ehrfurcht für ihre Person und für das Gebot der Höflichkeit, zu der sie mich erzog, einflößen wollte. Sie nahm Besitz von mir, und sie hatte mit einem eigensinnigen Kinde zu tun, das schwer zu behandeln war. Sie hatte gesehen, daß meine Mutter energisch mit mir zu Werke ging, aber sie glaubte, daß diese, indem sie mein Gefühl zu sehr erregte, anstatt meine krankhafte Reizbarkeit zu beruhigen, mich zur Unterwerfung brächte, ohne mich zu bessern. Dies ist leicht möglich; denn das Kind, an dessen Nervensystem zu sehr gerüttelt wird und das man zu heftig erschüttert, indem man es mit einem Male niederwirft, fällt um so leichter in einen Ausbruch seines Ungestüms zurück. Meine Großmutter wußte wohl, daß sie mich ohne Kampf und ohne Tränen zu einem instinktmäßigen Gehorsam bringen würde, der mir sogar den Gedanken des Widerstandes unmöglich machte, indem sie mich durch eine Folge ruhiger Ermahnungen bezwang. Es war in der Tat das Werk weniger Tage; es war mir niemals in den Sinn gekommen, mich gegen sie aufzulehnen, aber ich hatte gerade nicht vermieden, in ihrer Gegenwart anderen zu widerstreben. Sobald sie sich meiner bemächtigt hatte, fühlte ich, daß ich mir durch jede Torheit, die ich unter ihren Augen beging, ihren Tadel zuzog, und dieser Tadel, der in so höflicher, kalter Weise ausgedrückt wurde, erkältete mich bis in das Mark meiner Knochen. Ich tat meinen Neigungen eine solche Gewalt an, daß ich ein

krampfhaftes Schaudern davon bekam, worüber sie sich ängstigte, ohne den Grund zu erkennen. Sie hatte ihr Ziel erreicht, das vor allem darin bestand, mich folgsam zu machen, und sie wunderte sich, daß es ihr so rasch gelungen war. »Seht nur«, sagte sie, »wie sanft und artig die Kleine ist.« Und sie wünschte sich Glück, daß es ihr so wenig Mühe gemacht hatte, mich durch ein System umzuformen, das dem meiner guten Mutter, die sich abwechselnd als Tyrann und Sklave zeigte, durchaus entgegengesetzt war.

Aber meine liebe Großmama sollte bald noch mehr erstaunen. Sie wollte zu gleicher Zeit tief verehrt und leidenschaftlich geliebt werden; sie erinnerte sich an die Kindheit ihres Sohnes und hoffte, daß es mit mir ebenso sein würde. Aber ach! das lag weder in ihrer noch in meiner Macht. Sie nahm nicht genug Rücksicht auf die Generationsstufe, die zwischen uns lag, und auf den ungeheuern Unterschied unserer Jahre. Die Natur läßt sich nicht täuschen, und trotz der unendlichen Güte, trotz der unzähligen Wohltaten, die mir die Großmutter bei meiner Erziehung erwiesen hat, kann ich die Behauptung nicht zurückhalten, daß eine altersschwache Großmutter die Mutter nicht ersetzt und daß die unbedingte Leitung eines jungen Wesens durch eine alte Frau die Gesetze der Natur in jedem Augenblicke verletzt. Gott hatte seine Absichten, als er die Fähigkeit, Mutter zu sein, auf ein gewisses Alter beschränkte. Das kleine Geschöpf, das eben ins Leben tritt, bedarf eines jungen Wesens, das selbst noch im Vollgenuß des Lebens steht. Das feierliche Benehmen der Großmutter bedrückte meine Seele. Ihr düsteres, von Wohlgerüchen erfülltes Zimmer verursachte mir Kopfschmerzen und krampfhaftes Gähnen. Sie fürchtete Hitze und Kälte, Zugwind und Sonnenstrahlen, und es kam mir vor, als sperrte sie uns beide in eine große Schachtel, wenn sie mir sagte: »Amüsiere dich still.« Sie gab mir Bilder zu besehen, aber ich sah sie nicht, denn ich hatte den Schwindel. Ich bebte, wenn ich draußen einen Hund bellen hörte oder wenn ein Vogel im Garten sang; ich wäre gern der Hund oder der Vogel gewesen. Wenn ich mit Großmama im Garten war, so fühlte ich mich, obwohl sie durchaus keinen Zwang auf mich ausübte, durch die Rücksichten, die sie mir schon eingeflößt hatte, an ihre Seite gebannt. Sie ging nur mit Anstrengung, und ich blieb neben ihr, um ihr Dose oder Handschuhe, die sie oft fallen ließ und nicht wieder aufnehmen konnte, zurückzugeben. Ich habe nie einen schwächeren und kraftloseren Körper gesehen, als den ihrigen, und da sie bei alle dem dick, frisch und gesund war, erregte diese Unfähigkeit der Bewegung meine innerliche Ungeduld im höchsten Grade.

Im Winter, den Aurores Großmutter zumeist mit ihrer Enkelin in Paris verlebte, hatte Aurore Unterricht bei verschiedenen Privatlehrern.

Der Schreiblehrer, Herr Loubens, war ein Mann von großen Ansprüchen und imstande, auch die beste Hand mit seinem Systeme zu verderben. Er gab so viel auf die Haltung der Arme und des Körpers, als sei das Schreiben eine choreographische Mimik; aber das war ganz in dem Genre der Erziehung, die meine Großmutter uns zu geben wünschte; man mußte alles »graziös« tun.
Herr Loubens hatte also eine Menge Instrumente erfunden, um seine Schüler zu zwingen, den Kopf gerade, die Ellbogen frei zu halten, die Feder mit gestreckten Fingern zu führen und den kleinen Finger so auf dem Papier ruhen zu lassen, daß er die Schwere der Hand trug. Da diese Regelmäßigkeit der Bewegung und diese Anstrengung der Muskeln der natürlichen Geschicklichkeit und Biegsamkeit des Kindes geradezu widerstehen, so hatte er erfunden: 1) für den Kopf, eine Art Krone von Fischbein; 2) für Körper und Schultern, einen Gürtel, der hinten mittels einer Schnur an der Krone befestigt war; 3) für die Ellbogen, einen hölzernen Stab, der am Tisch befestigt wurde; 4) für den Zeigefinger der rechten Hand, einen Messingring, an welchen noch ein kleinerer Ring gelötet war, durch den man die Feder steckte; 5) für die Haltung der Hand und des kleinen Fingers, eine Art Sockel von Holz mit Falzen und kleinen Rollen. Fügt man zu diesen, nach Loubens für das Studium der Kalligraphie unentbehrlichen Dingen,

noch die Lineale, das Papier, die Federn, die Bleistifte, Sachen, die durchaus nichts taugten, wenn der Professor sie nicht geliefert hatte, so wird man sehen, daß er einen kleinen Handel trieb, der ihn für die Mäßigkeit des Honorars ein wenig entschädigte, das man gewöhnlich für Schreibstunden zahlt.

Zuerst lachten wir über alle diese Erfindungen, aber nach einem Versuche von fünf Minuten erfuhren wir schon, daß es wahre Marterwerkzeuge waren. Die Finger wurden steif, die Arme erstarrten, und die Kopfbinde verursachte Migräne. Man hörte indessen nicht auf unsere Klagen, und wir wurden erst wieder freigelassen, wenn es Herrn Loubens gelungen war, unsere Handschrift vollständig unleserlich zu machen.

Die Musiklehrerin nannte sich Frau von Villiers. Sie war noch jung, immer schwarz gekleidet, geistreich, geduldig, und hatte sehr feine Manieren.

Unter andern hatte ich auch für mich allein eine Zeichenlehrerin, Fräulein Creuze, die sich für die Tochter des berühmten Malers Creuze ausgab und es vielleicht auch war. Sie war eine gute Person, die vielleicht auch Talent hatte, aber nichts tat, um das meinige zu entwickeln, denn sie unterrichtete mich auf die dummste Weise von der Welt; ließ mich schattieren, ehe ich eine Linie zeichnen konnte, und große, häßliche Augen machen mit enormen Wimpern, die man einzeln zählen mußte, ehe ich einen Begriff von dem Ensemble eines Gesichtes hatte.

Während des Frühjahrs und Sommers lebte Aurore bei ihrer Großmutter in Nohant. Unterricht erteilten Dechartres, die Großmutter und der Organist des naheliegenden Ortes La Châtre.

Wissen, um zu wissen, das war der Kern der Erziehung, die mir gegeben wurde, und es war nie die Rede davon, sich zu belehren, um besser, glücklicher und weiser zu werden. Man lernte, um mit unterrichteten Leuten plaudern zu können, um die Bücher zu verstehen, die man in den Schränken hatte, und um die Zeit auf dem Lande oder sonst wo zu töten. Und da Wesen meiner Art nicht einsehen, was es nützen kann, unterrichteten Personen zu antworten, anstatt ihnen stillschweigend zuzuhören oder auch nicht zuzuhören – und da sich Kinder im allgemeinen nicht vor der Langeweile fürchten, weil sie sich gern über alles amüsieren, das Lernen ausgenommen, so bedurfte man noch anderer Gründe und Anfeuerungen. So sprach man denn von der Freude, die Eltern zu befriedigen und rief den Gehorsam und das Pflichtgefühl an. Dies war noch das beste Mittel, und es hatte auch bei mir ziemlichen Erfolg, denn ich bin von Natur unabhängig in meinem Geiste, aber gehorsam im äußern Verhalten.

So habe ich mich denn nur aus Liebe für meine Großmutter nach besten Kräften den Studien hingegeben, die mich langweilten: habe Tausende von Versen auswendig gelernt, deren Schönheiten ich nicht begriff; habe mich mit dem Lateinischen beschäftigt, das mir widerlich war; mit der Prosodie, welche wie eine Zwangsjacke mein natürliches poetisches Gefühl beengte; mit der Arithmetik, die meiner Organisation so zuwider ist, daß ich im vollen Sinne des Wortes Schwindel und Ohnmachtschauer hatte, wenn ich eine Addition machen mußte. Ihr zu Gefallen vertiefte ich mich denn auch in die Geschichte; aber hier fand meine Folgsamkeit endlich eine Belohnung: die Geschichte unterhielt mich sehr.

Aus dem schon angeführten Grunde, das heißt, wegen des gänzlichen Mangels aller sittlichen Grundlagen, konnte dieses Studium dem Bedürfnis geistiger Nahrung nicht genügen, das sich in mir zu regen begann. Statt dessen erhielt die Geschichte in meinen Augen einen andern Reiz; ich genoß sie von der literarischen und romantischen Seite. Die großen Charaktere, die edlen Taten, die wunderbaren Begebenheiten, die poetischen Zwischenfälle, mit einem Worte, die Details entzückten mich, und es gewährte mir ein unsägliches Vergnügen, das alles in meinen Auszügen wieder zu erzählen und ihm auf meine Weise Form und Gestalt zu geben.

Nach und nach bemerkte ich, daß ich wenig überwacht wurde

und daß Großmama, der meine Auszüge für ein Kind meines Alters gut und interessant geschrieben schienen, das Buch nicht mehr zu Rate zog, um die Treue meiner Erzählung zu kontrollieren, und dieser Umstand nützte mir mehr, als man denken mag. Ich hörte auf, die Bücher, aus denen ich meine Auszüge machte, mit in die Stunden zu bringen, und da ich nicht danach gefragt wurde, überließ ich mich mit größerer Kühnheit meinem persönlichen Urteile. Ich war philosophischer als meine weltlichen Historiker, enthusiastischer als die Erzähler der heiligen Geschichte; ich überließ mich meiner Begeisterung, und es kam mir nicht darauf an, ob mein Urteil mit dem der Geschichtsschreiber übereinstimmte. Ich gab meinen Erzählungen die Färbung meiner Gedanken, und ich erinnere mich sogar, daß ich mir zuweilen erlaubte, ein trockenes Thema etwas auszuschmücken. An den Hauptsachen veränderte ich nichts; aber wenn mir eine unbedeutende oder unverständliche Persönlichkeit in die Hände fiel, sah ich mich durch ein unbesiegbares Verlangen nach kunstgerechter Lösung veranlaßt, derselben irgendwelchen Charakter zu verleihen, den ich ziemlich logisch aus ihrer Stellung und Handlungsweise im allgemeinen Drama zu ergründen suchte. Es war mir unmöglich, mich blindlings dem Urteil des Historikers zu unterwerfen; wenn ich das, was er verdammte, nicht immer zu rechtfertigen vermochte, suchte ich es wenigstens zu erklären und zu entschuldigen, und wenn ich ihn gegen das, was mich entzückte, zu kalt fand, so überließ ich mich meinem eignen Feuer und ließ dasselbe sich in Ausdrücken ergießen, die meine Großmutter sehr oft durch ihre naive Überschwenglichkeit zum Lachen reizten. Bot sich mir endlich die Gelegenheit dar, eine kleine Beschreibung in meine Erzählung zu verflechten, so ließ ich sie gewiß nicht unbenutzt vorübergehen. Eine trockne Andeutung, ein kurzer Satz im Texte genügte mir; meine Einbildungskraft bemächtigte sich desselben und schmückte ihn aus; ich rief Sonnenschein oder Gewitter zu Hilfe, Blumen und Ruinen, Monumente und Chorgesänge, die Töne der heiligen Flöte oder der jonischen Lyra, den Glanz der Waffen, das Wiehern der Rosse – was weiß ich alles? – Ich war verteufelt klassisch, aber wenn ich nicht die Kunst besaß, mir eine neue Form zu schaffen, so hatte ich doch das Vergnügen, lebhaft zu fühlen und mit den Augen der Phantasie die Vergangenheit zu überschauen, die sich für mich aufs neue belebte.

Es ist freilich wahr, daß ich mich nicht immer in dieser poetischen Stimmung befand und daß ich dann, vor jeder Strafe sicher, fast wörtlich aus dem Buche abschrieb, dessen Inhalt ich wieder erzählen sollte. Aber dies geschah nur in Tagen der Mattigkeit und Zerstreuung, und ich entschädigte mich dafür, sobald ich merkte, daß meine Begeisterung wiederkehrte.

Mit der Musik war es fast ebenso. Um mein Gewissen zu beruhigen, nahm ich die trockenen Übungen durch, die ich der Großmama vorspielen sollte; sobald ich dies aber nur einigermaßen konnte, veränderte ich die Stücke in meiner Weise, schmückte sie aus, veränderte die Formen und improvisierte singend und spielend Musik und Worte, so oft ich sicher war, daß mich niemand hörte. Gott mag wissen, welchen törichten musikalischen Ausschweifungen ich mich so überließ, aber ich war dabei außerordentlich froh.

Die Musik, in der ich unterrichtet wurde, begann mich zu langweilen. Ich war nicht mehr unter der Leitung meiner Großmutter; sie bildete sich ein, daß sie mir den Unterricht nicht erteilen könnte, vielleicht wurde sie auch durch ihre Gesundheit verhindert, mich zu unterweisen – genug, sie erklärte mir nichts mehr und beschränkte sich darauf, mich nach und nach die oberflächlichen Sachen durchspielen zu lassen, die mir mein Lehrer brachte.

Dieser Lehrer war der Organist von La Châtre; gewiß verstand er die Musik, aber er fühlte sie nicht und war nicht sehr gewissenhaft in seinem Unterricht. Er hieß Herr Gayard und hatte ein lächerliches Ansehen und Benehmen. Obwohl er kaum fünfzig Jahr alt war, trug er beständig den festgebundenen Zopf, die »Taubenflügel« und die weiten, eckigen Röcke des *ancien régime*. Während der Restauration nahmen verschiedene Leute die alten

Frisuren und Trachten wieder an, wahrscheinlich um dadurch ihre Anhänglichkeit an die »guten Prinzipien« zu beweisen; andere hatten sich nie von dieser Kleidung getrennt, und so mochte denn auch Herr Gayard aus würdevoller Gewohnheit dem Puder und den kurzen Hosen treu geblieben sein.
Und doch war es mit seiner Würde ziemlich vorbei, sobald er sich in La Châtre nicht mehr unter den Augen des Pfarrers oder in Nohant in der Nähe meiner Großmutter befand. Er pflegte sich sonntags gegen zwölf Uhr einzustellen, ließ sich ein reichliches Frühstück servieren, stimmte das Fortepiano und das Klavier, gab mir eine Lektion, die zwei Stunden lang währte, und ging dann zu den Mägden, mit denen er bis zur Essenszeit tändelte. Beim Diner aß er für Viere und sprach wenig; nachher mußte ich der Großmama ein Stück vorspielen, das er mir mehr eingeübt als erklärt hatte; und ehe er fortging, ließ er sich von den Kammerfrauen die Taschen mit Süßigkeiten füllen.
Ich machte scheinbar Fortschritte unter der Leitung dieses Lehrers, aber in Wahrheit lernte ich gar nichts und verlor die Achtung und Liebe für die Musik. Er brachte mir leichte, dumme, sogenannte glänzende Kompositionen, aber glücklicherweise schlichen sich, ohne daß er es wußte, zuweilen kleine Edelsteine in diesen Plunder ein: Sonatinen von Steibelt, Sachen von Gluck und Mozart und hübsche Etüden von Clementi und Pleyel. Ein Beweis für mein gesundes, musikalisches Urteil ist, daß ich immer von selbst herausfand, was der Mühe wert war, gelernt zu werden, und daß ich dies mit einem gewissen kindlichen Gefühl vortrug, daß meiner Großmutter gefiel, das aber Herr Gayard durchaus nicht billigte. Sein Anschlag war hart, und er spielte taktmäßig fort ohne Nuancen, ohne Färbung und Wärme, alles war regelrecht, fehlerfrei, lärmend, ohne Reiz und ohne Erhabenheit. Dazu hatte er große, häßliche Pfoten, die so behaart, fett und schmutzig waren, daß sie mich anekelten, und seine Person war von einem Geruch umgeben, der teils von Puder, teils von Schmutz herrührte, so daß mir die Stunden unerträglich waren. Meine Großmutter wußte gewiß, daß es ein Lehrer ohne Wert

und ohne Seele war; aber sie dachte, daß mir eine Fingerübung nötig wäre, und da ihre Hände mehr und mehr lahm wurden, gab sie mir Herrn Gayard zur mechanischen Übung. Herr Gayard ließ mich auch wirklich die Finger rühren und sehr viel Noten lesen, aber er lehrte mich nichts. Er hat nie verlangt, daß ich mir Rechenschaft gäbe von der Tonart, in welcher das Stück geschrieben war, das ich spielte, oder von dem Tempo desselben und noch viel weniger von dem Gefühl oder dem musikalischen Gedanken. Wenn ich einen Fehler machte, überschüttete mich Herr Gayard mit Wortspielen und Dummheiten, welche die Stelle der Kritik vertraten. »So ging ich zu Werke, als man mich das letzte Mal hinter die Tür stellte«, sagte er.

Und so ging es die ganze Stunde fort, wenn er nicht etwa vorzog, am Ofen zu schlafen oder im Zimmer auf und ab zu gehen, indem er Pflaumen oder Nüsse aß – denn er aß beständig und kümmerte sich wenig um andere Dinge.

Vom Gesang war nicht die Rede, und doch hatte ich dafür die größte Neigung und den größten Beruf. Es gewährte mir eine außerordentliche Erleichterung, in Prosa oder ungereimten Versen Rezitative oder Fragmente lyrischer Melodien zu improvisieren, und es schien mir, als wäre der Gesang die mir angemessenste Weise, meine Gefühle und Gemütsbewegungen auszudrücken. Wenn ich allein im Garten war, besang ich sozusagen alle meine Handlungen: »Rolle, rolle kleiner Wagen! sprießet, sprießet, kleine Gräser, die ich begieße! kommt auf meine Blumen, ihr hübschen Schmetterlinge!« usw., und wenn ich traurig war, wenn ich an mein entferntes Mütterchen dachte, waren es endlose Klagelieder in Molltönen, die nach und nach meinen Kummer einschläferten oder Tränen hervorriefen, durch die ich mich erleichtert fühlte. Ich sang dann: »Hörst Du mich, Mutter? Ich seufze und weine« usw. Als ich etwa zwölf Jahr alt war, machte ich den Versuch, etwas zu schreiben, aber dies währte nur kurze Zeit. Ich entwarf mehrere Schilderungen: eine der *Vallée noire*, gesehen von einer Stelle, die ich oft und gern besuchte, und dann die Beschreibung einer Mondscheinnacht im Sommer. Dies ist alles, worauf ich mich besinne; meine Großmutter hatte die Güte, jedem, der es hören wollte, diese Versuche als Meisterstücke zu schildern. Nach allem, was ich noch davon weiß, verdienten sie freilich nur als Makulatur verbraucht zu werden*; aber mit größerer Freude erinnere ich mich, daß ich trotz den unvorsichtigen Lobeserhebungen meiner Großmutter nicht durch meinen kleinen Erfolg berauscht wurde. Ich hatte schon damals das Gefühl, das mir immer geblieben ist, daß nämlich keine Kunst den Reiz und die Frische des Eindrucks wiederzugeben vermag, den die Schönheiten der Natur hervorbringen, sowie auch kein Ausdruck imstande ist, die Kraft und Fülle unserer inneren Gefühlswelt auszusprechen. Es ist ein Etwas in unserer Seele, das über jede Form erhaben ist; der Enthusiasmus, die Träumerei, die Leidenschaft, der Schmerz, haben keinen genügenden Ausdruck im Gebiete der Kunst, welcher Zweig derselben und welcher Künstler es auch immer sein mag. Ich bitte die großen Meister um Verzeihung! Ich verehre und ich liebe sie, aber sie haben mir nie zu geben vermocht, was mir die Natur gab, was ich selbst tausendmal umsonst versucht habe, anderen mitzuteilen.

Die Kunst erscheint mir als ein ewig unbefriedigtes, ewig unzulängliches Bestreben – so wie jede andere menschliche Betätigung. Zu unserem Unglück besitzen wir das Gefühl des Unendlichen, und alle unsere Ausdrucksweisen sind in schnell erreichte Grenzen eingeengt; das Gefühl selbst ist durchaus unbestimmt, und die Entzückungen, die es uns gewährt, sind eine Art von Qual.

Die Kunst ist der mehr oder weniger glückliche Versuch, Erregungen zu bekunden, die niemals vollkommen ausgedrückt zu werden vermögen und die an und für sich jedem Ausdruck überlegen sind. Indem die Romantik die Mittel der Darstellung vermehrte, hat sie die Grenzen der menschlichen Begabung nicht zu erweitern vermocht: ein Strom von Worten, eine Flut von Noten, und die brennendsten Farben drücken nicht mehr aus als eine

* Unter andern Metaphern befand sich darin ein Mond, »der in seinem Silberschiffchen sitzend, die Wolken durchfurchte.«

naive, ursprüngliche Form. Ich mag tun, was ich will, ich habe das Unglück, in Worten und Tönen nichts von dem zu finden, was im Sonnenstrahl liegt, oder im Murmeln des Windes.
Und doch hat die Kunst erhabene Offenbarungen, und ich könnte nicht leben, ohne sie beständig aufzusuchen. Aber je größer und schöner diese Offenbarungen sind, um so mehr wecken und nähren sie in mir den Durst nach etwas, das noch besser und größer ist und das mir niemand gibt und das ich selbst nicht zu geben vermag, weil wir zur Darstellung dieses Besseren und Größeren eines Ausdrucks bedürften, den der Mensch wahrscheinlich niemals findet.
Ich komme darauf zurück, deutlicher und positiver auszusprechen, daß mich nichts von dem, was ich geschrieben habe, jemals befriedigt hat; meine ersten Versuche im zwölften Jahre ebensowenig wie die literarischen Arbeiten meines Alters. Darin liegt aber durchaus keine Bescheidenheit, denn jedesmal, wenn ich einen neuen Vorwurf der Kunst entdeckt und empfunden habe, habe ich voller Naivität gehofft und geglaubt, daß ich es ausdrükken würde, wie ich es gefühlt hatte. Dann bin ich mit Eifer ans Werk gegangen, habe meine Aufgabe zuweilen mit inniger Freude vollendet und habe mir gesagt, wenn ich die letzte Seite erreichte: »Oh, dieses Mal ist es mir gelungen!« Aber ach! sobald ich die Probebogen überlas, mußte ich mir gestehen: »Es ist wieder nicht das, was ich geträumt und gefühlt und ganz anders geschaffen habe; es gibt nicht das volle Leben wieder, es sagt zu viel und sagt doch nicht genug –«, und wäre die Arbeit nicht bereits immer Eigentum eines Verlegers gewesen, so hätte ich sie beiseite gelegt, um sie umzuformen, und hätte sie vergessen, um einen neuen Versuch mit einem neuen Werk zu machen.
So fühlte ich denn schon bei meinem ersten literarischen Probestücke, daß ich tief unter meiner Aufgabe stand und daß meine Worte und Phrasen den Gegenstand der Schilderung für mich selbst verdarben. Meiner Mutter wurde eine der Beschreibungen gesendet, damit sie sehen sollte, wie klug und geschickt ich geworden wäre; aber sie schrieb mir: »Über Deine schönen Redens-

arten habe ich sehr gelacht; ich hoffe, daß Du Dir nicht angewöhnst, so zu sprechen.« Übrigens fühlte ich mich durch diese Aufnahme meiner poetischen Phantasie nicht verletzt; ich fand, daß sie ganz recht hatte, und gab ihr zur Antwort: »Sei ruhig, mein Mütterchen, ich will nicht pedantisch werden, und wenn ich Dir zu sagen wünsche, daß ich Dich liebe und verehre, will ich es Dir immer so einfach sagen, wie ich es hier eben getan habe.«
Das Schreiben hörte nun also auf, aber das Bedürfnis zu erfinden und zu schaffen, quälte mich immerfort. Ich bedurfte einer Welt der Phantasien, und ich hörte niemals auf, mich mit denselben zu beschäftigen. Sie umgaben mich überall, auf meinen Spaziergängen und in meinen Grübeleien, im Garten, im Felde, im Bette, ehe ich einschlief und sobald ich erwachte. Solange ich lebe, hat sich beständig ein Roman in meinem Kopfe entwickelt, dem ich einen längern oder kürzern Abschnitt zufügte, sobald ich allein war, und für welchen ich ohne Aufhören Materialien zusammentrug. Aber wird es mir möglich sein, von dieser Art des Schaffens einen Begriff zu geben? Sie ist verloren gegangen, und ich werde mich immer nach ihr zurücksehnen, denn sie ist die einzige Art und Weise, die jemals meinen Phantasien entsprach.
Ich würde die Geschichte dieser Phantasien nicht weiter verfolgen, wenn ich dieselben für eine mir eigentümliche Sonderbarkeit ansähe. Meine Leser werden schon bemerkt haben, daß es mir viel mehr darauf ankommt, sie in ihr eigenes Leben, in das aller Menschen, zurückzuführen, als sie für mein persönliches Geschick zu interessieren. Aber ich glaube, daß die Geschichte meines Geisteslebens die Geschichte der Generation ist, zu welcher ich gehöre, und daß es niemand unter uns gibt, der nicht in seiner Jugend einen Roman oder ein Gedicht geschaffen hätte.
Ich war fünfundzwanzig Jahre alt, als ich meinen Bruder, den ich viel schreiben sah, fragte, was er eigentlich tue. »Ich versuche einen Roman zu schreiben«, entgegnete er, »welcher der Tendenz nach moralisch, der Form nach komisch ist; aber ich verstehe es nicht zu machen – ich glaube, Du könntest ordnen, was ich entwerfe.« Er teilte mir nun seinen Plan mit, ich fand ihn zu skep-

tisch, und die Details waren mir widerwärtig. Ich fragte ihn, seit wann er sich mit diesem Projekt, einen Roman zu schreiben, herumtrage. »Ich habe den Gedanken immer gehabt,« sagte er; »er begeistert mich, wenn ich träume, und ergötzt mich zuweilen so, daß ich laut auflache, wenn ich allein bin, aber wenn ich die Gedanken ordnen will, weiß ich weder Anfang noch Ende zu finden. Es wird alles unklar unter der Feder – der Ausdruck mangelt mir – ich werde ungeduldig, der Sache überdrüssig, ich verbrenne, was ich geschrieben habe, und bin nun für ein paar Tage fertig damit. Aber bald kehrt es zurück wie ein Fieber, ich denke Tag und Nacht daran und muß es aufkritzeln, um es immer wieder zu verbrennen.«

»Du hast unrecht, Deine Phantasien in eine gewisse Form, in einen regelrechten Plan bringen zu wollen«, sagte ich; »siehst Du denn nicht, daß Du ihnen Gewalt antust und daß Du sie ewig regsam, lachend und fruchtbar in Dir tragen würdest, wenn Du darauf verzichtetest, sie auszusprechen? Warum machst Du es nicht wie ich, ich habe mir nie die Idee meiner Schöpfung verdorben, indem ich sie zu formulieren suchte.«

»Ah, es ist also eine Krankheit, die in unserem Blute liegt«, entgegnete er, »Du arbeitest also auch im Leeren – Du träumst wie ich und hast es mir niemals gesagt.« Ich war ärgerlich, mich verraten zu haben, aber es war zu spät, um einzuhalten. Hyppolite hatte, indem er mir sein Geheimnis anvertraute, ein Recht auf das meinige erworben, und ich erzählte ihm, was hier folgt.

Seit frühester Kindheit fühlte ich das Bedürfnis, mir eine innere Welt nach meiner Weise zu schaffen, eine phantastische, poetische Welt, die nach und nach zu einer religiösen oder philosophischen, d. h. zu einer Welt des Geistes oder des Gefühls wurde. Im Alter von elf Jahren las ich die Iliade und das befreite Jerusalem. Ach wie kurz fand ich sie, wie betrübt war ich, als ich zur letzten Seite kam! Ich wurde traurig und krank vor Kummer, daß sie so bald zu Ende waren. Ich wußte nicht, was ich tun sollte und konnte nichts mehr lesen; ich vermochte nicht, dem einen Gedichte den Vorzug vor dem andern einzuräumen. Allerdings begriff ich, daß Homer größer, schöner und einfacher sei, aber Tasso interessierte mich mehr und regte mich mehr an – er ist romantischer und war passender für meine Zeit und mein Geschlecht. Es gab Situationen, von denen ich gewünscht hätte, daß der Dichter mich nie herausführe, z. B. wo sich Herminia bei den Schäfern befindet, oder wo Clorinde die Olinde und Sofronie vom Scheiterhaufen rettet. Welche zauberischen Bilder rollten sich vor mir auf! Ich bemächtigte mich der Situationen und versetzte mich, sozusagen, selbst hinein. Die Personen wurden die meinigen, ich ließ sie handeln und sprechen und veränderte nach Belieben die Reihenfolge ihrer Abenteuer, nicht etwa, weil ich es besser zu machen glaubte als der Dichter, sondern weil die verliebten Träumereien mich störten und weil ich die Gestalten so haben wollte, wie ich sie fühlte, nämlich ausschließlich für Religion, Krieg oder Freundschaft begeistert. Ich zog die mutige Clorinde der schüchternen Herminia vor, ihr Tod und ihre Taufe erhoben sie in meinen Augen zur göttlichen Gestalt. Ich haßte Armide und verachtete Renaud. Bei der Kriegerin und Zauberin fühlte ich unbestimmt, was Montaigne von Bradamante und Angelika in Ariosts Gedicht sagt: »Die eine von ungekünstelter Schönheit, tätig und großherzig, nicht männlich, aber mutig; die andere von weichlicher, zarter, künstlicher Schönheit; die eine als Knabe gekleidet, einen glänzenden Helm auf dem Haupte; die andere als Mädchen, mit perlenbesetztem Kopfschmuck.«

Aber über diesen Romanfiguren schwebte der christliche Himmel, wie über der Iliade die Götter des Heidentums, und durch die Poesie dieser Symbole wurde in mir, wenn auch nicht das Bedürfnis eines bestimmten Glaubens, doch das Bedürfnis des religiösen Gefühls rege und bemächtigte sich meines Herzens. Da man mich in keiner Religion unterrichtete, ich aber bemerkte, daß ich eine brauchte, so versuchte ich, mir eine zu schaffen.

Ich arrangierte das sehr geheim in mir selbst; Religion und Roman sproßten zugleich in meiner Seele. Ich habe gesagt, daß die romantischsten Geister zugleich die positivsten sind, und obgleich dieser Ausdruck paradox scheint, bleibe ich doch dabei.

Die Neigung zur Romantik ist die Neigung zum Idealen. Alles, was in der gemeinen Wirklichkeit den Aufschwung der Seele hemmt, wird von diesen, von ihrem Gesichtspunkte aus sehr logischen Geistern beiseite geschoben und nicht beachtet.
Ich, das träumerische, reine, einsame, sich selbst überlassene Kind, das ein Ideal suchte, konnte keine Welt, kein idealisiertes Menschentum träumen, ohne einen Gott, das Ideal selbst. Der große Schöpfer Jehova, das große Verhängnis Jupiter, standen mir nicht nahe genug. Ich sah wohl den Zusammenhang dieser höchsten Macht mit der Natur, aber ich fühlte diesen Zusammenhang mit der Menschheit nicht deutlich genug – und ich tat, was die Menschheit vor mir getan hatte, ich suchte einen Mittler, einen Gott-Menschen, einen göttlichen Freund von unserem unglücklichen Geschlechte.
Homer und Tasso, welche die christliche und heidnische Poesie meiner ersten Lektüre gekrönt hatten, zeigten mir so viele erhabene oder schreckliche Gottheiten, daß die Wahl mich in große Verlegenheit brachte. Man bereitete mich zur ersten Kommunion vor, und ich wußte nicht das geringste vom Katechismus. Das Evangelium und das göttliche Drama von dem Leben und dem Tode Jesu preßte mir im geheimen Ströme von Tränen aus, die ich verbarg, weil ich fürchtete, meine Großmutter möchte mich verspotten. Jetzt weiß ich gewiß, daß sie es nicht getan hätte, aber dies Unterlassen jeder Einmischung in meinen Glauben, das sie sich zum Gesetz gemacht zu haben schien, stürzte mich in Zweifel und vielleicht war es nur die Folge des ewigen Hanges zur Verheimlichung meiner innersten Gefühle, daß ich der Leitung entbehren mußte. Da meine Großmutter sah, daß ich die Dogmen las und auswendig lernte, ohne die geringste Bemerkung zu machen, glaubte sie vielleicht in mir ein leeres Blatt zu finden, wenn sie mich von ihrem Standpunkt aus unterrichten würde, aber sie irrte sich. Das Kind ist nie ein leeres Blatt. Es erklärt, fragt sich selbst, zweifelt und sucht, und wenn man ihm nichts gibt, um sich ein Haus davon zu bauen, so macht es sich ein Nest von den Strohhalmen, die es sammeln kann.

So ging es mir. Da meine Großmutter nur eine Sorge gehabt hatte, nämlich die, meine abergläubischen Neigungen zu bekämpfen, so konnte ich nicht an Wunder und ebenso wenig an die Göttlichkeit Jesu glauben. Trotz alledem aber liebte ich diese Göttlichkeit und sagte mir: »Da jede Religion Erdichtung ist, so will ich mir einen Roman machen, der Religion, und eine Religion, die Roman ist. Ich glaube nicht an meine Romane, aber sie machen mich so glücklich, als ob ich daran glaubte – und überdies, wenn es mir von Zeit zu Zeit begegnet, daß ich daran glaube, so wird es niemand erfahren und mich in meinen Illusionen stören können, durch den Beweis, daß ich träume.«

Und siehe da, wenn ich nachts träumte, erschien mir eine Gestalt und ein Name. Der Name hatte, soviel ich weiß, keine Bedeutung; es war eine zufällige Vercinigung von Silben, wie sie sich im Traume bildet. Mein Phantasiegebilde hieß Corambé und hat diesen Namen behalten. Er gab den Titel meines Romans und wurde der Gott meiner Religion.

Wenn ich anfange von Corambé zu sprechen, so beginne ich nicht allein die Erzählung meines poetischen Lebens, das dieser Typus so lange ausgefüllt hat, sondern auch die meines sittlichen Lebens, das mit dem ersten eins ist. Corambé war, um die Wahrheit zu sagen, nicht eine einfache Romanfigur, sondern die Gestalt, die mein religiöses Ideal angenommen hatte und lange Zeit behielt.

Corambé gestaltete sich ganz von selbst in meinem Gehirn. Er war rein und barmherzig wie Jesus und strahlend und schön wie Gabriel, aber er empfing auch etwas von der Grazie der Nymphen und der Poesie des Orpheus. Er hatte also weniger strenge Formen als der Gott der Christen und war geistiger als die Götter Homers; auch mußte er sich zuweilen, um vollkommen zu werden, in eine Frau verwandeln, denn das, was ich bis jetzt am meisten geliebt, am besten verstanden hatte, war eine Frau, war meine Mutter. Er erschien mir also oft als Weib – er gehörte, mit einem Worte, zu keinem Geschlechte und nahm alle möglichen verschiedenen Gestalten an.

Ich liebte viele der heidnischen Göttinnen; die weise Pallas, die keusche Diana, Iris, Hebe, Flora; die Musen, die Nymphen waren reizende Wesen, die ich mir durch das Christentum nicht rauben lassen wollte. Corambé mußte alle Attribute geistiger und körperlicher Schönheit besitzen: die Gabe der Beredsamkeit, den allmächtigen Reiz der Künste, besonders aber den Zauber der musikalischen Improvisation; ich wollte ihn lieben wie einen Freund, wie eine Schwester und zu gleicher Zeit verehren, wie einen Gott. Ich wollte ihn nicht fürchten, und darum wünschte ich, daß er einige unserer Irrtümer und Schwächen hätte.
Ich suchte nach solchen, die sich mit seiner Vollkommenheit vereinigen ließen und fand Übermaß in der Duldsamkeit und Güte. Dies gefiel mir ganz besonders, und das Dasein Corambés, das sich vor meiner Phantasie entrollte (ich wage nicht zu sagen, auf meinen Willen, denn diese Träume schienen sich ganz von selbst zu gestalten), zeigte nur eine Reihe von Prüfungen, Leiden, Verfolgungen und Martern. Ich teilte das Ganze in Bücher oder Gesänge, je nach den verschiedenen Phasen im Menschenleben meines Ideals, das, sobald es die Erde berührte, die Gestalt eines Mannes oder Weibes annahm. Zuweilen verlängerte auch der höchste und allmächtige Gott, dessen himmlischer Statthalter über das Reich des Geistes er auf Erden war, seine Verbannung unter die Menschen, um die übergroße Liebe und Barmherzigkeit zu strafen, die er für uns hatte.
In jedem dieser Gesänge (ich glaube, mein Gedicht hatte wenigstens tausend, ohne daß ich je versucht gewesen wäre, eine Zeile davon aufzuschreiben) gruppierte sich um Corambé eine Welt von neuen Figuren. Sie waren alle gut, allerdings gab es auch schlechte, aber man sah sie niemals (ich wollte sie nicht erscheinen lassen), und ihre Bosheit und Torheit wurde nur durch Gemälde des Unglücks und der Verzweiflung bemerklich. Corambé tröstete und half ohne Aufhören. Ich sah ihn in herrlichen Gegenden, umgeben von melancholischen und zarten Wesen, die sein Wort und sein Gesang entzückte, wie er die Erzählung ihrer Leiden anhörte und sie durch die Tugend zum Glücke führte.

Anfänglich gab ich mir Rechenschaft über diese Art geistiger Arbeit, nach kurzer Zeit aber, ja schon nach wenigen Tagen, denn die Tage zählen in der Kindheit dreifach, fühlte ich, daß ich nicht mein Sujet, sondern daß mein Sujet mich beherrschte. Die Träumerei wurde zur Sinnentäuschung, die sich so oft wiederholte und so vollständig war, daß ich mich der wirklichen Welt entrückt fühlte.

Zwistigkeiten zwischen Großmutter und Mutter sowie der Anspruch der Großmutter, über ihre Enkelin allein zu verfügen, führten zu Trotzreaktionen bei Aurore, deretwegen sie auf »grausamste, schmerzlichste und am wenigsten verdiente Weise bestraft« wurde.

Niemand, am wenigsten aber meine Großmutter, hatte mir etwas wirklich Schlimmes von meiner Mutter berichtet. Es war leicht zu bemerken, daß Dechartres sie haßte, daß Julie sie verleumdete, um sich in Gunst zu setzen, und daß meine Großmama Anfälle von Bitterkeit und Kälte gegen sie hatte; aber das war nur kalter Spott, waren nur Andeutungen eines unmotivierten Tadels, Mienen, die Abneigung zeigten – und ich in meiner naiven Parteilichkeit glaubte, daß die Familie meines Vaters mit seiner Heirat nur darum so unzufrieden wäre, weil meine Mutter weder Vermögen besaß noch von vornehmer Abkunft war. Meine Großmutter schien es sich zur Pflicht gemacht zu haben, die Verehrung, die ich für meine Mutter hegte, zu respektieren.
Aber während der drei vergangenen, für sie so kummervollen Tage, suchte sie nach dem schnellsten und sichersten Mittel mich wieder an sich zu fesseln, mich erkenntlich für die Wohltaten zu machen, auf die ich so wenig gab, und in meinem jungen Herzen das Vertrauen und die Liebe zu zerstören, die ich für eine andere hegte. Sie dachte nach und überlegte und wählte das unglückseligste von allem.
Als ich vor ihrem Bette niedergekniet war und ihre Hand ergriff, um sie zu küssen, sagte sie mit einem strengen, vibrierenden Tone, den ich bis dahin nie gehört hatte: »Bleibe knien und höre

mit Aufmerksamkeit an, was ich Dir sagen werde; Du hast es noch nie gehört und wirst es aus meinem Munde nie wieder hören. Man erzählt solche Dinge nur einmal im Leben, denn sie vergessen sich nicht wieder; aber wenn sie einmal existieren, muß man sie kennen, wenn man sich nicht selbst zugrunde richten soll.«

Nach diesem Eingange, der mich zittern machte, fing sie an, mir von ihrem Leben und dem meines Vaters zu erzählen, dann überlieferte sie mir die Lebensgeschichte meiner Mutter, so wie sie dieselbe wußte, oder vielmehr so, wie sie dieselbe verstand und begriff. Sie war in diesem Punkte, ich muß es sagen, ohne Mitleid und ohne Einsicht, denn es gibt im Leben des Armen Verlockungen, Schicksale und Unglücksfälle, die der Reiche nie begreift und die er beurteilt wie ein Blinder die Farben.

Alle Tatsachen, die meine Großmutter mir erzählte, waren wahr und durch Detail-Angaben unterstützt, die nicht den geringsten Zweifel aufkommen ließen – aber man hätte diese Enthüllungen machen können, ohne mir die Liebe und Achtung für meine Mutter zu rauben, und die so erzählte Geschichte würde um vieles wahrscheinlicher und wahrer gewesen sein. Sie hätte mir alles erzählen müssen: die Ursachen des Unglücks meiner Mutter; ihr Alleinstehen und das Elend, in dem sie sich als vierzehnjähriges Kind befand; die Verdorbenheit der Reichen, die den Hunger benutzen, um die Unschuld zu verderben; die unbarmherzige Strenge der öffentlichen Meinung, die keine Umkehr gestattet und keine Buße anerkennt.* Sie hätte mir erzählen müssen, wie

* Man sagt mir, daß eine vorurteilsvolle Kritik die Aufrichtigkeit tadelt, mit der ich von meinen Verwandten, besonders aber von meiner Mutter spreche. Das ist sehr natürlich und ich habe es erwartet. Es gibt eine gewisse Klasse Leser, die nie verstehen, was sie lesen, es sind dies diejenigen, welche die wirkliche Moral der Dinge nicht verstehen wollen oder nicht verstehen können. Da ich für diese nicht schreibe, so würde es überflüssig sein, ihnen zu antworten; ihr Gesichtspunkt steht im entschiedenen Widerspruche zu dem meinigen; aber ich bitte die, welche mein Werk nicht grundsätzlich hassen, die Zeilen noch einmal zu lesen und zu überlegen. Wenn es einige unter ihnen gibt, die um gleicher Ursachen dieselben Schmerzen getragen haben wie ich, so glaube ich durch eine höhere Auffassung, als die der Verfechter einer falschen Moral, ihre inneren Zweifel beruhigt und ihre Wunden geschlossen zu haben.

meine Mutter ihre Vergangenheit wiedergutgemacht, wie treu sie meinen Vater geliebt hatte und wie bescheiden, traurig und zurückgezogen sie seit seinem Tode lebte. Das letztere wußte ich zwar selbst oder glaubte wenigstens es zu wissen, doch man ließ mich merken, daß man zwar die ganze Vergangenheit vor mir enthülle, mich aber mit der Gegenwart verschone und daß es in dem jetzigen Leben meiner Mutter neue Geheimnisse gebe, von denen man mir nichts sagen wolle, die aber meine eigene Zukunft gefährden würden, wenn ich darauf bestände, bei ihr zu leben. Endlich sprach meine Großmama, erschöpft durch die lange Erzählung, ganz außer sich, mit erstickter Stimme und feuchten, unsicheren Augen, das große, das entsetzliche Wort aus: Meine Mutter war ein ehrloses Weib und ich ein blindes Kind, das sich in einen Abgrund stürzen wollte.

Ich war wie im Traume; der Hals war mir wie zugeschnürt; jedes Wort gab mir den Tod; ich fühlte, wie mir der Schweiß von der Stirn rann; ich wollte meine Großmutter unterbrechen, wollte aufstehen, fortgehen, die entsetzliche Mitteilung mit Abscheu zurückweisen – ich konnte es nicht, ich war wie an den Boden genagelt und horchte gesenkten Hauptes auf die Stimme, die über mir schwebte und meine Seele verdorrte. Meine eisigen Hände hielten die brennenden Hände meiner Großmutter nicht mehr, ich glaube, ich hatte sie mit Entsetzen von mir gestoßen.

Endlich erhob ich mich ohne ein Wort, ohne eine Liebkosung und ohne mich darum zu kümmern, ob man mir vergeben habe. Ich ging in mein Zimmer. Auf der Treppe fand ich Rose[13]: »Nun«, sagte sie, »ist die Geschichte zu Ende?« – »Ja, sie ist zu Ende und für immer«, entgegnete ich und warf mich in die Arme des Mädchens, in dem ich, obgleich es mein Tyrann war, jetzt meine beste, einzige Freundin erblickte, das mir jetzt schön erschien, trotz seiner Häßlichkeit, denn ich erinnerte mich, daß sie mir nie etwas Böses von meiner Mutter gesagt und dieser immer die größte Anhänglichkeit bewahrt hatte, trotzdem sie gewiß alles wußte, was ich eben erfahren hatte. Dann eilte ich davon, um mich zu verbergen, und stürzte, ein Raub der Verzweiflung, in heftigen Konvulsionen zur Erde.

Als ich die Herrschaft über mich selbst ein wenig wieder gewonnen hatte, wollte ich nicht krank scheinen; ich kam auf den ersten Ruf zum Frühstück und zwang mich zu essen. Man gab mir meine Hefte zurück, und ich arbeitete zum Schein; aber meine Augenlider waren wund von den scharfen, brennenden Tränen; ich hatte entsetzliches Kopfweh, ich dachte nicht mehr, lebte nicht mehr – alles war mir gleichgültig. Ich wußte nicht, ob ich noch jemand haßte oder liebte, und fühlte weder Enthusiasmus noch Widerwillen für irgend etwas. Es war mir, als hätte ich innerlich eine große Brandwunde und an der Stelle des Herzens eine quälende Leere. Ich wurde mir einer gewissen Verachtung des Weltalls bewußt, eines bitteren Hasses des Lebens, das mir in Zukunft beschieden sein sollte – ich liebte mich selbst nicht mehr. Wenn meine Mutter verächtlich und hassenswert war, dann war ich, ihr Kind, es auch. Ich weiß nicht, was mich davor bewahrt hat, von diesem Augenblicke an in Misanthropie zu versinken; man hatte mir einen entsetzlichen Schaden zugefügt, der vielleicht durch nichts wiedergutgemacht werden konnte, denn man hatte versucht, die Quellen des seelischen Lebens, Glaube, Liebe und Hoffnung in mir zu töten.

Nachdem ich einige Tage in unaussprechlichem Schmerze, in gänzlicher Niedergeschlagenheit zugebracht hatte, fühlte ich mit Erstaunen, daß ich meine Mutter nur noch mehr und meine Großmama nicht weniger liebte als früher. Man hatte mich sehr traurig gesehen, und Rose erzählte so viel von meinen Leiden, daß man glaubte, ich fühle große Reue. Meine Großmama begriff allerdings, daß sie mir einen tiefen Schmerz zugefügt hatte, aber sie hielt ihn für heilsam und glaubte, daß ich mich jetzt in alles ergeben hätte. Von einer neuen Erklärung war nicht die Rede; man befragte mich nicht, es wäre auch unnütz gewesen. Meine Lippen waren für immer versiegelt. Mein Leben fing wieder an, wie ein stiller Fluß dahinzufließen, aber für mich waren die Wellen getrübt – ich blickte nicht mehr hinein.

In der Tat versenkte ich mich nicht mehr in Pläne und süße Träume. Mein Roman war zu Ende. Corambé blieb stumm. Ich lebte nur noch wie eine Maschine.

Die Großmutter schickte die dreizehnjährige Enkelin in das Kloster der Englischen Augustinerinnen in Paris, damit sie sich eine angemessene Bildung und standesgemäße Umgangsformen aneigne.

Ich freute mich, daß ich im Kloster war; ich fühlte das Bedürfnis, mich von den inneren Kämpfen zu erholen; ich war müde, der Zankapfel zwischen zwei Wesen zu sein, die ich liebte. Ich hätte fast gewünscht, daß man mich ganz vergessen möchte.

So versöhnte ich mich mit dem Kloster, und bald kam es dahin, daß ich mich hier glücklicher fühlte, als ich je im Leben gewesen war. Von allen Kindern, die ich dort kennenlernte, bin ich, glaube ich, das einzige ganz zufriedene gewesen. Alle sehnten sich zu ihren Familien zurück und nicht nur aus Anhänglichkeit, sondern auch um der Freiheit und des Wohlbehagens willen. Obgleich ich zu den am wenigsten reichen gehörte und niemals großen Luxus gekannt hatte – und obgleich wir im Kloster ganz erträglich gehalten wurden, machte sich in bezug auf das materielle Leben ein bedeutender Unterschied zwischen Nohant und dem Kloster bemerklich. Überdies machten mich die Abschließung, die Luft von Paris und die völlig gleichmäßige Lebensweise, die ich bei der allmählichen Entwicklung und fortwährenden Veränderung des menschlichen Körpers für sehr verderblich halte, bald krank und schwächlich. Aber trotz alledem verlebte ich die drei Jahre, ohne mich nach der Vergangenheit zu sehnen, ohne die Zukunft herbei zu wünschen, im Genusse des Glückes, das mir die Gegenwart gewährte. Diesen Zustand werden alle begreifen, die viel gelitten haben und deren höchste und einzige irdische Glückseligkeit in dem Nichtvorhandensein des äußersten Elendes besteht. Für die Kinder der Reichen ist dieser Zustand indessen eine Ausnahme, und meine Genossinnen begriffen es nicht,

wenn ich ihnen sagte, daß ich das Ende meiner Gefangenschaft nicht herbeiwünschte.
Wir waren eingeklostert im vollen Sinne des Wortes. Wir durften nur zweimal monatlich ausgehen und nur zu Ende des Jahres einmal auswärts schlafen. Es gab zwar Ferien, aber sie waren nicht für mich, denn meine Großmutter wollte meine Studien nicht unterbrechen, um meinen Aufenthalt im Kloster möglichst abkürzen zu können. Sie verließ Paris wenige Tage nach unserer Trennung und kehrte erst nach Verlauf eines Jahres zurück, um dann abermals für ein Jahr abzureisen. Sie hatte auch von meiner Mutter verlangt, daß sie mich nicht zum Ausgehen veranlassen sollte. Meine Vettern, die Villeneuve, baten mich, die Tage, an denen man ausgehen durfte, bei ihnen zuzubringen, und schrieben an meine Großmama, um deren Erlaubnis einzuholen; aber ich schrieb auch und bat sie, die Erlaubnis nicht zu geben, da ich, wie ich hinzuzufügen wagte, gar nicht ausgehen wolle, wenn dies nicht mit meiner Mutter geschehen könne. Ich fürchtete, daß sie meine Bitte nicht berücksichtigen würde, und war, obgleich ich den Wunsch und das Bedürfnis fühlte, auszugehen, doch fest entschlossen, mich krank zu melden, wenn einer meiner Vettern, mit der Erlaubnis versehen, kommen sollte, um mich abzuholen. Dieses Mal billigte meine Großmutter aber meine Handlungsweise und überhäufte mich, statt mit Vorwürfen, wie ich erwar-

Kloster der englischen Augustinerinnen in Paris, in dem George Sand etwa 2 Jahre lebte.

tete, mit Lobsprüchen, die ich etwas übertrieben fand, denn ich hatte nur meine Pflicht getan.

So verlebte ich zwei Jahre hinter dem Gitter. Wir hörten die Messe in unserer Kapelle, empfingen die Besuche im Sprachzimmer, nahmen dort auch unsere Privatstunden, wobei sich der Lehrer jenseits und der Schüler diesseits des Gitters befanden. Alle Fenster des Klosters, die nach der Straße gingen, waren nicht allein vergittert, sondern noch mit Vorsetzern von Leinwand versehen. Es war wirklich ein Gefängnis, aber ein Gefängnis mit großem Garten und großer Gesellschaft. Ich gestehe, daß ich die Strenge der Gefangenschaft nicht einmal bemerkte und nur über die kleinlichen Vorsichtsmaßregeln lachte, die man nahm, um uns hinter Schloß und Riegel zu halten und uns selbst einen Blick auf die Straße zu wehren. Diese Vorsichtsmaßregeln allein reizten den Wunsch nach der Freiheit, denn die Rue des Fossés-Saint-Victor und die Rue Clopin hatten weder etwas Verführerisches als Promenade noch als Aussicht. Gewiß hatte keine von uns je daran gedacht, allein aus der Tür ihrer elterlichen Wohnung zu gehen, aber im Kloster spähte fast jede nach dem Auf- und Zumachen der Tür oder versuchte durch die Spalten der Fenstervorsetzer einen verbotenen Blick auf die Straße zu werfen. Sich für einen Augenblick der Überwachung zu entziehen, zwei oder drei Stufen in den Hof hinabzusteigen, einen Fiaker vorüber fahren zu sehen, war der ehrgeizigste Wunsch von etwa vierzig bis fünfzig tollen und spottsüchtigen jungen Mädchen, die am andern Tage mit ihren Verwandten durch ganz Paris wanderten, ohne das geringste Vergnügen am Hin- und Herlaufen auf dem Pflaster und an der Betrachtung der Vorübergehenden zu finden, denn dies waren ja außerhalb der Klostermauer keine verbotenen Früchte.

Mein inneres Wesen erlitt während der drei Jahre Umwandlungen, an die ich früher nicht geglaubt hätte und die meine Großmutter mit Kummer bemerkte, obgleich sie dieselben voraussehen konnte, als sie mich hierher brachte. Im ersten Jahre war ich mehr als je Enfant terrible, denn ich befand mich in einem Zustande der Verzweiflung, oder wenigstens der Hoffnungslosigkeit; ich wollte mich zerstreuen und suchte mich durch meine eignen Schelmenstreiche zu betäuben. Das zweite Jahr ging in glühender erschütternder Frömmigkeit fast unvermerkt vorüber, und im dritten Jahr machte ich mir eine ruhige, feste und freudige Frömmigkeit zu eigen. Im ersten Jahre schalt meine Großmama viel in ihren Briefen. Im zweiten Jahre entsetzte sie sich mehr über meinen religiösen Eifer, als früher über meine Widerspenstigkeit – im dritten Jahre endlich schien sie halb befriedigt und zeigte mir eine Zustimmung, die nicht ohne eine Beimischung von Unruhe war.

...

Es war unrecht, daß sich unsere Nonnen selbst so wenig um uns kümmerten; wir liebten sie, denn sie alle hatten etwas Würdiges, Liebliches oder Feierliches, etwas Sanftes und Ernstes, das vielleicht bei mancher nur im Äußeren und in der Kleidung lag, das uns aber wie ein Zauber zur Ruhe brachte. Der einzige Nutzen, den ihr Klosterleben, ihre Weltentsagung und ihr Verzichten auf Familienleben der Gesellschaft gewähren konnte, war die Sorgfalt, mit welcher sie sich der Bildung unseres Geistes und Herzens zu widmen vermochten, und diese Aufgabe würde ihnen leicht geworden sein, wenn sie sich derselben wirklich unterzogen hätten. Aber sie behaupteten, daß es ihnen an Zeit dazu fehle, und sie hatten recht, weil sie dem Gottesdienst und den Gebeten zu viele Stunden widmeten. Dies ist ein Übelstand der Frauenklöster; man bedient sich daselbst sogenannter weltlicher Lehrerinnen, welche den Bauern im Schachspiel gleichen, sich vor den Nonnen ein gutes Ansehen geben, aber die Kinder bedrücken und quälen. Unsere Nonnen hätten sich in Gott um unsere Eltern und um uns größere Verdienste erworben, wenn sie unserm Glücke oder, um ihre Sprache zu reden, unserm Seelenheil ein Teilchen der Zeit gewidmet hätten, die sie voller Egoismus nur für sich selbst verwendeten.

Die Nonne, welche von Zeit zu Zeit Fräulein D...[14] ablöste, war die Mutter Alippe. Sie war eine runde, rosige Nonne, die einem zu reifen Franzapfel glich, der anfing Runzeln zu bekommen. Sie war nicht liebevoll, aber sie war gerecht, und obwohl sie mich nicht zum Besten behandelte, hatte ich ebensoviel Zärtlichkeit für sie, wie alle anderen Schülerinnen.

Sie war mit unserm Religionsunterricht beauftragt und fragte mich am ersten Tage, an welchem Orte die Seelen ungetaufter Kinder *schmachteten?* Davon hatte ich nie gehört, ich ahnte nicht im geringsten, daß es einen Ort der Verbannung und der Strafe für diese armen kleinen Wesen geben könnte und gab kühn zur Antwort, daß sie in den Schoß Gottes zurückkehrten. »Was fällt Ihnen ein und was sagen Sie da, unglückliches Kind!« rief Mutter Alippe; »Sie haben mich nicht verstanden, ich frage Sie, wohin die Seelen der Kinder kommen, die ohne Taufe gestorben sind?«

Ich blieb stumm; eine der Mitschülerinnen, die meine Unwissenheit bemitleidete, flüsterte mir mit halblauter Stimme zu: *»dans les limbes!«* (in den Vorhimmel), da sie eine Engländerin war, verwirrte mich ihr Akzent, ich glaubte, daß sie einen schlechten Witz machen wollte, drehte mich um und sagte laut und lachend: »In den Olymp.« *»For shame!«* rief die Mutter Alippe, »Sie lachen während des Katechismus!« »Verzeihung, Mutter Alippe«, erwiderte ich; »ich habe es nicht mit Willen getan.«

Da ich dies mit voller Überzeugung sagte, beruhigte sie sich und sagte: »Nun gut, da Sie es nicht aus bösem Willen getan haben, will ich nicht verlangen, daß Sie die Erde küssen; aber machen Sie das Zeichen des Kreuzes, um sich zu sammeln und zu fassen.«

Unglücklicherweise verstand ich auch nicht das Zeichen des Kreuzes zu machen; das war Roses Schuld, die mich gelehrt hatte, erst die rechte und dann die linke Schulter zu berühren; mein alter Pfarrer hatte dies auch niemals beachtet; aber als Mutter Alippe dies Entsetzliche sah, zog sie die Augenbrauen zusammen und fragte: »Tun Sie es denn mit Fleiß, Miß?« – »Ach nein, Madame, was meinen Sie denn?« – »Machen Sie das Zeichen des Kreuzes noch einmal.« – »So, liebe Mutter!« – »Noch einmal!« – »Sehr gern, und nun?« – »Und so machen Sie es immer!« – »Mein

Gott, ja!« – »Mein Gott! Sie haben gesagt *mein Gott*? Sie schwören also!« – »Das glaube ich doch nicht!« – »Aber Unglückliche, woher kommen Sie denn eigentlich? Das ist ja eine Heidin, in Wahrheit eine ganze Heidin! Sie sagt, die Seelen gingen in den Olymp; sie macht das Zeichen des Kreuzes von der Rechten zur Linken: sie sagt *mein Gott* außer dem Gebete! Wohlan, so müssen Sie denn den Katechismus mit Marie Eyre lernen und *die* weiß noch mehr davon als Sie!«

Ich muß gestehen, daß ich mich nicht sehr gedemütigt fühlte. Ich biß mich auf die Lippen und kniff mich in die Nase, um nicht zu lachen; aber die Religion des Klosters erschien mir als ein so albernes und lächerliches Ding, daß ich mir vornahm dabei mit großer Bequemlichkeit zu Werke zu gehen und sie nie im Ernste aufzufassen. Aber ich irrte mich! Meine Stunde sollte kommen.

Als ich ins Kloster kam, hatte ich keine besondere Vorliebe für irgendeine der Parteien und war mehr zur Folgsamkeit als zum Widerstreben geneigt. Ich habe schon gesagt, daß ich ohne Abneigung und ohne Kummer gekommen war, und es war mein fester Wille, mich der allgemeinen Disziplin zu unterwerfen; aber als ich nun sah, wie einfältig diese Disziplin in vieler Hinsicht war und wie boshaft sie von der D... gehandhabt wurde, setzte ich meine Mütze aufs Ohr und trat entschlossen in die Reihen der *Teufel* ein.

Den Namen *Teufel* trugen alle Mädchen, die nicht fromm waren und die es nicht sein *wollten*; die Frommen trugen den Namen der *Artigen*, und dazwischen gab es noch die Mittelsorte der *Dummen*; diese erklärten sich für keine der beiden Hauptparteien, sie lachten überlaut bei den Schelmenstreichen der *Teufel*, schlugen die Augen nieder und verhielten sich ruhig, sobald eine Lehrerin oder eine der *Artigen* erschien, und versäumten nie, wenn Gefahr drohte, die Versicherung zu geben: »ich bin es nicht gewesen!« Diesem »ich bin es nicht gewesen« der egoistischen Dummen pflegen die Feigsten noch hinzuzufügen: »die Dupin ist es gewesen oder die G...«

Die Dupin war ich; die G... war die bedeutendste Figur der kleinen Klasse und die exzentrischste Persönlichkeit im ganzen Kloster.
Es war eine elfjährige Irin, aber viel größer und stärker als ich, trotz meiner dreizehn Jahre. Ihre volltönende Stimme, ihr freimütiges, kühnes Gesicht, ihr unabhängiger, unbezwinglicher Charakter hatten ihr den Beinamen »der Knabe« zugezogen, und obwohl sie später eine schöne Frau geworden ist, gehörte sie ihrer Gemütsart nach nicht zu unserem Geschlechte. Sie war der verkörperte Stolz, die Aufrichtigkeit selbst, ein vortreffliches Wesen, begabt mit männlicher Kraft, mit mehr als männlicher Kühnheit und mit seltenem Verstande. Dabei war sie voller Selbstverleugnung, ohne alle Koketterie, voll unermüdlicher Tätigkeit und voll tiefer Verachtung für alle Falschheiten und Niederträchtigkeiten der Gesellschaft.
Als ich ins Kloster kam, war Mary G... (der Knabe) wegen Unpäßlichkeit entlassen, und sie wurde mir auf das furchtbarste geschildert. Sie war der Schrecken der *Dummen*, und natürlich hatten sich diese gleich zuerst an mich gemacht. Die *Artigen* hatten mich zu erforschen gesucht, und da sie Marys Unruhe und Lebendigkeit fürchteten, hatten sie gesucht, mich gegen dieselbe einzunehmen, und ich muß gestehen, daß ich vor dem Bilde erschrak, das sie entwarfen. Einige Schlauköpfe behaupteten, Mary G. wäre ein Knabe, den seine Eltern in ein Mädchen zu verwandeln suchten. Man erzählte mir, daß sie alles zerbräche, daß sie jeden quälte, daß sie stärker wäre als der Gärtner und daß sie die Fleißigen an der Arbeit hinderte; sie war eine Geißel, eine Strafe Gottes und wehe jedem, der ihr die Spitze zu bieten wagte! »Wir wollen mal sehen«, sagte ich, »auch ich bin stark, fürchte mich nicht und verlange, daß man mich auf meine Weise sprechen und denken läßt.« Indessen erwartete ich Mary mit einer Art Besorgnis; ich hätte nicht gern eine Feindin oder auch nur eine Antipathie unter meinen Gefährtinnen gehabt; es war genug mit der D..., der allgemeinen Feindin.
Mary kam, und beim ersten Blick gefiel mir ihr offnes Gesicht.

Sie fing mit Neckereien an: »Mademoiselle heißt *du pain*, *some bread*, etwas Brot; sie heißt Aurore, *rising-sun*, aufgehende Sonne; welche schönen Namen! und wie schön sieht sie aus! Sie hat einen Pferdekopf auf einem Hühnerleibe. Aufgehende Sonne, ich werfe mich vor dir nieder und will gern die Sonnenblume sein, welche deine ersten Strahlen begrüßt! Es scheint auch, daß wir *les limbes* mit dem Olymp verwechseln – eine hübsche Bildung, meine Treue, die uns viel Vergnügen verspricht!«
Die ganze Klasse brach in ein schallendes Gelächter aus. Besonders die Dummen lachten, als wollten sie die Kinnbacken verrenken; die Artigen dagegen freuten sich, zwei *Teufel*, deren Vereinigung sie gefürchtet hatten, miteinander im Kampfe zu sehen.
Ich lachte ebenso herzlich wie die andern, und Mary sah beim ersten Blick, daß ich keinen Verdruß empfand, weil ich nicht eitel war. Sie fuhr mit ihren Neckereien fort, wobei sie jedoch nicht boshaft wurde, und eine Stunde später gab sie mir einen Schlag auf die Schulter, der einen Ochsen zu töten imstande gewesen wäre. Ich zuckte nicht und erwiderte den Schlag mit lachendem Gesicht; sie rieb sich die Schulter und sagte: »so, das ist gut! komm, laß uns spazieren gehen.« – »Aber wo?« – »Überall, nur nicht in der Klasse!« – »Aber wie sollen wir das anfangen?« – »Das hält nicht schwer, paß auf, wie ich es mache und richte Dich danach.«
Man stand gerade auf, um die Plätze zu wechseln, und Mutter Alippe erschien mit Heften und Büchern. Mary benutzte die Unruhe, ging hinaus, ohne die geringsten Vorsichtsmaßregeln zu gebrauchen, wurde aber nicht beachtet und setzte sich in den öden Kreuzgang, in welchem ich mich einige Minuten später mit ebenso wenig Umständen einfand.
»Da bist du ja!« sagte sie; »was hast du erfunden, um fortgehen zu dürfen?«
»Gar nichts, ich habe es so gemacht wie du.«
»So, das ist sehr gut!« erwiderte sie. »Einige machen lange Geschichten, sagen: sie wollten auf dem Klavier üben, oder schützen Nasenbluten vor, oder behaupten, daß sie in der Kirche für ihre

Gesundheit beten wollen – aber das sind abgenutzte Vorwände und unnötige Lügen. Ich habe alle Lügen abgeschafft, denn das Lügen ist eine Feigheit. Ich gehe fort, komme wieder, man fragt, ich gebe keine Antwort, bekomme meine Strafe, lache darüber und tue alles, was ich will.«

»Das gefällt mir.«

»Du bist also ein *Teufel*?«

»Ich will es werden.«

»Eben so wie ich?«

»Weder mehr noch minder.«

»Angenommen!« sagte sie und gab mir einen Handschlag. »Jetzt wollen wir wieder hineingehen und uns bei der Mutter Alippe ruhig halten; sie ist eine gute Frau, und wir müssen unsere Kräfte für die D... aufsparen. Jeden Abend außer der Klasse, hörst Du wohl?«

»Was heißt das, außer der Klasse?«

»Die Abendfreistunden in der Klasse, unter Aufsicht der D... sind im höchsten Grade langweilig. Wir verschwinden, sobald man das Refektorium verläßt, und stellen uns erst zum Gebet wieder ein. Zuweilen wird dies von der D... nicht bemerkt; gewöhnlich aber ist sie entzückt davon, weil es ihr das Vergnügen verschafft, uns bei der Rückkehr auszuzanken und zu bestrafen. Die Strafe besteht darin, am folgenden Tage die Nachtmütze aufzubehalten und dieselbe sogar in der Kirche zu tragen. In dieser Jahreszeit ist es recht angenehm und gesund. Begegnet man einer Nonne in diesem Zustande, so schreit sie *Shame! shame!* und macht das Zeichen des Kreuzes – aber das tut nichts! Hat man innerhalb vierzehn Tagen die Nachtmütze oft aufgehabt, so wird man von der Superiorin damit bedroht, am Ausgehetage zu Haus bleiben zu müssen. Aber sie läßt sich gewöhnlich durch die Eltern erweichen, oder sie vergißt die Strafe. Wird die Nachtmütze zum chronischen Übel, so muß sie sich freilich entschließen, uns einzusperren, aber was schadet das? Ist es nicht besser, einem lustigen Tage zu entsagen, als sich sein Lebenlang freiwillig zu ennuyieren?«

»Das ist eine sehr klare Beweisführung; aber was tut die D..., wenn sie Euch gar nicht ausstehen kann?«
»Sie schimpft uns aus, wie ein echtes Fischweib; man gibt ihr keine Antwort, und dann wird sie immer wütender.«
»Schlägt sie euch auch?«
»Sie hat die größte Lust dazu; aber sie hat keinen Grund, es so weit zu treiben; denn einige, wie die Artigen und die Dummen, zittern vor ihr – und die andern, so wie wir Teufel, verachten sie und schweigen.«
»Wieviele Teufel gibt es in der Klasse?«
»Für den Augenblick sind es nicht viele, und es war Zeit, daß du kamst, um uns zu verstärken. Es sind jetzt nur Isabelle, Sophie und wir beiden; alle andern sind Artige oder Dumme.
Ich hatte die Teufel sehr nötig, um das régime des Klosters auszuhalten, das meiner Natur sehr zuwider war. Wir wurden ziemlich gut beköstigt, und darum habe ich mich auch nie viel gekümmert; aber wir waren auf die grausamste Weise der Kälte ausgesetzt, und der Winter war sehr hart in diesem Jahre. Die Gewohnheiten in bezug auf das Niederlegen und Aufstehen waren mir ebenso schädlich als unangenehm. Ich habe immer geliebt, bis spät zu wachen und spät aufzustehen. In Nohant hatte man mir meinen Willen gelassen; ich las oder schrieb abends in meinem Zimmer und war nicht gezwungen des Morgens der Kälte zu trotzen. Die Zirkulation meines Blutes ist langsam, und das Wort »Kaltblütigkeit« bezeichnet meine körperliche und geistige Organisation. Als ich Teufel unter den Teufeln des Klosters war, verleugnete ich mich nie und beging die größten Dummheiten mit einer Enrsthaftigkeit, die meine Genossinnen ergötzte, aber ich fühlte mich beinahe vom Frost gelähmt, besonders während der ersten Hälfte des Tages. Der Schlafsaal war unter dem Dache gelegen und so eisig kalt, daß ich nicht einschlafen konnte und traurig jede Stunde schlagen hörte. Um sechs Uhr kamen die beiden Mägde, Marie Josephe und Marie Anna, und weckten uns ohne Erbarmen. Bei Licht aufzustehen und mich anzuziehen, ist mir immer sehr unangenehm gewesen. Man wusch sich in Was-

ser, auf dem man zuvor das Eis zerbrechen mußte und das die Haut nicht reinigte. Man hatte erfrorene Glieder; die geschwollenen Füße bluteten in den zu engen Schuhen. Man ging beim Schein der Kerzen zur Messe, zitterte vor Frost auf der Bank und schlief kniend ein. Um sieben Uhr bekamen wir unser Frühstück, bestehend aus einer Tasse Tee und einem Stück Brot, und sahen endlich, wenn wir in die Klasse traten, ein wenig Feuer im Ofen und den ersten Tagesschimmer am Himmel erscheinen. Aber ich taute erst gegen Mittag auf – ich litt schrecklich am Schnupfen und an heftigen Schmerzen in allen Gliedern und habe nachdem noch fünfzehn Jahre daran gelitten.
Aber Marie mochte nicht, daß man klagte. Sie war selbst stark wie ein Knabe und verspottete diejenigen, welche nicht eine völlige Unempfindlichkeit zeigten, ganz unbarmherzig. Durch sie lernte ich, unerbittlich gegen mich selbst zu werden; aber es war dabei auch einiges Verdienst auf meiner Seite, denn ich litt mehr als irgendeine andere, und die Luft von Paris bekam mir schon damals sehr schlecht.
Ich sah gelb aus, war apathisch und stumm und schien die Gehorsamste und Ruhigste der ganzen Klasse zu sein.
So wenig ich das Sprechen liebte, so gern schrieb ich, und es machte mir Vergnügen, über unsere Schelmenstreiche und die Brutalitäten der D... eine Art satirisches Tagebuch zu führen, welches ich meiner Großmutter sandte, die sich dabei amüsierte; denn sie predigte mir ebensowenig Unterwerfung und Schmeichelei als Frömmelei. Es war Regel, daß wir die Briefe, die wir wegschicken wollten, auf dem Schranke im Vorzimmer der Superiorin niederlegten. Die, welche nicht an Verwandte adressiert waren, mußten offen bleiben, die an die Verwandten hingegen versiegelte man, und das Briefgeheimnis sollte, so hatte man versprochen, respektiert werden.
Es würde mir leicht gewesen sein, mein Manuskript auf sicherem Wege an meine Großmama gelangen zu lassen, denn es kam täglich jemand von der Dienerschaft, um mir etwas zu bringen oder sich nach meinem Befinden zu erkundigen, aber ich hatte das

festeste Vertrauen auf die Diskretion der Superiorin. Sie hatte in meiner Gegenwart gesagt, daß die Briefe an Verwandte nicht gelesen würden, und ich glaubte das, weil ich selbst redlich und treu war. Aber der Umfang und die öftere Wiederholung meiner Sendungen beunruhigten die *reverend mother.** Sie erbrach also ohne weiteres die Siegel, las meine Satiren und unterschlug die Briefe. Dies tat sie drei Tage nacheinander, ohne etwas zu sagen, um meine Spott-Chronik und das Verfahren der D... gründlich kennenzulernen. Eine Person von Gemüt und Einsicht hätte Nutzen aus der Sache gezogen. Sie hätte mich vielleicht ausgescholten, aber sie würde die D... verabschiedet haben. Allein es ist gewiß, daß eine solche Person auch der Unbefangenheit eines Kindes keine Fallen stellen konnte und ein Geheimnis nicht verletzt hätte, das von ihr selbst autorisiert war. Die Superiorin aber zog es vor, Mademoiselle D... zu befragen, die sich, wie sich von selbst versteht, in dem mehr wahrheitsgetreuen als geschmeichelten Porträt, das ich von ihr entworfen hatte, nicht wiedererkannte. Ihr, durch mein ruhiges, sanftes Wesen hervorgerufener Haß steigerte sich aufs äußerste. Sie nannte mich eine abscheuliche Lügnerin, einen Freigeist (hier gleichbedeutend mit gottlosem Wesen), eine Angeberin, eine Schlange usw. Die Superiorin ließ mich kommen und machte mir eine entsetzliche Szene, bei der ich unbeweglich blieb. Endlich versprach sie mir gütig, sie wolle meine »Verleumdungen« meiner Großmama nicht mitteilen und wolle über diese abscheulichen Briefe schweigen. Aber damit war ich nicht einverstanden. Ich fühlte die Doppelzüngigkeit dieses Versprechens und antwortete, daß ich eine Abschrift meiner Briefe besäße, die ich meiner Großmama zustellen würde, daß ich vor ihr und vor der Frau Superiorin selbst, die Wahrheit meiner Aussprüche behaupten könnte und daß ich, da in den Verhältnissen hier alle Offenheit und Redlichkeit fehle, verlangen würde, das Kloster zu wechseln.

Die Superiorin war keine böse Frau, aber was man auch von ihr halten mochte, ich habe doch immer gefühlt, daß sie auch keine

* Ehrwürdige Mutter. Man gab ihr diesen Titel nur in englischer Sprache.

sehr gute Frau war. Sie befahl mir jetzt, mich aus ihrer Nähe zu entfernen, und überhäufte mich mit Drohungen und Beleidigungen. Sie besaß viele Weltbildung und wußte, wenn es nötig war, königliche Manieren anzunehmen, aber sie wurde gemein, sobald sie in Zorn geriet. Vielleicht kannte sie auch die Bedeutung ihrer Worte im Französischen gar nicht recht, denn ich verstand noch nicht so viel Englisch, daß sie in dieser Sprache mit mir hätte sprechen können. Mademoiselle D... stand mit gesenktem Kopfe und geschlossenen Augen, in der Stellung einer Heiligen, welche die Stimme Gottes vernimmt. Sie gab sich das Ansehen, als bedaure sie mich und verharre aus Barmherzigkeit im Stillschweigen. Eine Stunde darauf trat die Superiorin in Begleitung mehrerer Nonnen, die ihr Gefolge bildeten, in das Refektorium, als wolle sie eine Inspektionsvisite machen. Als sie zu mir kam, blieb sie stehen, rollte ihre sehr schönen schwarzen Augen und rief mir mit feierlicher Stimme zu: »Befleißigen Sie sich der Wahrheit.« Die »Artigen« erbleichten und schlugen ein Kreuz, und die »Dummen« zischelten und sahen mich an, dann bestürmte man mich mit Fragen, was das bedeuten solle. »Das bedeutet«, sagte ich ruhig, »daß ich in drei Tagen nicht mehr hier sein werde.« Ich war aufs äußerste gebracht, aber ich hatte dabei doch einen sehr großen Kummer, denn ich wünschte durchaus nicht, das Kloster zu verlassen. Ich hatte Verbindungen geknüpft, die zu zerreißen mir sehr weh getan hätte. Endlich kam meine Großmama an. Die Superiorin schloß sich mit ihr ein, und voraussetzend, daß ich doch alles erzählen würde, zog sie vor, die Briefe selbst zu übergeben und sie als ein Gewebe von Lügen zu bezeichnen. Ich glaube, daß sie den Kürzern zog, daß meine Großmutter den Mißbrauch des Vertrauens, den man zugestehen mußte, energisch tadelte, daß sie mich in Schutz nahm und von meiner augenblicklichen Entfernung aus dem Kloster sprach. Was zwischen ihnen vorging, weiß ich nicht, aber als ich in das Sprechzimmer der Superiorin gerufen wurde, suchten sie sich beide ein sehr ernstes Ansehen zu geben und waren beide sehr aufgeregt. – Meine Großmama umarmte mich wie gewöhnlich

und sagte mir kein Wort des Tadels, außer über die mit Kindereien verschwendete Zeit. Dann teilte mir die Superiorin mit, daß ich die kleine Klasse verlassen würde, wo mein Zusammensein mit Marie nur Verwirrung verursache, und daß ich ohne Verzug unter die Großen eintreten solle. Diese gute Nachricht, die eine merkliche Verbesserung meines Schicksals verhieß, wurde mir indessen in strengem Tone mitgeteilt. Man hoffte, ich würde, wenn ich nicht mehr mit der schrecklichen Marie zusammen käme und in keiner Beziehung mehr zu Mademoiselle D... stände, aufhören, dumme Streiche zu machen, und meine satirischen Neigungen ablegen; man hoffte, daß diese Trennung für alle Teile gute Folgen haben sollte.
Ich antwortete, daß ich mich freuen würde, jeder Berührung mit der D... enthoben zu sein, aber ich konnte nicht versprechen meiner Liebe für Marie zu entsagen. Doch die Macht der Verhältnisse genügte, um uns zu trennen, denn wir sahen uns jetzt nur noch während der Erholungsstunde im Garten. Meine Großmutter, die von dem Erfolge dieser Geschichte ganz befriedigt war, reiste nach Nohant. Ich trat in die große Klasse ein, in der ich Isabelle und Sophie wiederfand, und schwur Marien ewige Freundschaft.
Am meisten sehnte man sich danach, Madame Alicia zur Mutter zu haben; aber sie geizte mit dieser Gunst.[15] Sie war die Sekretärin der Schwesterschaft, mußte alle schriftlichen Arbeiten der Superiorin besorgen, hatte viel anstrengende Arbeiten und wenig Muße.

Alle meine Gefährtinnen entbrannten von »kindlicher Leidenschaft« für Madame Alicia, aber keine wagte, es ihr zu sagen. So ging ich denn hin, um es ihr unumwunden zu erklären, und machte mir nichts aus der Predigt, die mich erwartete. »Sie wollen meine Tochter sein?« sagte Alicia; »Sie, der größte Teufel im ganzen Kloster? Sie wollen mich gewiß zur Buße verurteilen! Aber womit habe ich's verschuldet, daß Sie mir die Leitung eines so störrigen Sinnes aufbürden wollen? D... und Sie, Enfant terri-

ble, wollen meine gute Louise[16], mein sanftes, artiges Kind ersetzen! Ich glaube, Sie sind närrisch oder Sie wollen sich an mir rächen.« – »Ach, versuchen Sie es nur!« gab ich zur Antwort, ohne mich entmutigen zu lassen; »wer weiß, ob ich mich nicht bessere, ob ich nicht liebenswürdig werde, um Ihnen zu gefallen!« »Das läßt sich hören«, meinte sie; »wenn ich Sie mit der Hoffnung annehmen kann, Sie auf den rechten Weg zu führen, entschließe ich mich vielleicht; aber jedenfalls geben Sie mir da ein schweres Mittel an die Hand, für das Heil meiner Seele zu wirken und ein anderes wäre mir lieber gewesen.« – »Ein Engel wie Louise Courteilles ist nichts für Ihr Seelenheil«, erwiderte ich; »durch sie haben Sie sich nicht das geringste Verdienst erworben, aber bei mir werden Sie desto mehr erringen.« – »Aber, wenn es mir nun trotz aller Mühe nicht gelänge, Sie fromm und artig zu machen? Können Sie mir wenigstens versprechen, mir dabei behilflich sein zu wollen?« – »Nicht viel!« sagte ich; »ich weiß selbst noch nicht, was ich bin und was ich sein möchte; aber ich fühle, daß ich Sie sehr lieb habe und daß Sie mich endlich auch lieben *müssen*, ich mag werden, wie ich will.« – »Ich sehe, daß es Ihnen nicht an Eigenliebe fehlt«, sagte Madame Alicia. – »O nein!« rief ich aus; »Sie sollen sehen, daß es keine Eigenliebe ist, sondern das Verlangen, eine Mutter zu haben. Ich besitze freilich schon zwei wirkliche Mütter, die mich zu sehr lieben und die ich zu sehr liebte, so daß wir uns gegenseitig nur Schmerz bereiten. Ich kann Ihnen das nicht so recht erklären, aber ich dächte, Sie müßten mich verstehen, da Sie auch Ihre Mutter im Kloster haben. Aber seien Sie für mich eine Mutter in Ihrer Weise; ich glaube, daß ich mich dabei wohl fühlen werde. Ich bitte Sie allein in meinem Interesse darum und mache mir darüber keine Illusionen. Wohlan denn, liebe Mutter, sagen Sie *ja*, denn ich muß Ihnen gestehen, daß ich schon mit meiner Großmama und der Superiorin davon gesprochen habe, und diese werden meine Bitte unterstützen.«
Madame Alicia ergab sich in ihr Geschick, und meine Gespielinnen, die sich im höchsten Grade über meine Adoption verwunderten, sagten mir: »Wie glücklich du bist! Du gehörst zu den

eingefleischten Teufeln, du begehst nichts als Dummheiten und Schelmenstreiche, und doch wirst du von Madame Eugenie vorgezogen, und Madame Alicia liebt dich; du mußt in einer Glückshaut geboren sein!« – »Das ist wohl möglich!« erwiderte ich mit aller Eitelkeit eines Taugenichts.

Meine Zuneigung für die herrliche Alicia war übrigens viel ernster, als man glaubte und als sie selbst vielleicht glaubte. Ich hatte bis jetzt erst eine Leidenschaft der kindlichen Liebe. Diese Liebe konzentrierte sich in mir, und meine wirkliche Mutter erwiderte dieselbe bald zu heftig, bald nicht genug, und seit ich im Kloster war, schien sie das Gelübde getan zu haben, meine Zärtlichkeit zurückzuweisen und mich sozusagen mir selbst wiederzugeben. Meine Großmama zürnte mir, weil ich die Prüfung, die sie mir auferlegte, ruhig hinnahm – so hatte weder die eine noch die andere mehr Vernunft bewiesen, als ich selbst. – Aber ich bedurfte einer weisen Mutter, und ich begann zu begreifen, daß die Mutterliebe keine Zuflucht gewährt, solange sie eine eifersüchtige Leidenschaft ist.

Trotz des Leichtsinns, in welchem sich mein geistiges Wesen verloren und gleichsam verflüchtigt hatte, kamen immer wieder Stunden voll schmerzlicher Träumerei und voll bitterer Reflexionen, die ich vor jederman verhehlte. Ich war oft so traurig inmitten meiner Torheiten, daß ich Unwohlsein vorschützen mußte, um mich nicht zu verraten. Meine englischen Gespielinnen spotteten darüber und sagten: »*You are low-spirited to-day? – What is the matter with you?*« Isabelle hatte die Gewohnheit, wenn ich gelb und niedergeschlagen aussah, zu wiederholen: »*She is in her low-spirits, in her spiritual absences.*« So griff sie mich an, ich lachte und verschwieg mein Geheimnis.

Zu den Teufeln gehörte ich weniger aus Lust, als aus Nachgiebigkeit; ich wäre ebensogut zu den Artigen übergegangen, wenn meine Teufel es gewollt hätten. Ich hatte sie lieb; sie erheiterten mich und entrissen mich mir selbst; aber Alicias Strenge war mir viel wohltuender, denn ich fühlte, daß dieser Strenge, mochte sie nun aus besonderer Zuneigung oder aus allgemeiner, christlicher

Liebe hervorgehen, ein viel ernsteres und dauernderes Interesse zugrunde lag, als dem fröhlichen Verkehr zwischen meinen Gespielinnen und mir. Hätte ich mich im Arbeitssaale oder in der Zelle meiner geliebten Mutter aufhalten dürfen, so würde ich schon nach Verlauf von drei Tagen nicht mehr begriffen haben, wie man sich auf Dächern oder in Kellern zu amüsieren vermöchte.

Ich fühlte das Bedürfnis, irgendein Wesen über alles zu lieben, es höher zu stellen als alle andern; Vollkommenheit, Frieden, Kraft und Gerechtigkeit in ihm zu suchen; dasselbe wie ein erhabenes Etwas zu verehren und ihm in meinem Herzen einen Kultus zu weihen, wie Gott und Corambé. Dieses Wesen nahm für mich die heiteren und würdevollen Züge Alicias an; sie war mein Ideal, meine heilige Liebe; sie war die Mutter, die ich mir erwählte.

Wenn ich mich den ganzen Tag meiner Teufelei hingegeben hatte, schlich ich mich abends, nach dem Gebet, in ihre Zelle, was ebenfalls zu den Vorrechten meiner Kindschaft gehörte. Das Gebet war um halb neun beendigt; wenn wir dann die Treppe zum Schlafsaal hinaufstiegen und die großen Korridors erreichten (die ebenfalls Schlafsäle genannt wurden, weil die Türen aller Zellen darauf hinausführten), trafen wir die Nonnen, die sich in zwei langen Reihen, lateinische Psalmen singend, fortbewegten, um sich in ihre Zellen zurückzuziehen. Vor einer Madonna auf dem letzten Treppenabsatze blieben sie stehen, sangen noch einige Lieder oder Responsorien und trennten sich dann in tiefem Schweigen, denn zwischen dem Gebet und dem Einschlafen war ihnen jede Unterhaltung verboten.

Aber diejenigen, die bei den Kranken oder bei ihren Töchtern eine Aufgabe zu erfüllen hatten, waren von dieser Regel befreit, und so hatte ich das Recht, zwischen ein Viertel vor neun und neun Uhr zu meiner Mutter zu gehen. Aber sobald die große Glocke die neunte Stunde verkündigte, mußte ihr Licht ausgelöscht sein und ich mußte mich im Schlafsaal befinden. So konnte sie mir denn oft nur fünf bis sechs Minuten schenken, und dabei horchte sie mit aufmerksamen Sinn und Ohr auf die Viertel, die halben Viertel und die Vor-Viertel der alten Klosteruhr; denn Madame Alicia beobachtete die Ordensregeln mit peinlicher Genauigkeit und hätte sich nicht erlaubt, um eine Sekunde zu zögern.

Wenn sie mich Einlaß begehrend an ihrer Türe pochen hörte, sagte sie gewöhnlich, indem sie mir öffnete: »Ach so! da kommt mein Quälgeist!« Aber dabei war ihr Ton so gütig und einladend, ihr Lächeln so mild, ihr Blick so sanft, daß ich mich ganz ermutigt fühlte, hineinzutreten. »Nun wohl«, sagte sie dann, »was haben Sie mir zu verkündigen? Sind Sie heute vielleicht zufällig mal artig gewesen?« – »Nein.« – »Aber Sie haben ja keine Nachtmütze auf?« (Es ist bekannt, daß dies Zeichen der Strafe so ziemlich mit meinem Haupte verwachsen war.) – »Ich habe sie heute abend nur zwei Stunden lang getragen«, sagte ich. – »Ach das freut mich! und heute früh?« – »Da habe ich sie in der Kirche aufgehabt; aber ich habe mich hinter den anderen versteckt, damit Sie es nicht bemerken sollten.« – »Oh, das haben Sie nicht zu fürchten; ich sehe Sie so wenig als möglich an, um diese häßliche Mütze nicht zu erblicken. Aber wie steht es denn, werden Sie sie morgen wieder tragen?« – »Das ist sehr wahrscheinlich!« – »Wollen Sie sich denn niemals ändern?« – »Es geht noch nicht.« – »Aber warum kommen Sie denn hierher?« – »Um Sie zu sehen und mich ausschelten zu lassen.« – »Macht Ihnen das Vergnügen?« – »Nein, es ist mir gut.« – »Das scheint mir nicht so, und das tut mir weh, böses Kind!« – »Oh, desto besser!« rief ich aus; »das beweist doch, daß Sie mich lieb haben.« – »Und daß Sie mich gar nicht lieb haben«, erwiderte Alicia.

Und dann schalt sie mich aus, und es machte mir das größte Vergnügen, von ihr gescholten zu werden. »Das ist wenigstens eine Mutter, die mich um meiner selbst willen liebt und die vernünftig mit mir umgeht«, sagte ich zu mir selbst; und dann hörte ich so andächtig zu, als wäre ich fest entschlossen, mich zu bessern, obwohl ich durchaus nicht die Absicht hatte, das zu tun.

»Ich hoffe, daß Sie sich ändern werden«, sagte sie; »Ihre Torheiten werden Ihnen selbst widerwärtig werden, und Gott wird zu

Ihrer Seele sprechen.« – »Beten Sie oft für mich?« – »Ja, sehr oft.« – »Alle Tage?« – »Ja, mein Kind, alle Tage!« – »Nun sehen Sie wohl, wenn ich artig wäre, hätten Sie mich nicht so lieb; Sie würden dann nicht so oft an mich denken.«

Dann lachte sie über mich, denn sie hatte jenen heiteren Sinn, welcher der Stempel eines klaren Geistes und eines ruhigen Gewissens ist. Sie faßte mich an den Schultern und schüttelte mich, als wollte sie dadurch den Teufel austreiben, von dem ich besessen war. Und dann schlug unsere Stunde; sie warf mich lachend aus der Tür, und während ich die Treppen zum Schlafsaal hinaufstieg, fühlte ich, daß etwas von der Ruhe und Heiterkeit dieser schönen Seele, wie durch magnetische Einwirkung, auf mich übertragen war.

Alle Schülerinnen der großen Klasse hatten Zellen, ich allein blieb noch lange im Schlafsaale, weil man fürchtete, daß ich in der Nacht Lärm machen würde. Und man litt in diesem, unter dem Dache gelegenen Schlafsaale entsetzlich von der Kälte des Winters und der Hitze des Sommers. Man schlief auch schlecht, denn es schrie immer irgendeine von den Kleinen in der Nacht aus Furcht oder Schmerz. Und dann ist es etwas sehr Widerwärtiges für Menschen, die gern träumen und in Betrachtungen versinken, wenn sie kein Plätzchen für sich haben und sich Tag und Nacht keine Stunde allein fühlen. Das gemeinsame Leben ist das Ideal von Glück für Leute, die sich lieben. Ich habe es im Kloster kennengelernt und werde es nie vergessen, aber jedes denkende Wesen bedarf der einsamen Stunden und der Sammlung. Nur unter dieser Bedingung kann man das Glück der Vereinigung genießen.

Die Zelle, die man mir endlich gab, war die schlechteste im ganzen Kloster; es war eine Mansarde am äußersten Ende des Gebäudes, das an die Kirche stieß. Nebenan befand sich eine ganz gleiche Zelle, die von Coralie le Marois, einer strengen, frommen, furchtsamen und einfältigen Person, bewohnt wurde, deren Nachbarschaft mich, wie man dachte, in Respekt halten sollte. Ich hielt gute Freundschaft mit ihr, trotz der Verschiedenheit unserer Neigungen. Ich hütete mich wohl, sie im Gebet oder im Schlafe zu stören, und verließ mein Zimmer ohne Geräusch, wenn ich mir mit Fannelly und andern Schwätzerinnen *Rendez-vous* auf einem Treppenabsatze gab, um einen Teil der Nacht auf dem »Zwiebelboden« und dem hohen Chor umherzulaufen. Wir mußten dabei allerdings am Zimmer der Bonne des Klosters, Marie Josephe, vorübergehen, aber diese hatte einen prächtigen Schlaf.

Meine Zelle war zehn Fuß lang und sechs Fuß breit. Vom Bette aus konnte ich die Decke mit dem Kopfe berühren. Wenn man die Tür öffnete, streifte man damit die gegenüber, nahe beim Fenster stehende Kommode, und um die Tür zu schließen, mußte man in die Vertiefung dieses Fensters treten, das aus vier kleinen Scheiben bestand und auf eine Dachrinne hinausging, welche mir die Aussicht in den Hof versperrte. Aber ich hatte eine prachtvolle Fernsicht. Über den Gipfeln der großen Kastanienbäume des Gartens überschaute ich einen Teil von Paris. Große Obst- und Küchengärten breiteten sich rings um das Kloster, und hätte nicht ein Kreis von Häusern den Horizont begrenzt, so würde man geglaubt haben, sich, wenn nicht auf dem Lande, so doch in einem ungeheueren Dorfe zu befinden. Der Glockenturm des Klosters und die niedrigen Gebäude des Kreuzganges dienten in der näheren Umgebung dem Auge zum Ruhepunkte. Nachts bei Mondenschein war es ein herrliches Bild. Ich hörte die Uhr ganz in der Nähe schlagen und hatte anfänglich einige Mühe, mich daran zu gewöhnen und zu schlafen; aber nach und nach machte es mir Vergnügen, durch den melancholischen Klang geweckt zu werden und zu hören, wie die Nachtigallen in der Ferne bald darauf ihren unterbrochenen Gesang wieder begannen.

1820 kehrte Aurore auf Betreiben ihrer Großmutter nach Nohant zurück, um sie zu pflegen. Da die Großmutter sehr schwach war, empfand Aurore für sie »eine Zärtlichkeit, die der Mutterliebe glich«.

Es war wie eine innere Ahnung oder wie ein Zeichen des Him-

mels, denn der Augenblick nahte sich, wo ich sie nur noch wie ein armes Kind pflegen und überwachen konnte.
Ach die Zeit war sehr kurz, wo mir unser gemeinsames hartes Schicksal vergönnte, ihren moralischen Einfluß und die Wohltat ihres bildenden Umganges zu genießen. Seitdem sie keine Ursache mehr zur Eifersucht hatte (selbst Hippolytes wegen bekam sie einen Anfall), wurden unsere *tète-à-tète* köstlich. Sie wußte so vieles, hatte ein so vortreffliches Urteil und drückte sich mit einer so eleganten Einfachheit aus, daß ihre Unterhaltung das beste der Bücher war.
Wir brachten einige der letzten Abende damit zu, einen Teil des *»Génie du Christianisme«* von Chateaubriand zu lesen. Sie liebte diese Form nicht, und der Grund schien ihr falsch; aber die zahlreichen Zitate des Werkes gaben ihr Gelegenheit zu den bewunderungswürdigsten Urteilen über die Meisterwerke, aus denen ich ihr Fragmente vorlas. Ich wunderte mich, daß sie mir früher so wenig erlaubt hatte, mit ihr zu lesen, und sagte ihr das, indem ich aussprach, wieviel Vergnügen mir ein derartiger Unterricht gewähre. Eines Abends unterbrach sie mich plötzlich mit den Worten: »Schweig still, mein Kind. Was du da liest, ist so sonderbar, daß ich fürchte, ich bin krank und verstehe andere Dinge, als ich höre. Warum sprichst du von Toten, von Leichentüchern, Glocken und Gräbern? Wenn du das alles empfindest, so ist es unrecht, daß du mich mit solchen düsteren Dingen unterhältst.«
Ich schwieg erschrocken, denn ich las eben eine frische, lachende Beschreibung der Savannen, in der sich nichts von dem befand, was sie zu hören meinte. Sie kam indessen bald wieder zu sich und sagte lächelnd: »Sieh da, ich glaube, ich habe geschlafen und geträumt während deiner Lektüre. Ich bin recht schwach und kann nicht mehr lesen und nicht mehr zuhören. Ich fürchte, daß ich jetzt die Trägheit und die Langeweile kennenlerne. Gib mir die Karten und laß uns eine Rapuse spielen, das wird mich zerstreuen.«
Ich beeilte mich, ihren Wunsch zu erfüllen, und es gelang mir, sie

zu erheitern. Sie spielte mit Aufmerksamkeit und ihrem gewöhnlichen Scharfsinn. Dann sammelte sie, nachdem sie einen Augenblick in sich selbst versunken dagesessen hatte, ihre Gedanken, wie zu einer wichtigen Unterredung, denn sie fühlte ohne Zweifel, daß ihre Seele im Entfliehen begriffen war. »Diese Heirat gefiel dir also durchaus nicht«, sagte sie, »und ich bin sehr zufrieden, die Sache abgebrochen zu haben.«

»Welche Heirat?« fragte ich.

»Habe ich dir nichts davon gesagt? Nun so will ich es jetzt tun«, entgegnete sie. »Es ist ein ungeheuer reicher Mann, aber fünfzig Jahre alt mit einem großen Säbelhiebe im Gesichte. Er ist ein General aus der Zeit des Kaiserreichs. Ich weiß nicht, wo er dich gesehen hat, vielleicht im Sprechzimmer deines Klosters. Erinnerst du dich daran?«

»Durchaus nicht.«

»Genug, er scheint dich zu kennen und will dich mit oder ohne Aussteuer heiraten, aber, sollte man glauben, daß die Leute aus Bonapartes Zeit auch Vorurteile haben könnten, wie andere, er macht es zur ersten Bedingung, daß du niemals mit deiner Mutter zusammenkommen sollst.«

»Und Sie haben seinen Antrag nicht angenommen, nicht wahr, Mama?«

»Ja«, sagte sie, »hier ist der Beweis.«

Sie übergab mir einen Brief, den ich noch besitze, denn ich habe ihn als ein Andenken an jenen traurigen Abend aufbewahrt. Er war von meinem Cousin René de Villeneuve und enthält folgendes:

»Ich bin untröstlich, liebe Großmama, nicht bei Ihnen sein zu können, um den Antrag zu unterstützen, den man Aurore macht. Das Alter macht Sie bedenklich, aber die bewußte Person sieht bei ihren fünfzig Jahren wirklich jünger aus als ich. Sie hat viel Geist, ist sehr unterrichtet und besitzt überhaupt alles, was zum Glücke einer solchen Verbindung erforderlich ist; denn man findet wohl junge Leute genug, aber man hat keine Garantie für ihren Charakter, und die Zukunft mit ihnen ist sehr ungewiß;

während sich hier eine hohe Stellung, Vermögen und die allgemeine Achtung vereinigen. Um meine Vernunftgründe zu unterstützen, kann ich Ihnen mehrere Beispiele anführen. Der fünfundsechzigjährige Herzog von C... hat vor zwei Jahren das sechzehnjährige Fräulein de la G... geheiratet, und sie ist die glücklichste der Frauen und benimmt sich ausgezeichnet, obgleich sie im Strudel der Welt lebt und von Verehrern umschwärmt wird, denn sie ist schön wie ein Engel.* Die ist ausgezeichnet und in den besten Grundsätzen erzogen. Darin liegt alles. Kommen Sie also jedenfalls Anfang März nach Paris. Ich bitte Sie, diese Reise im Interesse unseres lieben Kindes zu unternehmen.«

»Nun, Mama«, schrie ich entsetzt, »werden wir nach Paris gehen?«

»Ja, mein Kind, wir reisen in acht Tagen ab; aber beruhige dich nur, ich will von dieser Heirat nichts mehr wissen. Ich bin nicht so sehr bedenklich wegen des Alters, sondern mehr um jener Bedingung willen, von der ich dir gesagt habe. Ich bin so glücklich mit meinem alten Gatten gewesen, daß ich in einer Heirat mit einem fünfzigjährigen Mann keine Gefahr für dich sehe – aber ich weiß, daß du nicht einwilligen wirst.«

Hätte mein Schicksal gewollt, daß ich sogleich aus der Oberherrschaft meiner Großmama unter die eines Gatten oder des Klosters gekommen wäre, so würde ich möglicherweise niemals ich selbst geworden sein. Es ist kein Forschungstrieb in einer schlummernden Natur wie die meinige, und die Frömmigkeit ohne Prüfung, die für die Mattigkeit meines Geistes so vortrefflich geeignet war, verbot mir, die Vernunft bei meinem Glauben zu Rate zu ziehen. Die kleinen, scheinbar fruchtlosen, aber fortgesetzten Anstrengungen meiner Großmutter, mir die Augen zu öffnen, brachten nur eine Art innerliche Reaktion hervor. Mit einem Gatten, der

* Ich habe später dies schöne und wirklich engelsgute Wesen kennengelernt von dem hier die Rede ist. Sie hatte sich zum zweiten Male verheiratet, mit einem Herrn v. R... und erzählte mir die Geschichte ihrer Verbindung mit dem Herzog von C... Ach, Vetter René, wenn Sie diese Beschreibung des »vollkommenen Glückes« der ersten Ehe gehört hätten!

Voltairianer war, würde es noch schlimmer gewesen sein. Ich konnte nicht durch Witz geheilt werden, denn da ich selbst nicht witzig war, blieb ich unempfindlich gegen den Spott, ja ich verstand ihn nicht immer.

Aber mein Schicksal wollte, daß ich im Alter von siebzehn Jahren, allen äußern Einflüssen entzogen und beinahe ein Jahr mir selbst überlassen bleiben sollte, um im Guten oder im Bösen das zu werden, was ich fast mein ganzes Leben über geblieben bin.

Es ist selten, daß ein Kind von guter Familie, ein Kind meines Geschlechts besonders, sich so jung seiner eigenen Leitung überlassen sieht. Es fiel meiner Großmutter, selbst in ihren lichtesten Augenblicken, nicht mehr ein, sich um meine geistige und moralische Leitung zu kümmern. Sie war immer zärtlich und liebevoll und sorgte sich zuweilen um meine Gesundheit, aber jeder andere Gedanke, selbst der an meine Verheiratung schien ihrem Gedächtnisse entschwunden zu sein.

Meine Mutter kam trotz meiner Bitten nicht nach Nohant. Sie meinte, der Zustand meiner Großmama könne sich sehr in die Länge ziehen und sie dürfte Caroline nicht verlassen. Ich mußte mich diesem guten Grunde fügen und mich in die Einsamkeit ergeben.

Dechartres, der anfänglich sehr niedergeschlagen, dann resigniert war, schien seinen Charakter mir gegenüber gänzlich zu ändern. Er übertrug mir, mochte ich wollen oder nicht, alle seine Macht, verlangte, daß ich die Verantwortlichkeit für das Hauswesen übernähme, daß ich alle Befehle erteile, und behandelte mich überhaupt wie eine Person, die reif und fähig ist, sich selbst und andere zu leiten.

Das hieß viel Vertrauen auf meine Fähigkeiten setzen, aber der Erfolg bewies, daß er recht hatte, wie man später hören wird.

Es machte mir nicht viel Mühe, die bestehende Ordnung im Hause aufrecht zu erhalten. Alle Dienstboten waren treu. Dechartres fuhr fort, als Pächter die Feldarbeiten zu überwachen, von denen ich nichts verstand und an denen ich, trotz aller angewandten Mühe, keinen Geschmack finden konnte. Ich liebte das

Landleben, aber ich konnte mich nicht mit seinen Geschäften befreunden.
Da der gute Dechartres sah, daß mich der Zustand meiner Großmutter des einzigen, geistig anregenden Umgangs beraubte, daß mein Überdruß und meine Mutlosigkeit zunahmen, daß ich zusehends abmagerte und daß meine Gesundheit ernstlich bedroht war, tat er alles Mögliche, um mich zu zerstreuen und aufzurütteln. Er gab mir Colette ganz zum Eigentum und brachte mir, um mir die Lust am Reiten wieder zu geben, die ich nach und nach verlor, alle Füllen seiner Domänen und bat mich, mich ihrer zu bedienen, nachdem ich sie probiert haben würde, um einige Abwechslung in das Vergnügen zu bringen. Das Versuchen der Pferde kostete ihn mehr als einen Sturz auf den Rasen, und er war endlich genötigt zu gestehen, daß ich, obgleich ich nichts wußte, fester im Sattel sei, als er, der sich auf seine Theorie viel zugute tat. Er saß so starr und steif auf dem Pferde, daß er sehr leicht müde wurde und nicht so schnell reiten konnte wie ich. Er gab mir also den kleinen André, der so fest im Sattel saß, wie ein Affe auf einem Pony, zum Stallmeister oder vielmehr zum Pagen, ließ uns miteinander die Gegend durchstreifen und bat mich nur, nicht einen Tag meine Promenade auszusetzen.

Nohant im Jahre 1818

Ich kehrte immer wieder zu Colette zurück, mit deren Feuer und Schnelligkeit kein anderes Pferd den Vergleich aushielt, und gewöhnte mich daran, alle Morgen acht bis zehn Lieues in etwa vier Stunden zu machen, und hielt nur zuweilen in einer Meierei an, um ein Glas Milch zu trinken. Ich folgte dem Wege, den der Zufall mich finden ließ, durchstreifte das Land nach Willkür, passierte selbst Orte, die, dem Urteil der Leute nach, nicht zu passieren waren, und versenkte mich in endlose Träumereien, die der von Dechartres geschulte André nicht durch die geringste Bemerkung zu unterbrechen wagte. Er fand sein altes Wesen nur wieder, wenn ich abstieg, um etwas zu essen, und verlangte, daß er sich wie früher zu mir an den Tisch setzte, um mit mir von den Eindrücken der Promenade zu sprechen. Er erheiterte mich dann oft durch die Naivität seiner Bemerkungen und seinen Berryschen Dialekt, aber kaum waren wir wieder im Sattel, so wurde er auch wieder stumm. Ich würde sicher nicht daran gedacht haben, ihm dieses Verhalten vorzuschreiben, aber ich fand es sehr angenehm, denn diese Träumerei im scharfen Galopp, oder dies Vergessen aller Dinge, das der Anblick der Natur uns verschafft, während das sich selbst überlassene Pferd anhält, um die Sträucher abzuweiden, ohne daß man es bemerkt; dieser schnelle oder langsame Wechsel der bald toten, bald lachenden Landschaft; dieser Mangel eines Ziels; dieses ruhige Verfließen der Zeit; das Begegnen der Herden und Zugvögelscharen; das leise Geräusch des Wassers, das unter den Hufen der Pferde aufspritzt – alles das, die Ruhe und die Bewegung, jeder schöne Anblick und der Schlummer der Seele auf diesen einsamen Promenaden nahmen mich gefangen und unterbrachen den Strom meiner Gedanken und die Erinnerung meiner Traurigkeit.

Ich wurde durch und durch Poet, aber nur Poet im Sinn und Gemüt, ohne es selbst zu bemerken und ohne es zu wissen. Wo ich nur eine körperliche Erholung suchte, fand ich eine unversiegbare Quelle geistigen Genusses, welchen zu erklären mir schwer geworden wäre, der mich aber jeden Tag neue belebte und erregte.

Wenn die Besorgnis um die arme Kranke mich nicht immer wieder zurückgeführt hätte, würde ich mich, glaube ich, ganze Tage auf meinen Promenaden vergessen haben, aber ich ritt am frühen Morgen, fast immer beim ersten Schimmer des Morgenrotes, aus und kehrte im Galopp nach Hause zurück, sobald die Sonne anfing mir auf den Kopf zu brennen. Oft bemerkte ich dann, daß der arme André von Müdigkeit fast überwältigt war, und wunderte mich immer darüber, denn ich habe auf dem Pferde nie ein Ende meiner Kräfte gefühlt, und ich glaube, daß die Frauen vermöge ihrer Haltung im Sattel und der größern Elastizität ihrer Glieder in der Tat viel länger auf dem Pferde ausdauern können als die Männer.

Ich überließ meinem kleinen Pagen deshalb oft Colette, damit er sich bei deren leichtem Schritt ausruhen sollte, und bestieg die alte normännische Stute, die meinem Vater in mehr als einer Schlacht durch ihre Schnelligkeit das Leben gerettet hatte, oder den schrecklichen General Pepe, der einen sehr harten Trab hatte, aber ich fühlte mich nie ermüdet und kehrte viel frischer nach Hause zurück, als ich fortgeritten war.

Dank dieser gesunden Bewegung hörte mein Entschluß, mich zu unterrichten, plötzlich auf, eine peinigende Pflicht zu sein; die Aufgabe bekam durch sich selbst eine mächtige Anziehungskraft. Früher, als mich Kummer und Unruhe niederdrückten, hatte ich die langen Stunden, die ich bei der Kranken zubrachte, mit Romanen von Florian, Frau von Genlis und Van der Velde abzukürzen versucht. Besonders die letzteren schienen mir reizend, aber die durch die Pflichten und Angst der Krankenpflege unterbrochene Lektüre ließ beinahe nichts in meinem Geiste zurück, und je weiter die Furcht vor dem Tode zurückwich, um der traurigen und zärtlichen Gewohnheit fast mütterlicher Sorgfalt Platz zu machen, desto mehr beschäftigte ich mich wieder mit ernsterer Lektüre, die mich bald vollständig fesselte.

Ich hatte früher Mühe gehabt, gegen den Schlaf zu kämpfen, und hatte meine Zuflucht oft zu der Tabaksdose meiner Großmutter nehmen müssen, um der lauen, schweren Atmosphäre ihres

Zimmers zu widerstehen. Ich trank viel schwarzen Kaffee ohne Zucker und zuweilen selbst Branntwein, um nicht einzuschlafen, wenn sie die ganze Nacht zu plaudern wünschte, denn es passierte zuweilen, daß sie die Nacht für den Tag hielt und sich über die Dunkelheit und Stille ärgerte, mit der wir sie umgeben wollten, wie sie behauptete. Julie und Dechartres versuchten zuweilen, sie zu überzeugen, indem sie das Fenster öffneten, um sie sehen zu lassen, daß es wirklich finster sei – aber dann wurde sie nur noch ärgerlicher und sagte, sie wüßte wohl, daß es Mittag wäre und daß sie blind wäre, da sie die Sonne nicht mehr sehen könnte.

Wir hielten es endlich für das Beste, ihr in allen Stücken nachzugeben und besonders alle Traurigkeit zu verscheuchen. Wir zündeten also viele Kerzen hinter ihrem Bette an und ließen sie glauben, daß sie das Tageslicht sähe. Wir blieben bei ihr und waren jede Minute bereit zu antworten, wenn sie aus ihrem Schlummer erwachte und mit uns sprach.

Mein Leben nahm einen Verlauf, der den Gewohnheiten der Gesellschaft ganz zuwider war, und weit entfernt, mich daran zu hindern, trieb mich Dechartres immer mehr zu dem, was man Exzentrizität zu nennen pflegt, ohne daß er oder ich die mindeste Ahnung davon hatten. Eines Tages sagte er mir: »Ich habe den Grafen... besucht und habe da eine hübsche Überraschung gehabt. Er jagte mit einem jungen Burschen, den ich beim Anblick seines Kittels und seiner Mütze ohne Umstände behandeln wollte, als mir der Graf sagte: das ist meine Tochter; ich lasse sie als Jungen kleiden, damit sie mit mir herumstreichen, klettern und springen kann, ohne durch die Kleidung gehindert zu werden, die alle Frauen in einem Alter, wo sie ihre Kräfte üben sollten, zur Bewegung untüchtig macht.«

Dieser Graf beschäftigte sich, so viel ich weiß, mit ärztlichen Versuchen, und seiner Meinung nach war diese Verkleidung ein gutes Mittel zur Beförderung der Gesundheit. Dechartres folgte seinem Beispiel – da er immer nur Knaben erzogen hatte, wünschte er wahrscheinlich mich in Männerkleidern zu sehen,

um mich in seinen echten Schüler zu verwandeln. Meine Kleidung belästigte seine schulmeisterliche Würde, wenigstens wurde er noch zehnmal pedantischer, sobald ich den Männerrock, die Mütze und die Gamaschen angezogen hatte, und überschüttete mich mit seinem Latein, als wenn er überzeugt wäre, daß ich dasselbe jetzt besser verstände.
Was mich betrifft, so fand ich meine neue Kleidung viel angenehmer zum Herumstreifen, als meine gestickten Röcke, die in Fetzen an allen Büschen hängen zu bleiben pflegten.
Überdies muß man sich an die faltenlosen Röcke erinnern, die damals getragen wurden und die so eng waren, daß eine Frau im vollen Sinne des Wortes wie in einem Futterale steckte und kaum mit Anstand über einen Bach springen konnte, ohne ihre Schuhe zu verlieren.
Dechartres war ein leidenschaftlicher Liebhaber der Jagd, und seine Bitten veranlaßten mich zuweilen, ihn zu begleiten. Eigentlich fand ich diese Beschäftigung sehr langweilig wegen der Schwierigkeiten, durch das Buschwerk zu dringen, das überall in unserer Gegend wuchert und daß mit möderischen Dornen bedeckt ist. Nur der Wachtelfang im grünen Korn mit Netz und Lockpfeife machte mir Freude. Wir standen vor Tagesanbruch auf; in einer Furche liegend mußte ich locken, während Dechartres am andern Ende des Feldes das Wildbret fing. Auf diese Weise brachten wir meiner Großmutter jeden Morgen acht bis zehn lebendige Wachteln, die sie bewunderte und sehr bedauerte. Aber da sich unsere Kranke nur von leichtem Wildbret nährte, kam ich nicht dazu, das Los dieser hübschen, sanften Geschöpfe zu beklagen.
Dechartres, der immer sehr liebevoll gegen mich und sehr um meine Gesundheit besorgt war, vergaß alles, wenn er den Wachtelschlag in der Nähe seines Netzes hörte. Auch ich ließ mich etwas von dem wilden Vergnügen hinreißen, meine Beute zu erspähen und zu ergreifen. Aber mein Anteil an der Jagd, der mich nötigte, in dem mit Tau bedeckten Korn zu liegen, brachte mir die heftigen Gliederschmerzen wieder, an denen ich schon im

Kloster gelitten hatte. Eines Tages sah Dechartres, daß ich mein Pferd nicht besteigen konnte und daß er mich darauf heben mußte. Bei den ersten Schritten des Tieres schrie ich laut auf, und erst nach einem heftigen Galopp in dem ersten Glühen der Sonne fühlte ich mich geheilt. Dechartres wunderte sich und entdeckte, daß ich voller Rheumatismus war; das veranlaßte ihn aber nur um so mehr, mir starke Bewegung anzuraten und mir, um dieselbe möglich zu machen, das Tragen der Männerkleidung zu empfehlen.

Meine Großmutter sah mich in diesem Anzuge und weinte. »Du siehst Deinem Vater gar zu ähnlich«, sagte sie; »kleide dich immer so, wenn du umherstreifen willst, aber zieh deine Frauenkleider wieder an, wenn du zu mir kommst, damit ich mich nicht irre. Das tut mir entsetzlich weh, und es gibt Augenblicke, wo sich die Gegenwart so mit der Vergangenheit vermischt, daß ich nicht mehr weiß, in welchem Abschnitt meines Lebens ich mich befinde.«

Meine Lebensweise hing so genau mit der außergewöhnlichen Lage zusammen, in der ich mich befand, daß es mir ganz natürlich schien, wenn mein Leben von dem der anderen jungen Mädchen abwich. Man hielt mich für sehr bizarr, doch war ich es viel weniger, als ich es hätte sein können, wenn ich am Außergewöhnlichen Geschmack gefunden hätte. In allen Dingen war ich mir selbst überlassen; meine Großmutter überwachte mich gar nicht mehr; meine Mutter hatte mich gleichsam vergessen; Dechartres führte mich zur vollständigen Unabhängigkeit; ich fühlte in mir keine Unruhe der Seele oder der Sinne; trotz der Umwandlung meiner religiösen Ansichten war es noch immer mein Plan, mich mit oder ohne Gelübde in ein Kloster zurückzuziehen, und was man in meiner Umgebung »öffentliche Meinung« nannte, hatte für mich keinen Sinn, keinen Wert, und schien mir nicht im geringsten nützlich zu sein.

Gegen Herbstende wurde meine Großmutter sehr ruhig, und ich gab mich aufs neue der Hoffnung hin; aber Dechartres sah diese Besserung nur als einen weitern Schritt zur Auflösung an. Meine

Großmutter war übrigens noch nicht so alt, daß ihre Heilung unmöglich gewesen wäre; sie war fünfundsiebzig Jahre alt und hatte in ihrem ganzen früheren Leben erst eine Krankheit gehabt. Die Erschöpfung ihrer Kräfte und ihres Geistes war also etwas sehr Wunderbares, und Dechartres schrieb das Fehlen aller Reaktionskraft der mangelhaften Zirkulation des Blutes in zu engen Gefäßen zu; er hätte dasselbe noch besser durch die Abwesenheit aller Willenskraft und moralischen Regsamkeit erklärt, welche durch den entsetzlichen Kummer über den Verlust ihres Sohnes ertötet waren.

Der ganze Dezember war traurig; meine Großmutter stand nicht mehr auf und sprach nur selten. Aber da wir an die Sorge um sie gewöhnt waren, wurden wir dadurch nicht entmutigt. Dechartres glaubte, daß sie lange in solcher Erstarrung zwischen Tod und Leben existieren könnte. Am 22. Dezember ließ sie mich wecken, um mir ein kleines Messer von Perlmutter zu geben, ohne daß sie zu erklären vermochte, warum sie gerade an diesen unbedeutenden Gegenstand dachte und denselben in meinen Händen zu sehen wünschte. Ihre Gedanken waren ganz unklar, aber einmal wachte sie noch auf, um mir zu sagen: *»Du verlierst Deine beste Freundin.«*

Dies waren ihre letzten Worte, dann lagerte sich ein bleierner Schlaf auf ihr ruhiges, immer noch frisches und schönes Gesicht. Sie erwachte nicht wieder und verschied ganz schmerzlos beim Anbruch des Tages und bei den ersten Klängen des Weihnachtsgeläutes.

Wir hatten keine Tränen, weder Dechartres noch ich; denn als ihr Herz aufhörte zu schlagen und als ihr Atem den Spiegel nicht mehr trübte, hatten wir sie schon seit drei Tagen beweint, und in diesem letzten Augenblicke fühlten wir nur eine gewisse Freude bei dem Gedanken, daß sie die Schwelle eines besseren Lebens ohne Körperqual und ohne Angst der Seele überschritten hatte. Ich hatte mich vor den Schrecken des Todeskampfes gefürchtet, die Vorsehung hatte sie ihr erspart; die Trennung des Geistes vom Körper ging ohne Anstrengung vorüber, und während wir

ihren unbeweglichen fühllosen Körper bewachten, war ihre Seele vielleicht schon auf den Fittichen eines Traumes zu Gott emporgestiegen, um sich mit der Seele ihres Sohnes zu vereinigen.
Julie schmückte sie zum letztenmal mit derselben Sorgfalt, wie in ihren besten Tagen. Sie gab ihr ihre Spitzenhaube, ihre Bänder, ihre Ringe, und da es bei uns Sitte ist, die Toten mit einem Kruzifix und einem Gebetbuche zu begraben, brachte ich ihr das Kreuz und das Buch, das mir im Kloster das liebste gewesen war. In ihrem Grabesschmucke war sie noch immer schön; keine Verzerrung hatte ihre edlen, reinen Züge verunstaltet, deren Ausdruck eine erhabene Ruhe war.
Im Lauf der Nacht rief mich Dechartres; er war sehr aufgeregt und sagte mir mit rauhem Tone: »Haben Sie Mut! Glauben Sie nicht, daß wir den Toten einen zärtlichern Kultus schuldig sind, als den der Tränen und der Gebete? Glauben Sie nicht, daß die Verstorbenen uns von dort oben sehen und sich an der Innigkeit unserer Sehnsucht erfreuen? Wenn Sie dies auch glauben, so kommen Sie mit mir.«
Es war etwa ein Uhr morgens und eine kalte, helle Nacht, aber das Glatteis, das den Schnee bedeckte, machte das Gehen so beschwerlich, daß wir schon beim Durchschreiten des Hofes, der an den Kirchhof stößt, mehrere Male fielen.
»Seien Sie gefaßt!« sagte Dechartres, der unter dem Scheine der Kaltblütigkeit eine sonderbare Aufregung verbarg. »Sie werden den erblicken, der Ihr Vater war.« Wir näherten uns dem Grabe, das zur Aufnahme meiner Großmutter geöffnet war, und sahen in einem kleinen Gewölbe aus unbehauenen Steinen den Sarg meines Vaters stehen, dem sich in wenigen Stunden der meiner Großmutter anschließen sollte.
»Ich habe dies sehen wollen«, sagte Dechartres, »und habe die Arbeiter bei ihrem Werke beaufsichtigt. Der Sarg Ihres Vaters war noch unversehrt, nur die Nägel waren abgefallen. Als ich allein war, habe ich den Deckel abgehoben und das Skelett gesehen. Der Kopf war von selbst abgefallen; ich habe ihn aufgehoben und habe ihn geküßt. Dies hat mir, der ich seinen letzten Kuß

nicht empfangen habe, eine große Erleichterung verschafft, und dann habe ich mir gesagt, daß auch Sie keinen Abschiedskuß von ihm empfangen haben. Morgen wird dies Gewölbe wieder geschlossen und wird wahrscheinlich erst wieder für Sie selbst geöffnet; darum müssen Sie jetzt hinabsteigen und die Reliquie küssen, das wird für Ihr ganzes Leben eine Erinnerung sein. Eines Tages müssen Sie auch die Geschichte Ihres Vaters schreiben, und wäre es auch nur, um die Liebe seiner Enkel, die ihn nicht gekannt haben, für ihn zu erwecken. Und jetzt geben Sie dem, den auch Sie kaum gekannt haben und der Sie so innig liebte, einen Beweis der Achtung und der Liebe; ich sage Ihnen, daß er Ihr Tun von seinem jetzigen Aufenthaltsorte aus sieht und daß er es segnen wird.«

Ich war selbst ergriffen und aufgeregt genug, um alles, was mir mein armer Lehrer sagte, ganz in der Ordnung zu finden. Das, was wir taten, flößte mir nicht den geringsten Widerwillen ein und erschien mir durchaus nicht als etwas Sonderbares; da er einmal auf diesen Gedanken gekommen war, hätte ich es getadelt und bedauert, wenn er nicht zur Ausführung geschritten wäre. Wir stiegen also in das Gewölbe hinab, und ich vollzog die fromme Handlung, deren Beispiel er mir gab, mit größter Andacht.

»Wir wollen hiervon mit niemand sprechen«, sagte er mir, als er noch immer mit dem Anschein der Ruhe den Sarg geschlossen hatte und an meiner Seite den Kirchhof verließ. »Man würde uns für wahnsinnig halten, und das sind wir doch nicht! Ist es nicht wahr?«

»Nein, sicherlich!« gab ich ihm voller Überzeugung zur Antwort.

An dem Tage, welcher auf die wundersame Feierlichkeit dieser Nacht gefolgt war, geleiteten wir die Überreste der Mutter zur Ruhestätte ihres Sohnes. Alle unsere Freunde kamen, und alle Dorfbewohner stellten sich ein. Aber der Lärm, die ausdruckslosen Gesichter, die Bettlerscharen, die sich bis an den Rand des Grabes drängten, um zuerst das herkömmliche Almosen zu empfangen, die Kondolenz-Reden, die aufrichtigen oder erkünstelten Beileidsbezeigungen, die lauten Schmerzensausbrüche und abgedroschenen Redensarten der anhänglichsten Domestiken, mit einem Worte, alles was Form ist und äußere Trauer, war mir peinlich und schien mir irreligiös zu sein. Ich wartete mit Ungeduld auf die Entfernung dieser vielen Menschen und war Dechartres unaussprechlich dankbar, daß er mich in der Nacht an dies Grab geführt hatte, um meine Andacht in ernster, würdiger Form zu verrichten.

Am Abend legten sich alle Hausbewohner, die von der Anstrengung erschöpft waren, frühzeitig zur Ruhe; auch Dechartres zog sich zurück, ermattet durch die Gemütsbewegung, die eine ihm bis dahin ganz fremde Gestalt angenommen hatte.

Ich fühlte mich nicht gebeugt; die Majestät des Todes hatte mich zwar tief ergriffen, aber meine Gefühle, die mit meinem Glauben in Einklang standen, waren von ruhiger Traurigkeit. Ich wünschte das Zimmer meiner Großmutter wieder zu sehen und wollte in der Erinnerung an sie noch eine Nacht durchwachen, wie ich so manche andere in ihrer Gegenwart durchwacht hatte.

Sobald alles Geräusch im Hause aufhörte und ich mich überzeugt hatte, daß ich allein noch auf war, ging ich hinunter und schloß mich in das Zimmer meiner Großmutter ein, in dem noch nicht wieder aufgeräumt war. Das Bett war aufgedeckt, und das erste, was mich ergriff, war der Anblick des genauen Abdrucks, welchen der Körper in der Schwere des Todes auf den Matratzen und dem Laken zurückgelassen hatte. Ich sah die Umrisse ihrer ganzen Gestalt, und als ich die Lippen darauf drückte, war es mir, als fühlte ich wieder die Kälte des Leichnams.

Neben dem Bette standen noch halb gefüllte Medizingläser, und das Räucherwerk, das man am Bette der Toten verbrannt hatte, durchduftete die Atmosphäre. Es war Benzoe, das sie immer geliebt hatte und das Ihr Herr Dupleix in einer Kokosnuß aus Indien mitgebracht hatte. Es war noch etwas davon vorhanden, und ich verbrannte noch mehr; ich stellte die Fläschchen wieder so, wie sie am letzten Tage, als sie sie brauchte, gestanden hatten, zog die Vorhänge halb zusammen, wie sie es gewöhnlich tun ließ, zündete die Nachtlampe an, auf der sich noch etwas Öl befand, und legte Holz in das Feuer, das noch nicht ganz erloschen war. Dann setzte ich mich in den großen Lehnstuhl und dachte mir, sie wäre noch da und ich könnte vielleicht, wenn ich einschlummerte, noch einmal im Traume ihre schwache Stimme hören.

Ich schlief nicht ein, und doch glaubte ich zwei oder drei Mal ihren Atem zu hören, oder das leise Ächzen, das sie beim Erwachen ausstieß und das meinen Ohren so bekannt war. Aber meine Einbildungskraft kam zu keiner deutlichen Wahrnehmung, denn ich verlangte zu sehr nach einer Vision, um in die Erregung zu geraten, durch welche sie allein hervorgebracht werden konnte.

In meiner Kindheit hatte ich mehrere Anfälle von Gespensterfurcht gehabt, und im Kloster wurde ich zuweilen noch von derselben Angst befallen, aber seit meiner Rückkehr nach Nohant war dies so vollständig verschwunden, daß ich mich oft darüber grämte und mir beim Lesen der Dichter einbildete, meine Phantasie wäre erstorben. Die religiöse und romantische Szene, welche Dechartres in der vergangenen Nacht veranstaltet hatte, wäre wohl imstande gewesen, die Schrecknisse der Kinderzeit wieder heraufzubeschwören, aber sie hatte mich im Gegenteil mit der vollständigsten Hoffnungslosigkeit erfüllt, jemals mit den geliebten Toten unmittelbar verkehren zu können. Ich glaubte daher nicht, daß mir meine Großmutter wirklich zu erscheinen vermöchte, aber ich bildete mir ein, daß meine ermüdeten Sinne in einen Taumel geraten könnten, der mir ihr Antlitz in den Strahlen des ewigen Lebens zeigen würde.

Es war jedoch nicht der Fall. Draußen heulte der Nordwind; im Kamin sang der Teekessel und zirpte das Heimchen, das meine Großmutter nie von Dechartres vertreiben ließ, obwohl es sie oft aus dem Schlummer weckte; die Pendüle verkündigte die Stunden, aber die Repetieruhr, die am Bett der Kranken hing und die sie häufig zu befragen pflegte, blieb stumm. Ich wurde endlich von Ermüdung überwältigt und versank in tiefen Schlaf.

Als ich nach mehreren Stunden erwachte, hatte ich alles vergessen und erhob mich, um zu sehen, ob sie ruhig schliefe. Aber dann kam die Erinnerung wieder und brachte mir Tränen, die mich erleichterten und mit denen ich ihr Kopfkissen überströmte, das noch immer die Form ihres Kopfes zeigte. Und dann verließ ich das Gemach, das am folgenden Tage versiegelt wurde und das mir durch die Formalitäten des materiellen Interesses entheiligt zu werden schien.

Nach dem Tod der Großmutter zog Aurore Dupin auf Drängen ihrer Mutter zu ihr nach Paris. Wegen ständiger Streitereien und Zwistigkeiten empfanden es allerdings beide als angenehm, daß das Ehepaar Angèle und James Duplessis, das sechs Kinder hatte, Aurore für längere Zeit zu sich nahm. Bei dieser Familie in Plessis lernte Aurore ihren späteren Mann kennen.

Eines Abends aßen wir nach dem Theater Eis bei Tortoni, als meine Mutter Angèle zu ihrem Manne sagte: »Sieh, da ist Casimir!« Ein schmächtiger, ziemlich eleganter junger Mann mit heiterer Miene und militärischem Anstande kam, um ihnen die Hand zu drücken und die eifrigen Fragen nach seinem Vater, dem Oberst Dudevant, zu beantworten, der von der Familie sehr geliebt und geehrt wurde. Er setzte sich neben Madame Angèle und fragte leise, wer ich sei. »Sie ist meine Tochter«, antwortete sie laut. »Dann ist sie also meine Frau?« entgegnete er wieder leise. »Sie haben mir die Hand Ihrer ältesten Tochter versprochen. Ich glaubte, das wäre Willfried, da diese hier aber in einem Alter zu sein scheint, welches besser zu dem meinigen paßt, so nehme ich sie, wenn Sie sie mir geben wollen.« Madame Angèle fing an zu lachen, aber der Scherz war eine Voraussagung.
Einige Tage später kam Casimir nach Plessis und nahm an unsern Kinderspielen mit einer Lust und Heiterkeit teil, die mir ein gutes Zeichen für seinen Charakter zu sein schien. Er machte mir nicht den Hof, das würde unsern ungenierten Verkehr gestört haben. Es entstand eine ruhige Kameraderie zwischen uns, und er sagte zu Madame Angèle, die seit langer Zeit die Gewohnheit hatte,

ihn ihren Eidam zu nennen: »Ihre Tochter ist ein guter Kerl«, während ich von ihm sagte: »Ihr Schwiegersohn ist ein gutes Kind.«
Ich weiß nicht, wer den Scherz endlich laut aussprach, aber der alte Vater Stanislaus, der sich gedrungen fühlte, mir einen boshaften Streich zu spielen, rief mir einst im Garten, als wir »Kämmerchenvermieten« spielten, zu: »Laufen Sie doch zu Ihrem Manne!« und Casimir, der durch das Spiel aufgeregt war, rief seinerseits: »Machen Sie doch meine Frau frei!« So kamen wir dazu, uns ohne Verlegenheit und ohne so wenig Leidenschaft Mann und Frau zu nennen, wie der kleine Norbert und die kleine Justine es nur immer hätten tun können.
Eines Tages hatte Vater Stanislaus irgendeine boshafte Bemerkung über diesen Punkt gemacht, und ich schob meinen Arm unter den seinigen und fragte den alten Bären, warum er einer so gleichgültigen Sache eine so bittere Wendung geben wollte.
»Weil Sie so töricht sind, sich einzubilden, daß Sie diesen Burschen da heiraten werden«, entgegnete er. »Er wird einmal sechzig- bis achtzigtausend Livres Renten besitzen und wird Sie gewiß nicht zur Frau haben wollen.«
»Ich gebe Ihnen mein Ehrenwort«, sagte ich, »daß ich niemals daran gedacht habe, ihn zu heiraten, und da ein Scherz, der von schlechtem Ton zeigen würde, wenn er von weniger anständigen Personen herrührte, in verbitterten Seelen, wie der Ihrigen, in Ernst übergehen kann, so werde ich meinen Vater und meine Mutter bitten, ihm ein Ende zu machen.«
Vater James, dem ich zuerst im Hause begegnete, antwortete auf meine Rede, daß der Vater Stanislaus fasele. »Wenn du auf die Epigramme dieses alten Chinesen hören willst«, sagte er, »so darfst du nicht den Finger aufheben, ohne daß er eine Bemerkung darüber zu machen hat. Aber es handelt sich nicht darum, laß uns ernsthaft sprechen. Der Oberst Dudevant besitzt in der Tat ein schönes Vermögen, schöne Revenuen, die zur Hälfte seiner Frau, zur Hälfte ihm selbst gehören. Zu diesen letzteren sind allerdings die nur ihm persönlich zukommenden Einnahmen zu rechnen,

wie z. B. seine Pension als verabschiedeter Offizier der Ehrenlegion, als Baron des Kaiserreichs usw. Von Hause aus besitzt er nur eine ziemlich hübsche Besitzung in der Gascogne, und sein Sohn, der nicht der Sohn seiner Frau, sondern ein natürliches Kind ist, hat nur ein Recht auf die Hälfte dieser Erbschaft. Wahrscheinlich wird er alles bekommen, denn sein Vater liebt ihn und hat keine andern Kinder, aber alles berechnet, wird sein Vermögen doch niemals größer sein, als das Ihrige, im Anfang ist es sogar noch geringer. Es wäre also nicht unmöglich, daß Sie Mann und Frau würden, wie wir im Scherze gesagt haben, und diese Heirat wäre sogar für ihn vorteilhafter als für Sie. Beruhigen Sie also Ihr Gewissen und tun Sie, was Ihnen gefällig ist. Weisen Sie den Scherz zurück, wenn er Sie ärgert, oder beachten Sie ihn nicht, wenn er Ihnen gleichgültig ist.«

»Er ist mir gleichgültig«, entgegnete ich, »und ich würde fürchten, lächerlich zu werden und der Sache mehr Bedeutung zu geben, wenn ich mich darum kümmere.«

So blieb das Verhältnis. Casimir reiste ab und kam wieder. Er war ernster bei seiner Rückkehr und bat mich ohne alle Umstände und mit vieler Offenheit um meine Hand. »Es ist vielleicht nicht Gebrauch, so zu handeln«, sagte er, »aber ich will die erste Zustimmung von Ihnen allein erhalten. Wenn Sie keinen Widerwillen gegen mich haben, sich aber doch nicht so schnell entschließen können, so beobachten Sie mich genauer und sagen Sie mir in einigen Tagen oder wann es Ihnen gefällig sein wird, ob Sie erlauben, daß mein Vater sich in der Sache an Ihre Mutter wendet.«

Das war mir sehr angenehm. Herr und Frau Duplessis hatten mir so viel Gutes von Casimir und seiner Familie gesagt, daß ich keinen Beweggrund hatte, ihm eine ernstere Aufmerksamkeit zu versagen. Ich fand viel Aufrichtigkeit in seinen Worten und in seiner ganzen Handlungsweise. Er sprach durchaus nicht von Liebe, sondern gestand, daß er weder zu heftigen Leidenschaften noch zum Enthusiasmus geneigt sei und sich ungeschickt fühle, sich in überzeugender Weise auszusprechen. Er sprach von einer unwandelbaren Freundschaft und verglich das Glück, das er mir bieten zu können glaubte, mit dem stillen häuslichen Glücke unserer Wirte. »Um Ihnen zu beweisen, daß ich meiner sicher bin«, sagte er, »will ich Ihnen gestehen, daß ich gleich, als ich Sie das erstemal sah, von ihrem guten und vernünftigen Aussehen angenehm berührt wurde. Ich fand Sie weder schön noch hübsch, ich wußte nicht, wer Sie waren, hatte niemals von Ihnen sprechen gehört, und doch fühlte ich, als ich lachend zu Madame Angèle sagte, Sie würden meine Frau werden, daß ich sehr glücklich sein würde, wenn dies der Fall wäre. Der Gedanke ist alle Tage bestimmter in mir geworden, und wenn ich mit Ihnen lachte und spielte, schien es mir, als kennten wir uns schon seit langer Zeit, als wären wir alte Freunde.«

Ich glaube, daß mich in jener Lebensepoche, wo ich noch so unentschieden in der Wahl zwischen Kloster und Familie war, eine heftige Leidenschaft erschreckt hätte. Ich würde sie nicht verstanden haben; sie wäre mir vielleicht lächerlich oder unwahr erschienen. Mein Herz war meiner Unwissenheit nie vorangeeilt; keine innere Unruhe würde meine Vernunft getrübt und mein Mißtrauen eingeschläfert haben.

Ich fand also das Raisonnement Casimirs ansprechend und blieb, nachdem ich mich mit meinen Wirten beraten hatte, mit ihm auf dem Fuße jener angenehmen Kameraderie, die jetzt eine Art Berechtigung hatte.

Ich war noch niemals der Gegenstand einer solchen ausschließlichen Sorgfalt gewesen und kannte diese freiwillige und glückliche Unterwerfung noch nicht, die mir jetzt gezeigt wurde und die ein junges Herz so sehr rührt und in Erstaunen setzt. Ich mußte Casimir bald für meinen besten und sichersten Freund halten.

Wir arrangierten mit Madame Angèle eine Zusammenkunft zwischen dem Oberst und meiner Mutter und machten bis dahin durchaus kein Projekt, denn die Zukunft hing von der Laune meiner Mutter ab, die alles wieder zerstören konnte. Wenn sie sich weigerte, unsere Wünsche zu erfüllen, durften wir nicht mehr daran denken und konnten nur in gegenseitiger Achtung voneinander scheiden.

Meine Mutter kam nach Plessis und wurde, wie ich, von einer liebevollen Achtung für das schöne Gesicht, das silberne Haar und das vornehme und gütige Wesen des alten Colonel erfüllt. Sie sprachen zusammen und berieten sich mit unsern Wirten, und meine Mutter sagte mir später: »Ich habe *ja* gesagt, aber in einer Weise, daß ich mein Wort noch zurücknehmen kann. Ich weiß noch nicht, ob der Sohn mir gefällt. Er ist nicht schön, und es würde mir lieb gewesen sein, einen schönen Schwiegersohn zu haben, um mir den Arm zu bieten.« Der Oberst nahm meinen Arm, um eine künstliche Wiese hinter dem Hause zu besehen, während er mit James von Agrikultur sprach. Er konnte kaum gehen, denn er hatte schon heftige Gichtanfälle gehabt. Als wir uns mit James von den andern Spaziergängern entfernt hatten, sprach er mit großer Liebe zu mir, sagte, daß ich ihm außerordentlich gefiele und daß er es für ein sehr großes Glück betrachtete, mich seine Tochter nennen zu dürfen.

Meine Mutter blieb einige Tage, war liebenswürdig und heiter, neckte ihren künftigen Schwiegersohn, um ihn zu prüfen, fand, daß er ein guter Junge wäre, reiste ab und erlaubte, daß wir unter den Augen der Madame Angèle beieinander blieben. Es wurde beschlossen, auf die Rückkehr der Madame Dudevant, welche einige Zeit bei ihren Verwandten in Mans zubrachte, zu warten, um den Hochzeitstag festzusetzen. Bis dahin wollte man sich mit den gegenseitigen Vermögensverhältnissen bekannt machen, und der Oberst sollte schon bei seinen Lebzeiten die Zukunft seines Sohnes sichern.

Aber nach etwa vierzehn Tagen erschien meine Mutter plötzlich wieder in Plessis. Sie hatte entdeckt, daß Casimir ein unordentliches Leben geführt hatte und unter anderm einige Zeit Aufwärter in einem Kaffeehause gewesen war. Ich weiß nicht, woher sie das Märchen hatte – vielleicht hatte sie es in der Nacht vorher geträumt und es beim Aufwachen für wahr gehalten. Ihre Mitteilung wurde mit einem Gelächter aufgenommen, das sie in Zorn brachte. Vergebens antwortete ihr James ernsthaft, daß er die Familie Dudevant fast niemals aus den Augen verloren, daß Casimir niemals ein unordentliches Leben geführt habe; vergebens sagte ihr Casimir selbst, daß er es für keine Schande halte, Aufwärter in einem Kaffeehause zu sein, daß er aber niemals, selbst nicht auf acht Tage oder auch nur zwölf Stunden, Zeit gehabt habe, sich dieser Beschäftigung zu widmen, da er die Militärschule nur verlassen, um als Unterleutnant den Feldzug mitzumachen, und nach der Verabschiedung in Paris im Hause seines Vaters gewohnt habe oder diesem auf sein Gut gefolgt sei und eine gute Pension genieße. Sie blieb bei ihrer Behauptung, sagte, man mache sich nur über sie lustig, nahm mich beiseite und ergoß sich in eine Flut wahnsinniger Beschuldigungen gegen Madame Angèle, ihre Sitte, den Ton ihres Hauses und die Intrigen der Duplessis, die ein Geschäft daraus machten, wohlhabene Erbinnen mit Abenteurern zu verheiraten, um sich einen Kuppelpelz zu verdienen usw.

Sie war in so heftigem Paroxismus, daß ich um ihren Verstand bange wurde und mir Mühe gab, sie zu zerstreuen, indem ich ihr sagte, ich würde meine Sachen einpacken und sogleich mit ihr abreisen; sie möchte in Paris die nötigen Erkundigungen einziehen, und wenn sie dann nicht beruhigt sein sollte, würden wir Casimir nicht wiedersehen. Sie wurde sogleich ruhig. »Ja«, sagte sie, »packe deine Sachen!« Kaum hatte ich aber angefangen, so sagte sie wieder: »Wenn ich die Sache recht überlege, halte ich es für besser, daß ich allein gehe. Es gefällt mir hier nicht; dir gefällt es, bleibe also; ich werde mich erkundigen und dir mitteilen, was ich erfahren habe.«

Sie reiste noch denselben Abend ab, kam dann wieder, um ähnliche Szenen aufzuführen, ließ mich aber doch, ohne viel gebeten zu sein, in Plessis, bis Madame Dudevant ankam. Da rief sie mich, wie es schien, mit ziemlich ernsten Absichten zu sich. Sie wohnte damals in einer neuen, ziemlich kleinen und ziemlich häßlichen Wohnung hinter dem alten Tivoli. Von den Fenstern meines Toilettenzimmers konnte ich in den weiten Garten sehen,

und am Tage durfte ich gegen ein kleines Trinkgeld mit meinem Bruder, welcher sich in einer Dachstube über uns einquartiert hatte, darin spazieren gehen.
Hippolytes Dienstzeit war abgelaufen, und obgleich er nächstens Offizier werden sollte, hatte er sein Engagement doch nicht erneuern wollen. Er haßte jetzt den Militärstand, den er mit Leidenschaft ergriffen hatte. Er hatte geglaubt, ein schnelleres Avancement zu machen, aber er sah wohl, daß sich die Villeneuves auch nicht mehr um ihn kümmerten, und er fand, daß sein Stand als Soldat in Garnison, ohne Hoffnung auf Krieg und Ehre, nur den Geist verdummte und ohne Zweck für die Zukunft war. Er konnte ohne Not von seiner kleinen Pension leben, und ich bot ihm an, bei mir zu wohnen, bis er sich einen neuen Lebensplan gemacht haben würde, ohne daß meine Mutter widersprach, denn sie liebte Hippolyte sehr.
Seine Vermittlung zwischen meiner Mutter und mir war von den besten Folgen. Er wußte diesen kranken Geist viel besser zu behandeln als ich. Er lachte über ihre Heftigkeit, schmeichelte ihr oder verspottete sie; ja, er schalt sie selbst aus, und sie ertrug alles von ihm. Sein »Husarenleder« war nicht so leicht verletzlich wie mein Gefühl, und das unbekümmerte Wesen, das er ihren Angriffen entgegensetzte, machte diese so unnütz, daß sie bald darauf verzichtete. Er suchte mich nach besten Kräften zu trösten und fand, daß es sehr töricht wäre, mich über diese Ungleichheit der Laune zu betrüben, die ihm gegen den »Arrestsaal« und die »Regimentsfuchtel« als eine Kleinigkeit erschien.
Madame Dudevant machte meiner Mutter ihre offizielle Visite. Sie kam meiner Mutter in bezug auf Herz und Geist nicht gleich, aber sie besaß die Manieren einer feinen Dame und schien ein Engel von Sanftmut zu sein. Ich überließ mich blind der Sympathie, die mir ihr leidendes Aussehen, ihre schwache Stimme und ihr hübsches Gesicht einflößten und länger eingeflößt haben, als meine Vernunft es billigte. Meine Mutter fand sich von diesem zuvorkommenden Benehmen, welches Balsam für ihren verwundeten Stolz war, geschmeichelt. Die Verbindung wurde be-

schlossen, dann wieder in Frage gezogen, dann aufgelöst, dann wieder aufgenommen, ganz wie es die Launen meiner Mutter wollten, die mich bis zum Herbst noch oft unglücklich und krank machten. Denn was nützte es, wenn ich wie mein Bruder erkannte, daß mich meine Mutter im Grunde doch liebte, und nicht ein Wort von den Schmähungen glaubte, die über ihre Lippen gingen – ich konnte mich nicht an diese plötzlichen Übergänge von der tollsten Heiterkeit zum heftigsten Zorne, von der hingebendsten Zärtlichkeit zur scheinbaren Gleichgültigkeit und phantastischen Aversion gewöhnen.

Casimir stieg nicht wieder in ihrer Gunst. Er war ihr widerwärtig, weil ihr, wie sie sagte, seine Nase nicht gefiel. Sie nahm seine Aufmerksamkeiten an und amüsierte sich damit, seine Geduld zu prüfen, die in der Tat nicht groß war, aber doch durch die Hilfe Hippolytes und die Vermittlung Pierrets die Probe bestand. Aber sie sagte mir Dinge von ihm, die ihn hätten an den Galgen bringen müssen, und ihre Beschuldigungen waren so unbegründet, daß sie in den Herzen, die sie damit erbittern oder enttäuschen wollte, notwendig die entgegengesetzte Wirkung hervorbringen mußten.

Endlich, nach ziemlich verletzenden geschäftlichen Verhandlungen, kam sie zu einem Entschlusse. Sie wollte meinen Ehekontrakt nach dem Dotalsysteme abgeschlossen wissen, und Herr Dudevant der Vater erhob einigen Widerspruch, weil die Beweggründe zu dieser Maßregel Mißtrauen gegen seinen Sohn waren, wie meine Mutter ganz unverhohlen aussprach. Ich hatte Casimir veranlaßt, sich diesem Arrangement nach Kräften zu widersetzen, das zwar dazu dient, den Güterbesitz zu erhalten, aber die Freiheit des Individuums fast immer zum Sklaven des toten Besitztums macht. Ich würde um nichts in der Welt das Haus und den Garten von Nohant verkauft haben, aber ich hätte gern einen Teil der Ländereien veräußert, um meine Revenüen mit den Kosten in bessern Einklang zu bringen, welche die Größe des Landsitzes mit sich brachte. Ich wußte, daß meine Großmutter infolge dieses Mißverhältnisses immer in Verlegenheit gewesen war;

aber wir mußten der Hartnäckigkeit meiner Mutter nachgeben, die das Vergnügen genoß, einen letzten Akt der Autorität auszuführen.

Wir wurden im September 1822 verheiratet und reisten nach den Hochzeitsvisiten und nach einem mehrtägigen Aufenthalte bei unsern teuern Freunden Duplessis, mit meinem Bruder nach Nohant, wo wir von dem guten Dechartres mit Freuden empfangen wurden.

Den Winter von 1822-1823 brachte ich in Nohant zu. Ich war ziemlich krank, aber durch das Gefühl der Mutterliebe ganz in Anspruch genommen, welches, begleitet von den süßesten Träumen und den lebhaftesten Wünschen, in mir erwachte. Die Verwandlung, die in diesem Augenblicke in dem Wesen und den Ideen der Frau vorgeht, ist gewöhnlich vollständig und plötzlich. Es war mit mir, wie mit der großen Mehrzahl. Die Notwendigkeit der geistigen Anregung, die Unruhe der Gedanken, der Drang zum Studium und zur Beobachtung verschwinden. Die Vorsehung will, daß das physische Leben und das Gefühl in dieser Phase der Erwartung und Hoffnung die Oberhand gewinnen – und so wurden die Nachtwachen, das Lesen, die Träume, mit einem Worte das geistige Leben, ohne das geringste Verdienst und ohne das geringste Bedauern aufgegeben.

Den folgenden Herbst und Winter brachte ich in Nohant zu und war nur mit meinem Sohn Maurice beschäftigt. Im Frühling 1824 wurde ich von einem Spleen ergriffen, für den ich keine Ursache anzugeben imstande bin. Sie lag in allem und in nichts. Nohant war verbessert, aber vollständig umgestürzt. Im Hauswesen waren andere Gewohnheiten eingeführt, der Garten hatte ein anderes Ansehen gewonnen. Es herrschte mehr Ordnung, die Zimmer waren besser gehalten, die Alleen wurden gerader, die Plätze weiter; man hatte die dürren Bäume verbrannt; die alten unbrauchbaren, unreinlichen Hunde getötet; die alten untauglichen Pferde abgeschafft, mit einem Worte alles erneuert, verändert. Es war so besser, das ist nicht zu bezweifeln, und außerdem beschäftigten und befriedigten diese neuen Einrichtungen meinen Mann.

Ich sah das ein und hatte vernünftigerweise nichts einzuwenden, aber der Mensch hat seine Wunderlichkeiten. Als ich diese Umgestaltung vor sich gehen sah, als der alte Phanor sich nicht mehr am Kamine ausstreckte und seine schmutzigen Pfoten auf den Teppich legte, als man mir sagte, daß der alte Pfau, der sein Futter aus der Hand meiner Großmutter genommen hatte, die Erdbeeren im Garten nicht mehr abfressen würde, als ich die einsamen, düsteren Plätze nicht mehr fand, an denen ich als Kind gespielt, als junges Mädchen geträumt hatte, als ich mich mit einem Worte in einer Umgebung sah, die nur von der Zukunft sprach, mich aber weder an die Freuden noch an die Schmerzen meiner Vergangenheit erinnerte, da wurde ich verwirrt und fühlte mich, ohne irgend das Bewußtsein eines augenblicklichen Unglücks zu haben, von einem krankhaften Lebensüberdrusse ergriffen.
Eines Morgens brach ich beim Frühstück, ohne alle äußere Veranlassung, plötzlich in Tränen aus. Mein Mann war erstaunt. Ich konnte ihm nichts erklären, als daß ich schon früher ohne Ursache ähnliche Anfälle von Verzweiflung gehabt habe und daß wahrscheinlich mein Kopf schwach und zerrüttet sei. Das war auch seine Meinung, und er schrieb die Schuld dem Aufenthalte in Nohant, dem kürzlichen Verluste meiner Großmutter, von dem hier alle Menschen mit Betrübnis sprachen, der Luft des Landes, kurz äußeren Veranlassungen zu, die ihm selbst eine Art von Mißbehagen verursachten, trotz der Jagd, der Promenaden und seiner Tätigkeit als Gutsbesitzer. Er gestand mir, daß es ihm im Berry durchaus nicht gefalle und daß es ihm lieber sein würde, wenn wir versuchten, an einem andern Orte zu leben. Wir kamen überein, das zu versuchen, und reisten nach Plessis ab.
Infolge eines pekuniären Abkommens, das unsere Freunde mit uns trafen, um mir den Aufenthalt bequemer zu machen, blieben wir den Sommer über bei ihnen, und ich fand dort die Zerstreuung und Sorglosigkeit wieder, die der Jugend so nötig sind. Das Leben in Plessis war reizend. Der liebenswürdige Charakter der Wirte spiegelte sich in ihren zahlreichen Gästen wieder. Man

spielte Komödie, jagte im Park, machte große Promenaden und hatte so viel Gesellschaft, daß es jedem leicht wurde, sich einen Umgangskreis nach seinem Geschmacke zu suchen. Der meinige bildete sich aus dem, was am meisten Kind war im Schlosse. Von den kleinen Kindern bis zu den erwachsenern jungen Mädchen und Burschen, Vettern, Neffen und Freunden des Hauses, zählte unsere Truppe, die noch durch die Kinder und jungen Leute aus der Meierei verstärkt wurde, etwa ein Dutzend Personen. Ich war nicht die älteste darunter, aber ich war die einzige verheiratete und hatte daher eine natürliche Herrschaft über dies respektable Personal. Wir veranstalteten alle Arten von Spielen vom Federballspiel bis zum »Kämmerchen-Vermieten« und erfanden Regeln, nach denen auch die, welche wie Maurice noch auf vier Füßen gingen, tätigen Anteil daran nehmen konnten. Wir veranstalteten in dem großen Park und den ungeheuren Gärten Reisen, die für die kleinen Beine, die uns folgten, wirkliche Reisen waren; wenn es nötig wurde, trugen die Großen die Kleinen, und die Heiterkeit versiegte niemals. Am Abend, wenn die erwachsenen Personen versammelt waren, passierte es oft, daß sie an unsern lärmenden Spielen teilnehmen wollten; aber wenn sie müde wurden, was gewöhnlich sehr bald geschah, hatten wir die Malice, uns untereinander zuzuflüstern, daß die Damen und Herren nichts vom Spielen verständen und daß man sie am andern Tage im Laufen müde hetzen wolle, damit sie sich nicht wieder hineinmischten.

Mein Mann wunderte sich mit vielen andern ein wenig darüber, mich plötzlich in einer Umgebung so lebhaft und toll werden zu sehen, die zu meinen melancholischen Neigungen so wenig paßte. Nur wir, ich und meine sorglose Bande, wunderten uns nicht. Kinder sind nicht skeptisch in bezug auf ihre Vergnügungen und begreifen nicht, daß man an etwas Besseres denken könnte. Ich meinesteils zeigte nur (wie in Nohant vom achten bis zwölften und im Kloster vom dreizehnten bis sechzehnten Jahre) eine der zwei Seiten meines Wesens, das beständig wechselt zwischen dem Hange zur einsamen Grübelei und einem vollständigen Ver-

gessen meiner selbst in den kindlichsten unbefangensten Zerstreuungen.
Ich bin jetzt in einem Alter von fünfzig Jahren noch ganz so, wie ich damals war. Ich liebe die Träumerei, die Grübelei und die Arbeit, aber wenn ich bis zu einem gewissen Punkt gekommen bin, werde ich traurig, denn meine Reflexionen sind dann schwarz, und wenn mir die Wirklichkeit in Folge dessen nur ihre düstere Seite zeigt, muß meine Seele erliegen oder die Freude muß mich aufsuchen.

1828 gebar Aurore Dudevant eine Tochter, Solange. Da für Aurore das Leben an der Seite ihres Mannes unerträglich wurde, machte sie ihm folgenden Vorschlag: sie sollte eine bestimmte Summe Geldes erhalten, um während einiger Monate des Jahres mit ihrer Tochter in Paris leben zu können. Ihr Mann stimmte zu.

Ich suchte mir eine Wohnung und richtete mich nach kurzer Zeit auf dem Quai St. Michel ein, in einer Mansardenstube des großen Hauses, welches an der Brücke, der Morgue gegenüber, die Ecke des Platzes bildet. Ich hatte drei kleine, nette Zimmer mit einem Balkon, der mir die Aussicht über einen Teil der Seine und auf die riesenhaften Bauwerke von Notre-Dame, Saint-Jacques-la-Boucherie, die Sainte-Chapelle usw. gewährte. Ich hatte da Himmel, Wasser, Luft, Schwalben und bemooste Dächer und lebte in dem malerischen und poetischen Paris, das Victor Hugo geschildert hat, in der Stadt der Vergangenheit.
Ich hatte, wenn ich nicht irre, jährlich 300 Francs Miete zu bezahlen. Die fünf Treppen waren mir sehr unangenehm, denn ich habe nie gut steigen können – aber ich mußte wohl, oft sogar mit meinem dicken Töchterchen im Arme. Ich hatte keine Magd; die Portiersfrau, eine sehr treue, reinliche, gute Person, half mir für 15 Francs monatlich bei der Besorgung meiner Wirtschaft. Mein Mittagessen bekam ich für 2 Francs täglich von einem sehr reinlichen und rechtschaffenen Garkoch; die feine Wäsche wusch und plättete ich selbst, und auf diese Weise war es mir möglich, meine Existenz von meinem kleinen Jahrgehalt zu bestreiten.

Das Schwierigste war der Ankauf der Möbel; man kann leicht denken, daß ich auf jeden Luxus verzichtete – man gab mir Kredit, und es gelang mir nach und nach, sie zu bezahlen. Aber diese Einrichtung konnte trotz ihrer Einfachheit nicht gleich vollendet werden, und es vergingen mehrere Monate, die ich teils in Paris, teils in Nohant verlebte, ehe ich Solange aus ihrem Palast (ich spreche vergleichsweise) in diese Armut übersiedeln konnte, ohne daß sie den Abstand bemerkte und darunter litt. Nach und nach wurde jedoch alles eingerichtet, und sobald ich das Kind bei mir hatte und meine Wohnung und Bedienung gesichert sah, konnte ich ein häusliches Leben beginnen. Ich ging am Tage nur aus, um die Kleine im Luxembourg spazieren zu führen, und meine Abende verlebte ich schreibend in ihrer Gesellschaft. Die Vorsehung kam mir zu Hilfe. Während ich einen Topf mit Reseda auf meinem Balkon kultivierte, machte ich die Bekanntschaft meiner Nachbarin, die, viel luxuriöser als ich, auf dem ihrigen einen Orangenbaum verpflegte. Diese Nachbarin hieß Madame Badoureau und wohnte da mit ihrem Manne, einem Elementarlehrer, und einer reizenden fünfzehnjährigen Tochter, einer sanften, bescheidenen Blondine mit niedergeschlagenen Augen, die eine schwärmerische Liebe für Solange faßte. Die vortrefflichen Leute boten mir an, die Kleine, so oft ihr der Raum meiner Mansarde zu eng und die Gleichmäßigkeit ihrer Unterhaltungen langweilig würde, mit andern Kindern spielen zu lassen, die bei Herrn Badoureau Privatstunden nahmen. Dadurch wurde das Leben des Kindes nicht nur erträglich, sondern angenehm, und die wackeren Leute überhäuften die Kleine mit allen erdenklichen Aufmerksamkeiten, ohne mir jemals zu erlauben, sie für ihre Mühe zu entschädigen, obwohl der Beruf des Mannes ein solches Abkommen ganz natürlich erscheinen ließ.

Ich gab mir Mühe, Arbeit zu finden, aber es gelang mir nicht; wie es mit meinen schriftstellerischen Versuchen stand, werde ich gleich berichten. Vorläufig hatte ich unten im Hause, am Fenster des Cafés du Quai St. Michel ein kleines Portrait ausgestellt, aber es kamen keine Bestellungen. Ich hatte versucht, die Züge der

Portiersfrau wiederzugeben, und kam dadurch in Gefahr, der Nachbarschaft zu mißfallen.
Ich sehnte mich nach Lektüre, aber ich besaß keine Bücher; überdies war es Winter, und es ist nicht sparsam, zu Haus zu bleiben, wenn man die Holzscheite zählen muß. Ich versuchte mich in der Bibliothek Mazarine einzurichten, aber ich glaube, es wäre mir ebenso leicht geworden, auf den Türmen von Notre-Dame zu arbeiten, so kalt war es in den Sälen. Ich konnte das nicht aushalten, denn ich bin das frostigste Wesen, das mir jemals vorgekommen ist. In der Bibliothek versammelten sich einige alte »Bücherwürmer«, die mumienhaft, unbeweglich und zufrieden an einem Tische saßen und gar nicht zu bemerken schienen, daß ihre Nasen blau wurden und sich im Frost kristallisierten; ich beneidete sie um diese Erstarrung und paßte auf, wie sie sich niedersetzten und aufstanden, um mich zu überzeugen, daß sie keine Holzpuppen wären.
Ich fühlte aber auch das Bedürfnis, mich von der Kleinstädterei zu befreien, die Ideen und Formen des Tages zu kennen und die Fragen des Augenblicks zu verstehen. Ich fühlte, daß es notwendig wäre, und war sehr begierig darauf, denn außer den hervorragendsten Erzeugnissen kannte ich nichts von der modernen Kunst. Vor allem sehnte ich mich nach dem Schauspiel.
Ich wußte freilich, daß es einer armen Frau unmöglich ist, solche Gelüste zu befriedigen.
Indessen sah ich, daß meine jungen Freunde aus dem Berry, meine Jugendgespielen in Paris mit ebensowenig auskamen, als ich besaß, obwohl sie an allem teilnahmen, was den Geist der Jugend anregt. Sie kannten alle literarischen und politischen Ereignisse, sie genossen die Freuden des Theaters und der Museen, nahmen teil am Leben der Clubs und der Straßen, sahen alles und waren überall. Ich besaß ebenso gesunde Glieder wie sie und hatte wie sie jene guten kleinen Füße aus dem Berry, die gelernt haben, in dicken Holzschuhen, auf schlechten Wegen zu marschieren. Aber auf dem Pariser Pflaster befand ich mich wie ein Kahn zwischen Eisschollen. Die feinen Schuhe waren in zwei

Tagen zerrissen; in Überschuhen verstand ich nicht zu gehen und wußte nicht, wie ich die Kleider aufnehmen sollte; ich war beständig beschmutzt, ermüdet, erkältet und sah Schuhwerk und Kleidungsstücke mit entsetzlicher Geschwindigkeit zugrunde gehen, ohne der Samthütchen zu gedenken, die von der Dachtraufe ruiniert wurden.

Ich hatte diese Beobachtungen schon gemacht, ehe ich an meine Übersiedlung nach Paris dachte, und hatte meiner Mutter, die mit einem Einkommen von 3500 Francs sehr elegant und sehr behaglich lebte, die Frage vorgelegt: »Wie ist es möglich, sich in diesem fürchterlichen Klima eine nur einigermaßen anständige Toilette zu bewahren, ohne wenigstens sechs Tage der Woche im Hause zu bleiben?« Sie gab mir zur Antwort: »In meinem Alter und mit meinen Gewohnheiten ist das sehr möglich. Aber als ich jung war, veranlaßte mich dein Vater, sooft er in Geldnot war, Männerkleidung anzuziehen; meine Schwester folgte diesem Beispiel, und so konnten wir unsere Männer überall zu Fuß begleiten, im Theater jeden Platz besuchen und sparten so eine bedeutende Summe.«

Dieser Einfall kam mir zuerst sehr komisch und dann sehr praktisch vor. Da ich während meiner Kindheit Knabenzeug getragen hatte und später mit Dechartres in Bluse und Gamaschen auf die Jagd gegangen war, fühlte ich mich durchaus nicht unbehaglich bei dem Gedanken, diese Tracht wieder anzunehmen. Zu jener Zeit war die Mode der Verkleidung günstig; die Männer trugen lange, weite Überröcke, *à la propriétaire* genannt; sie fielen bis auf die Fersen nieder und zeigten so wenig von der Figur, daß mein Bruder mir eines Tages in Nohant sagte, als er den seinigen anzog: »Nicht wahr, das ist ein hübsches Ding? Es ist modern und gar nicht unbequem. Der Schneider nimmt Maß an einem Schilderhaus und macht dann Röcke, die dem ganzen Regimente passen.«

Ich machte mir also einen »Schilderhaus-Überrock« von grobem grauen Tuche und Hosen und Weste von demselben Zeuge. Dazu trug ich einen grauen Hut und eine dicke wollene Halsbinde und sah nun ganz aus wie ein Student im ersten Jahre. Wie sehr ich mich über die Stiefel freute, vermag ich gar nicht zu sagen; ich wäre gern damit zu Bett gegangen, wie mein Bruder in seiner Jugend tat, als er das erste Paar bekam. Mit meinen kleinen, eisenbeschlagenen Absätzen hatte ich einen sicheren Schritt und lief von einem Ende der Stadt zum andern; mir war zumute, als könnte ich so die Reise um die Welt beginnen. Meine Kleidung hatte nun nichts mehr zu scheuen; ich konnte bei jedem Wetter, zu jeder Tageszeit ausgehen und in allen Theatern das Parterre besuchen. Niemand beachtete mich oder ahnte meine Verkleidung, weil ich das Kostüm, dessen Einfachheit jeden Verdacht entfernte, mit größter Sicherheit trug. Ich war zu schlecht gekleidet und sah zu unbedeutend aus (der Ausdruck meines Gesichts ist gewöhnlich zerstreut, oft sogar blödsinnig), um irgendwie Aufmerksamkeit zu erregen. Im Allgemeinen verstehen es die Frauen nicht, sich zu verkleiden, selbst nicht auf dem Theater, sie wollen die Feinheit der Taille, die Zierlichkeit des Fußes, die Anmut der Bewegungen und das Feuer des Blickes nicht aufgeben, und doch können sie das alles, und besonders den Blick dazu benutzen, um jeden Argwohn fern zu halten. Es gibt eine gewisse Art und Weise, sich überall durchzudrängen, ohne daß nur irgendjemand den Kopf wendet, einen gewissen tiefen, dumpfen Ton der Stimme, der das Ohr der Umherstehenden nicht in Flötentönen berührt. Übrigens müssen wir, um als *Mann* unbemerkt zu bleiben, schon als *Weib* die Gewohnheit gehabt haben, uns nicht bemerklich zu machen.

Seit meiner Jugend, seit meiner Kindheit schon, hatte ich den Traum idealer Freundschaft genährt, und ich begeisterte mich für die großen Beispiele, die uns das Altertum gibt und in denen ich kein Unrecht ahnte. In der Folge habe ich freilich erfahren müssen, daß sie von jener unsinnigen oder krankhaften Verirrung begleitet waren, von welcher Cicero sagt: *Quis est enim iste amor amicitiae?* Dies flößte mir eine Art von Entsetzen ein, wie alles, was den Stempel der Verirrung oder der Verderbnis trägt. Ich hatte so reine Helden gesehen, und nun fand ich sie so verderbt

oder so verwildert: auch wurde ich von einem Ekel ergriffen, der bis zur Schwermut ging, als ich, im Alter, wo man alles lesen kann, endlich die ganze Geschichte von Achilles und Patroclus, von Harmodius und Aristogiton verstand. Es war gerade Montaignes Abhandlung über die Freundschaft, die mir diese Enttäuschung brachte, aber zu gleicher Zeit wurde dies Kapitel mit seinen keuschen und glühenden Schilderungen, seiner männlichen, heiligen Ausdrucksweise für ein bis zur Tugend geläutertes Gefühl eine Art von Gesetz für die Sehnsucht meiner Seele.
Ich wurde übrigens in tiefstem Herzen durch die Verachtung verletzt, welche mein geliebter Montaigne gegen mein Geschlecht beweist, indem er sagt: »Die Wahrheit zu sagen, ist die gewöhnliche Selbstüberschätzung der Frauen nicht gemacht für die Verbindung und kräftigende Vereinigung dieser heiligen Sitte; noch scheint ihre Seele fest genug, um die Strenge eines so engen und dauerhaften Bandes zu ertragen.«
Während ich im Garten von Ormesson über Montaigne nachdachte, erschien es mir oft wie eine Demütigung, Frau zu sein, und ich muß gestehen, daß die moralische Inferiorität, die in allen philosophischen Büchern und sogar in der heiligen Schrift dem Weibe zugeschrieben wird, den Stolz meines jugendlichen Herzens empört hat. »Aber das ist unwahr!« rief ich aus; »diese Unfähigkeit und diese Frivolität, die ihr uns vorwerft, ist eine Folge der schlechten Erziehung, zu welcher ihr uns verurteilt habt, und ihr vergrößert das Übel, indem ihr es als etwas Unabwendbares hinstellt. Versetzt uns in bessere Verhältnisse; gebt diese auch den Männern; macht, daß diese rein, ernst und willenskräftig sind, und ihr werdet sehen, daß unsere Seelen gleichgebildet aus der Hand des Schöpfers hervorgegangen sind.«
Wenn ich mich dann prüfte und mir von dem Wechsel der Kraft und Schwäche in meinem Wesen, das heißt von den Unregelmäßigkeiten meiner durchaus weiblichen Organisation Rechenschaft ablegte, sah ich wohl, daß meine Erziehung, welche durch äußere Einflüsse von der anderer Frauen etwas verschieden gewesen war, meine Natur umgeformt hatte: meine zarten Knochen

waren abgehärtet oder mein Wille, der einesteils durch Dechartres stoische Theorien, andernteils durch die christlichen Kasteiungen geübt war, hatte die Kraft erlangt, körperliche Ermattung zu besiegen. Dann fühlte ich auch, daß weder die alberne Putzsucht noch der Wunsch, allen Männern zu gefallen, meinen Sinn beherrschten; die Lehren und das Beispiel meiner Großmutter hatten mir die Verachtung dieser Dinge eingeflößt. Ich war also nicht die Frau, die die Moralisten tadeln und verhöhnen; in meiner Seele lebte Begeisterung für das Schöne, Durst nach Wahrheit. Und dennoch war ich eine Frau wie alle andern: schwächlich, reizbar, beherrscht durch die Phantasie und allen kindischen Sorgen und Rührungen der Mutterliebe unterworfen. Sollte mich dies in eine untergeordnete Stellung in der Schöpfung und in der Familie verweisen? – Aber dies war nun einmal durch die Gesellschaft angeordnet, und so fand ich die Kraft, mich geduldig oder heiter zu unterwerfen. Welcher Mann hätte mir das Beispiel dieses stillen Heldenmutes gegeben, der nur Gott zum Vertrauten der Protestationen gegen das Verkommen der angeborenen Würde hatte?

Daß die Frau vom Manne verschieden ist, daß auch Herz und Geist ein Geschlecht haben, bezweifle ich nicht. Das Gegenteil wird immer eine Ausnahme bilden. Selbst wenn wir annehmen, daß unsere Erziehung die nötigen Fortschritte macht (ich möchte nicht, daß sie der des Mannes gleich würde), wird die Frau künstlerischer und poetischer in seinem Leben, der Mann künstlerischer und poetischer in seinen Werken sein. Aber soll dieser Unterschied, der für die Harmonie aller Dinge und für die höchsten Reize der Liebe unentbehrlich ist, eine moralische Inferiorität bekunden?

Ich trug in mir das Traumbild der Männertugenden, zu welchen die Frau sich erheben kann, und zu jeder Zeit befragte ich meine Seele mit naiver Wißbegier, um mich zu überzeugen, ob ihre Kräfte der Sehnsucht angemessen wären und ob Rechtschaffenheit, Uneigennützigkeit, Verschwiegenheit, Beharrlichkeit im Schaffen, mit einem Worte alle Tugenden, die sich der Mann ausschließlich zuschreibt, einem Herzen versagt sein sollten, das ihren Gesetzen mit glühendem Eifer anhing. Ich fühlte mich weder falsch noch eitel, noch schwatzhaft, noch faul, und ich fragte mich, warum Montaigne mich nicht wie einen Bruder oder wie seinen teuren *de la Boëtie* geliebt und geachtet haben sollte.

Eines Tages suchte mich die Baronin Dudevant auf und fragte, warum ich mich so lange allein in Paris aufhielte. Ich antwortete, daß mein Mann das gut finde. »Aber ist's wahr«, sagte sie, »daß Sie die Absicht haben, Bücher *zu drucken*?« – »Ja, Madame.« – »Ah, das ist ja eine drollige Idee!« – »Ja, Madame.« – »Nun, das ist recht gut und schön, ich hoffe aber, daß Sie den Namen, den ich trage, nicht auf die *Deckel gedruckter Bücher* setzen.« – »Oh! gewiß nicht, Madame, besorgen Sie nichts.« – Weitere Erklärungen gab es nicht. Sie reiste kurze Zeit darauf nach dem Süden, und ich habe sie nie wiedergesehen.

Jules Sandeau, Graphitzeichnung von George Sand

Um den Namen, den ich auf die *»gedruckten Bücherdeckel«* setzen sollte, hatte ich keine Sorge. Ich war entschlossen, die Anonymität auf alle Fälle zu bewahren. Das erste Werk, das ich entworfen hatte, wurde von Jules Sandeau, dem Delatouche[17] den Namen Jules Sand gab, vollständig überarbeitet. Dieses Werk veranlaßte einen andern Verleger, einen andern Roman unter demselben Pseudonym zu verlangen. Ich hatte in Nohant *»Indiana«* geschrieben und wollte ihn unter dem gewünschten Namen herausgeben; aber Jules Sandeau wollte aus Bescheidenheit seinen Namen diesem Buche, das ihm ganz fremd war, nicht leihen. Das paßte nicht in den Plan des Verlegers. Der Name tut für den Verkauf alles, und da unser Pseudonym Glück gemacht hatte, mußte man ihn zu bewahren suchen. Delatouche wurde zu Rate gezogen und löste die Frage durch einen Vergleich: Sand sollte beibehalten und nur ein Vorname hinzugefügt werden, der mir allein gehörte. Ich wählte schnell und ohne Bedenken den Namen

George Sand, Selbstporträt 1831

George, der mir synonym mit »Berrichon« schien. Jules und George konnten beim Publikum für Brüder oder Cousins gelten. Der Name wurde also angenommen, und Jules Sandeau, welcher auf diese Weise der rechtmäßige Eigentümer von »*Rose et Blanche*« blieb, wollte seinen Namen in aller Form zurücknehmen, um sich, wie er sagte, nicht mit meinen Federn zu schmücken. Er war zu jener Zeit noch sehr jung, und diese Bescheidenheit stand ihm gut. Seitdem hat er Beweise von großem Talent gegeben und seinen eigenen Namen berühmt gemacht. Ich behielt den Namen des Mörders von Kotzebue, der dem Kopfe Delatouches entsprungen war und meinen Ruf in Deutschland begründete, so daß ich von dort aus Briefe erhielt, in welchen man mich bat, meine Verwandtschaft mit Karl Sand nachzuweisen, um meine Erfolge noch zu vergrößern. Trotz der Begeisterung der deutschen Jugend für den jungen Fanatiker, dessen Tod so schön war, gestehe ich, daß ich nicht daran gedacht hatte, dieses Symbol des Dolches der Illumination zum Pseudonym zu wählen. Meine Phantasie hat sich mit dem Bestehen geheimer Gesellschaften in früherer Zeit vertraut gemacht, aber nicht mit dem Gebrauche des Dolches; und wer darin, daß ich fortfuhr, den Namen Sand unter meine Schriften zu setzen, und der Gewohnheit meiner Umgebung, mich bei diesem Namen zu nennen, eine Art Demonstration zugunsten des politischen Meuchelmords gesehen hat, befindet sich im Irrtume. Dies würde sich weder mit meinen religiösen Ansichten noch mit meinen revolutionären Ideen vertragen. Die Einführung geheimer Gesellschaften in unsere Zeit und unser Land ist mir niemals gut erschienen; ich habe nie geglaubt, daß bei uns etwas anderes daraus hervorgehen könne, als eine Diktatur, und für diese hegte ich niemals Sympathien.
Wenn ich geglaubt hätte, daß mein Pseudonym jemals eine Berühmtheit werden könnte, würde ich ihn vielleicht geändert haben, aber ich glaubte bis zu dem Augenblicke, wo die Kritik über meinen Roman »Lelia« herfiel, ich würde unter der Masse der unbedeutenden Schriftsteller unbemerkt bleiben. Als ich aber sah, daß dem nicht so war, und als man alles in meinem Werke

angriff, selbst den Namen, mit dem es unterzeichnet war, da blieb ich bei dem Namen und auf dem eingeschlagenen Wege. Das Gegenteil würde eine Feigheit gewesen sein.

...

1832 brach in Paris die Cholera aus. Wir, meine Freunde und ich, sagten uns, da die Cholera lieber die Armen als die Reichen aufsuchte, daß wir zu den am meisten Bedrohten gehörten und das Unvermeidliche ertragen müßten, ohne uns von dem allgemeinen Unglück beugen zu lassen, welches jeden von uns ebensogut betreffen konnte, wie die wütenden oder verzweifelten Arbeiter, die sich als Gegenstand eines besonderen Fluches betrachteten. Mitten in diese traurige Krisis fiel das blutige Drama im Kloster Saint Merry.[18] Ich befand mich gegen Abend mit Solange im Garten des Luxembourg. Sie spielte im Sande, und ich saß, sie beobachtend, hinter dem breiten Sockel einer Statue. Ich wußte wohl, daß es eine Bewegung in Paris gab, aber ich glaubte nicht, daß sie mein Stadtviertel so bald erreichen würde. In Gedanken versunken, hatte ich nicht bemerkt, daß die Spaziergänger schnell verschwanden. Ich hörte Trommelwirbel, hob meine Tochter auf und bemerkte nun erst, daß ich das einzige weibliche Wesen in dem ungeheuren Garten war, der jetzt von einem Kordon Soldaten im Geschwindschritt von einem Gitter zum andern durchschritten wurde. Ich schlug den Weg nach meiner Mansarde ein und suchte die kleinen Straßen, um nicht durch die Massen der Neugierigen mit fortgerissen zu werden, die, nachdem sie sich auf einem Punkt zusammengedrängt hatten, plötzlich von panischem Schrecken ergriffen, fortstürzten und sich selbst zermalmten. Bei jedem Schritte begegnete man atemlosen Menschen, welche schrien: »Gehen Sie nicht weiter, kehren Sie um, kehren Sie um! Die Soldaten nähern sich, man schießt auf alle.« Bis jetzt war nur das Schließen der Läden gefährlich gewesen, das man auf die Gefahr hin, den Vorübergehenden die Köpfe zu zerschmettern, in großer Eile bewerkstelligte. Solange verlor die Fassung und fing an zu schreien. Als wir auf dem Quai ankamen, sah ich die Menschen nach allen Richtungen hin fliehen. Ich ging immer vorwärts, denn ich wußte, daß das Schlimmste war, auf der Straße zu bleiben. Ich erreichte mein Haus und trat schnell hinein, ohne mir Zeit zum Umsehen zu nehmen und ohne mich eigentlich zu fürchten, denn ich hatte noch keinen Straßenkampf gesehen und hatte keine Ahnung von dem, was ich später sah, d. h. von der Wut, die sich zuerst des Soldaten bemächtigt und ihn, bei der allgemeinen Furcht und Ratlosigkeit, zu dem gefährlichsten Feinde harmloser Leute macht, die ihm im Tumult begegnen.

Und man darf sich darüber nicht wundern. Bei allen traurigen oder glorreichen Ereignissen, deren Schauplatz eine große Stadt ist, weiß die Masse der Zuschauer, oft selbst die der Akteure nicht, was zwei Schritte von ihnen vorgeht, und riskiert, in der Furcht, vernichtet zu werden, sich selbst zu vernichten. Die Idee, welche den Sturm heraufbeschworen hat, ist oft noch unfaßbarer als die Tatsache selbst und zeigt sich, wie sie auch sein mag, dem Ungebildeten doch immer nur im berauschenden Nebel falscher Vorstellungen. Der Soldat gehört zum Volke; die Disziplin trägt nicht dazu bei, seine Vernunft zu wecken, im Gegenteil, sie gebietet ihm die Vernunft abzuschwören, wenn er es wagen sollte, sich von ihr leiten zu lassen. Der Soldat wird von seinen Chefs durch Schrecken zum Massaker getrieben, wie die Rädelsführer sich oft desselben Mittels bedienen, um das Volk zur Herausforderung zu reizen. Ehe man noch eine Lunte angebrannt hat, sind auf beiden Seiten die schrecklichsten Geschichten, die abscheulichsten Verleumdungen im Gange, und das Gespenst der Metzelei hat in den aufgeregten Gemütern bereits seine schlimmen Dienste getan.

Ich werde von dem Ereignisse nichts weiter erzählen, denn ich schreibe nur meine eigene Geschichte. Vorerst hatte ich nur damit zu tun, mein armes Kind zu beruhigen, das die Furcht krank machte. Ich sagte ihm, man halte nur eine Fledermaus-Jagd auf dem Quai, die sie in Nohant oft von ihrem Vater und ihrem Onkel Hippolyte gesehen hatte, und es gelang mir, sie damit zu beruhigen und sie trotz des lebhaften Schießens einzuschläfern. Ich legte eine Matratze vor das Fenster ihres kleinen Schlafzimmers, um sie vor den Kugeln zu schützen, die sich etwa hierher verloren, und brachte dann einen Teil der Nacht auf dem Balkon mit der Bemühung zu, der Bewegung trotz der Finsternis zu folgen.

Man weiß, was in dieser Nacht vorging. Siebzehn Insurgenten hatten sich des Wachthauses an der kleinen Brücke des Hotel Dieu bemächtigt. Sie wurden in der Nacht von einer Abteilung der Nationalgarde überfallen. »Fünfzehn dieser Unglücklichen«, sagt Louis Blanc in seiner *Histoire de dix ans*, »wurden in Stücke gerissen und in die Seine geworfen. Zwei erreichte man in den anstoßenden Gassen und ermordete sie.«

Ich sah die gräßliche Szene nicht, die vom Schatten der Nacht verhüllt wurde, aber ich hörte das wütende Gebrüll, den furchtbaren Lärm; dann breitete sich eine Todesstille über der Cité aus, die nach der Aufregung und der Furcht einschlief.

Fernerer, unbestimmter Lärm verriet indessen noch Widerstand an einem unbekannten Punkte. Am Morgen konnte man ausgehen, um sich mit Lebensmitteln für den Tag zu versorgen, den man vielleicht in den gesperrten Häusern zubringen mußte. Beim Anblick der vom Gouvernement entwickelten Streitkräfte konnte man kaum glauben, daß es sich nur um die Vernichtung einer Handvoll Männer handle, die entschlossen waren, zu sterben.

Es ist allerdings wahr, daß aus diesem Akte des verzweifelten Heldenmutes, eine neue Revolution, das Kaiserreich für den Herzog von Reichstadt, die Monarchie für den Herzog von Bordeaux oder die Republik für das Volk hervorgehen konnte. Alle Parteien hatten, wie gewöhnlich, das Ereignis vorbereitet und nahmen den Erfolg für sich in Anspruch; als sie aber sahen, daß nichts zu gewinnen war, als der Tod auf den Barrikaden, da verschwanden die Parteien, und der Heroismus wurde vor den Augen des über einen solchen Sieg bestürzten Paris zum Märtyrertum.

Der 6. Juni war, von dem erhöhten Standpunkte aus gesehen, auf dem ich mich befand, von einer entsetzlichen Feierlichkeit. Der

Verkehr war untersagt, das Militär hielt alle Brücken und alle dahin mündenden Straßen besetzt. Von zehn Uhr morgens bis zum Ende der »Exekution« sah es auf den langen menschenleeren Quais, im hellen Sonnenschein aus wie in einer toten Stadt, als hätte die Cholera den letzten Einwohner hingerafft. Die wachthabenden Soldaten glichen Gespenstern. Sie standen unbeweglich und wie versteinert längs der Brustwehr und unterbrachen weder durch ein Wort noch durch eine Bewegung die starre Einsamkeit. Zuweilen schien nichts lebend als die Schwalben, die mit einer beunruhigenden Schnelligkeit, als schrecke sie die ungewohnte Stille, über dem Wasser hinfuhren. Es gab Stunden einer drückenden Stille, nur unterbrochen von dem durchdringenden Geschrei der Krähen, die um die Turmspitzen von Notre-Dame flatterten. Plötzlich kehrten die erschreckten Vögel in das Innere des Turmes zurück, die Soldaten griffen zu ihren Flinten, die sie in Pyramiden auf den Brücken zusammengestellt hatten. Sie erhielten mit leiser Stimme Befehle und öffneten ihre Reihen, um lange Züge von Kavallerie durchzulassen, die sich begegneten, die einen blaß vor Zorn, die andern gebeugt und mit Blut bespritzt. Die gefangene Einwohnerschaft erschien wieder an den Fenstern und auf den Dächern, um die Schreckensszenen zu beobachten, die sich über der Cité entwickeln sollten. Das unheilverkündende Getöse hatte bereits begonnen. Pelotonfeuer läuteten in regelmäßigen Abständen das Totengeläut. Ich saß in der Balkontür, beschäftigte Solange im Zimmer, um sie abzuhalten hinauszusehen, und konnte jeden Schuß und Gegenschuß zählen. Endlich donnerten die Kanonen. Als ich die Tragbahren sah, die von der Cité kommend die Brücken bedeckten und blutige Spuren zogen, dachte ich, die Insurrektion müsse noch sehr bedeutend sein, da sie so mörderisch war; aber ihre Schüsse wurden schwächer und schwächer, man konnte fast zählen, wie viele durch jeden Angriff der Stürmenden fielen. Dann wurde es noch einmal still. Die Einwohnerschaft stieg von den Dächern in die Straßen hinab; die Portiers der Häuser, die ausdrucksvollen Karrikaturen der beunruhigten Eigentümer, schrien einander triumphierend zu: »Es ist aus!« Und die Sieger, die nur das Zusehen gehabt hatten, zogen im Tumult vorüber. Der König ging auf den Quais spazieren. Die Bourgeoisie und das Vorstadt-Publikum fraternisierte an allen Straßenecken. Die Truppen hatten eine würdige und ernste Haltung; sie hatten einen Augenblick an eine zweite Julirevolution geglaubt.

Mehrere Tage waren in der Umgebung des Platzes und des Quai St. Michel große Blutflecken sichtbar, und aus der Morgue, die mit Leichen gefüllt war, deren Köpfe an den Fenstern einen gräßlichen Anblick boten, rieselte ein roter Bach, welcher langsam unter den Brückenbögen hinfloß, ohne sich mit dem Wasser des Flusses zu vermischen. Der Geruch war so unerträglich, und ich war, ich gestehe es, ebenso ergriffen von dem Anblicke der armen, sterbenden Soldaten, als von dem der stolzen Gefangenen, daß ich vierzehn Tage nichts zu essen vermochte. Noch lange Zeit nachher konnte ich kein Fleisch sehen; es schien mir immer jenen Geruch zu haben, der am 6. und 7. Juni inmitten des späten Frühlingsduftes heiß und widerlich zu mir aufgestiegen war.

...

Ich wohnte noch mit meiner Tochter am Quai St. Michel, als »Indiana« erschien.* In der Zeit, welche zwischen der Beendigung des Buches und seinem Erscheinen verfloß, hatte ich »Valentine« geschrieben und »Lelia« angefangen. »Valentine« erschien also zwei oder drei Monate nach »Indiana«, ich hatte es ebenfalls in Nohant geschrieben, wo ich regelmäßig drei Monate von sechsen verlebte.

Delatouche kletterte in meine Mansarde herauf und fand das erste Exemplar von »Indiana«, welches der Verleger Ernest Dupuy mir geschickt hatte und auf das ich eben den Namen Delatouche schreiben wollte. Er war an diesem Tage besonders spöttisch und durchblätterte das Buch mit Neugier und Unruhe. Ich war auf dem Balkon und wollte, daß er mit hinausgehe und von anderen Dingen spreche – aber er war nicht dazu zu bringen. Er wollte lesen, er las und rief bei jeder Seite: »Ah, das ist ein Abklatsch der

* Ich glaube, es war im Mai 1832.

Balzacschen Sachen! Abklatsch, was soll ich mit dir? Balzac, was soll ich mit dir?«

Er kam endlich mit dem Buche auf den Balkon, bekrittelte jedes Wort und bewies mir haarklein, daß ich Balzacs Manier kopiert und dadurch nichts gewonnen habe, als daß ich weder Balzac noch ich selbst sei.

Ich hatte nicht die Absicht gehabt, Balzac nachzuahmen, und es schien mir deshalb, als wäre der Vorwurf nicht begründet. Ich wartete daher, ehe ich mich selbst verdammte, bis mein Richter, der das Buch mit sich nahm, es ganz gelesen haben würde. Am anderen Morgen erhielt ich in der Frühe folgendes Billet: »George, ich komme, um Abbitte zu tun; ich lege mich zu Ihren Füßen. Vergessen Sie meine Härte von gestern abend, vergessen Sie überhaupt alles Bittere, was ich Ihnen seit sechs Monaten gesagt habe. Ich habe die Nacht damit zugebracht, Ihr Buch zu lesen. Oh, mein Kind, wie zufrieden bin ich mit Ihnen!«

Ich glaubte, daß mein Erfolg sich auf dieses väterliche Billet beschränken würde, und erwartete nichts weniger, als daß der Verleger mir neue Anträge machen und »Valentine« verlangen würde. Die Journale sprachen mit Lob von Herrn George Sand. Sie bemerkten, es möge hier und da eine Frau die Hand im Spiele gehabt haben, um dem Verfasser seine Züge des Herzens und Geistes zu enthüllen, aber sie erklärten, Stil und Urteil seien viel zu männlich, um nicht von einem Manne herzurühren.

Dies ärgerte mich nicht im geringsten, aber die Bescheidenheit Jules Sandeaus litt darunter. Ich habe schon früher bemerkt, daß diese Erfolge ihn veranlaßten, seinen Namen zurückzunehmen und auf das Projekt des Zusammenarbeitens zu verzichten, das wir indessen schon früher als unausführbar erkannt hatten. Das gemeinschaftliche Arbeiten an einem Werke ist eine Kunst, welche nicht nur ein gegenseitiges Vertrauen und ein gutes Einvernehmen, sondern eine besondere Geschicklichkeit und die Gewohnheit verlangt, *ad hoc* zu verfahren. Wir waren aber beide zu unerfahren, um die Arbeit teilen zu können. Als wir es versuchten, kam es vor, daß jeder die Arbeit des anderen gänzlich umstürzte, und dies mehrmalige Verändern machte aus unserem Werke die Stickerei der Penelope.

Als ich die vier Bände von »Indiana« und »Valentine« verkauft hatte, sah ich mich im Besitz von dreitausend Francs, die mir erlaubten, meine kleinen Schulden zu bezahlen, mir eine Dienerin zu halten und mir einige Annehmlichkeiten mehr zu gewähren. Buloz kaufte damals die *»Revue des deux Mondes«* und verlangte einige Novellen von mir. Ich lieferte »La Marquise«, »Lavinia« und ich glaube noch einiges andere.

Die *Revue des deux Mondes*[19] war zu jener Zeit ein Sammelplatz für die Elite der Schriftsteller. Mit zwei oder drei Ausnahmen ist alles, was sich später als Publizist, Dichter, Roman- und Geschichtsschreiber, Philosoph, Kritiker usw. einen Namen gemacht hat, durch die Hände von Buloz gegangen. Er ist ein intelligenter Mann, der sich nicht auszudrücken versteht, aber unter der rauhen Schale eine große Feinheit verbirgt. Es ist sehr leicht, vielleicht zu leicht, sich über diesen brutalen, hartköpfigen Genfer zu moquieren – er läßt sich selbst mit vieler Gutmütigkeit nekken, wenn er nicht gerade zu schlechter Laune ist –, aber es ist nicht leicht, sich seiner Herrschaft zu entziehen. Er hat zehn Jahre die Schnur meiner Börse in der Hand gehabt, und im Künstlerischen ist diese Schnur, die sich nur lockert, um uns einige Stunden Freiheit für ebenso viele Stunden der Sklaverei zu geben, der Faden der Existenz selbst. In dieser langen Zeit der Assoziation der Interessen habe ich Buloz wohl zehntausend Mal zum Teufel gewünscht, aber ich habe ihn auch so oft in Wut gebracht, daß wir quitt sind. Und trotz seiner Spötterei, seiner Härte und seiner übertriebenen Anforderungen hat der Despot Buloz Augenblicke, in denen er, wie alle Polterer, wirklich gefühlvoll und teilnehmend ist. Er hatte gewisse Ähnlichkeiten mit dem armen Dechartres, und darum ertrug ich so lange seine, von Regungen reiner Freundschaft unterbrochene Übellaunigkeit. Wir haben uns später zerstritten und uns gegenseitig verklagt. Ich habe meine Freiheit wieder errungen, ohne daß einem von uns ein Schaden daraus entsprungen ist, und wir würden auch ohne Prozeß zu diesem Resultate gelangt sein, wenn er seinen Starrsinn hätte bezwingen können. Kurze Zeit nachher sah ich ihn wieder; er beweinte den Tod seines kürzlich verstorbenen ältesten Sohnes. Seine Frau, eine Dame von großen Vorzügen, rief mich in diesem traurigen Momente zu sich. Ich habe ihm die Hand gereicht, ohne mich der früheren Uneinigkeit zu erinnern, und habe auch seitdem nicht wieder daran gedacht. Es liegt in jeder Freundschaft, mag sie noch so gestört und mangelhaft gewesen sein, etwas, das stärker und dauerhafter ist, als unsere materiellen Interessen und der Zorn eines Tages. Wir glauben die Menschen zu hassen, die wir trotz alledem lieben. Berge von Zwistigkeiten trennen uns von ihnen, und oft genügt ein Wort, um uns diese Berge überspringen zu lassen. Das Wort von Buloz: »Ach, George, wie unglücklich bin ich!« ließ mich alle Ziffern und Prozesse vergessen. Zu anderen Zeiten hatte auch er mich weinen sehen und mich nicht verspottet. Ich bin seitdem oft aufgefordert worden, an den Kreuzzügen gegen Buloz teilzunehmen, aber ich habe es entschieden verweigert, obgleich die Kritik der *Revue des deux Mondes* fortfuhr zu versichern, ich hätte viel Talent gezeigt, solange ich an der *Revue des deux Mondes* arbeitete, seit dem Bruche aber leider!... Naiver Buloz! Das ist mir gleichgültig.

Seit 1832 war ich mit Madame Dorval befreundet und lebte deshalb im Streit mit einigen meiner Freunde, welche ungerechte Vorurteile gegen sie hatten. Der Ansicht meiner innigsten Freunde hätte ich viel geopfert; ich fügte mich derselben oft, auch wo ich nicht überzeugt war; aber an dieser Frau, die ebenso reich an Geist wie an Gemüt begabt war, hielt ich fest – und ich tat wohl daran.

Marie Dorval war auf einem Winkeltheater der Provinz geboren, war in Arbeit und Elend groß geworden und war zugleich kräftig und schwach, hübsch und verblüht, fröhlich wie ein Kind, und traurig und gut wie ein Engel, der verurteilt ist, die rauhsten Wege des Lebens zu durchwandeln. Ihre Mutter gehörte zu den exaltierten Naturen, welche die Empfindsamkeit ihrer Kinder zu früh und zu heftig erregen. Wenn sich Marie das geringste Versehen zu Schulden kommen ließ, sagte die Mutter: »Du bringst mich noch um! Der Kummer um dich wird mich töten!« und die arme Kleine, die solche Vorwürfe ernstlich nahm, brachte ganze Nächte in Tränen zu und in heißen Gebeten, worin sie Gott unter den Ausbrüchen der tiefsten Reue und Verzweiflung anflehte, ihr die Mutter wiederzugeben, als deren Mörderin sie sich ansah. Bei dem allen handelte sich's aber nur um ein zerrissenes Kleid oder ein verlorenes Tuch.

So von frühester Jugend an erschüttert, entwickelte sich in ihr ein heißes, unerschöpfliches und sozusagen notwendiges Gefühlsleben. Wie jene zarten, lieblichen Pflanzen, die wir, tief im Felsen wurzelnd, unter den Schlägen der Katarakten, fortwährend keimen, blühen, sterben und wieder aufwachsen sehen, so richtete sich diese schöne Seele, die immer von der Wucht der bittersten Schmerzen bedrückt war, bei jedem Sonnenstrahl aufs neue empor und suchte begierig jeden Hauch des Lebens zu erfassen, mochte er noch so flüchtig verwehen, noch so sehr mit Gift getränkt sein. Zu jeder Vorsicht unfähig, gab sie sich mit aller Kraft ihrer Phantasie, aller Glut ihrer Seele tagelanger Freude, stundenlangen Illusionen hin, auf welche dann ein kindliches Erstau-

Marie Dorval

nen oder ein schmerzliches Bedauern folgte. Aber sie war großmütig; sie vergaß oder verzieh, und da sie sich beständig an neuen Schmerzen und Enttäuschungen wundstieß, war ihr Leben ein immerwährendes Lieben und Leiden.

In ihr wurde alles zur Leidenschaft: die Mutterliebe, die Begeisterung für die Kunst, die Freundschaft, die Aufopferung, der Unwille, das religiöse Sehnen; und da sie nichts in ihrem Inneren mäßigen oder unterdrücken wollte und konnte, hatte ihr Leben einen übermäßigen, erschreckenden Gehalt und war voller Erregungen, die das Maß menschlicher Kraft weit überstiegen.

Es ist wunderbar, daß ich mich so innig und auf immer an dieses peinigende Wesen anschloß, das auf mich zwar nicht in verderblicher Weise einwirkte – Marie Dorval liebte das Schöne und Große zu sehr, um nicht immer, auch durch ihre Verzweiflung, darauf hinzuleiten –, das mir aber all sein Ermatten mitteilte, ohne mir sein plötzliches, ganz wunderbares Auferstehen geben zu können. Ich habe mich immer nach heiteren, ruhigen Gemütern gesehnt, deren Geduld ich bedurfte und deren Weisheit meine Stütze war. Bei Marie Dorval war es dagegen meine Aufgabe, sie zu beruhigen und zu überzeugen. Diese Aufgabe war aber eine sehr schwere, besonders zu der Zeit, als ich selbst bis zur Verzweiflung erschreckt und verwirrt, nichts Tröstliches sagen konnte, das nicht in meinem Inneren durch ein Leiden widerlegt worden wäre, welches zwar nicht so stürmisch, aber nicht weniger tief war, als das ihre.

Mit vierzehn Jahren spielte sie Fanchette in der Hochzeit des Figaro, und ich weiß nicht, welche Rolle in einem anderen Stücke. Sie besaß nur einen einzigen Anzug, ein ähnliches weißes Kleid, das zu beiden Rollen dienen mußte. Um nun der Fanchette ein *spanisches Ansehen* zu geben, nähte sie einen Streifen von rotem Callicot um den Saum des Rockes und trennte denselben, wenn beide Stücke an einem Abend gegeben wurden, während des Zwischenaktes wieder ab. Am Tage trug sie ein enges Kinderröckchen von gestrickter Wolle und war eifrig darauf bedacht, ihr köstliches weißes Kleid zu waschen und zu plätten.

Eines Tages, als sie in dieser Weise gekleidet und beschäftigt war, kam ein alter reicher Kleinstädter und trug ihr sein Herz an und sein Geld. Sie warf ihm das Plätteisen ins Gesicht und vertraute die ihr widerfahrene Beleidigung einem fünfzehnjährigen Knaben, den sie als ihren Liebhaber betrachtete und der auch sofort entschlossen war, den Verführer zu töten.

Sie wurde jung verheiratet und war, wenn ich nicht irre, in Nancy bei der komischen Oper engagiert, als eines Abends ihrem kleinen Mädchen durch das Umfallen einer Dekoration der Schenkel gebrochen wurde. Die arme Mutter mußte von ihrem Kinde auf die Bühne, von der Bühne zu dem Kinde eilen, ohne die Vorstellung zu unterbrechen.

Sie wurde Mutter von drei Kindern, war mit der Sorge für ihre alte, gebrechliche Mutter belastet und mußte mit unablässiger Tätigkeit für ihren Unterhalt sorgen. So kam sie nach Paris, um ihr Glück zu versuchen, und für sie war es schon ein Glück, dem Elende zu entgehen. Da sie aber jeden anderen Erwerbszweig als ihr Talent und ihre Arbeit verabscheute, vegetierte sie noch jahrelang in Anstrengung und Entbehrungen. Erst durch die Rolle der Müllerin in dem damals beliebten Melodrama »die beiden Sträflinge« kam ihre glänzende dramatische Begabung zur Geltung.

Von da an war ihr Erfolg schnell und glänzend. Sie schuf die Frau des modernen Dramas, die Heldin der romantischen Schule, und wenn sie ihren Ruhm den Meistern dieser Schule verdankte, so verdankten ihr diese wiederum die Eroberung eines Publikums, das die moderne Schauspielkunst in drei großen Künstlern personifiziert sah: in Frederik Lemaitre, Madame Dorval und Bocage.

Man muß sie in Marion Delorme, in Angelo, in Chatterton, in Antony und später in dem Drama Marie Jeanne gesehen haben, um zu wissen, welche leidenschaftliche Eifersucht, welche tiefe Reinheit und welche Glut der Mutterliebe sich mit gleicher Gewalt in ihr vereinigten.

Übrigens hatte sie gegen manche angeborne Schwierigkeit zu

kämpfen. Ihre Stimme war klanglos, ihre Aussprache schnarrend, und ihre Haltung erschien beim ersten Anblick ohne Majestät und selbst ohne Anmut. Im konventionellen Vortrage war sie ungeschickt und verlegen, und da sie für manche Rolle, die sie zu spielen hatte, viel zu geistvoll war, sagte sie oft: »Ich finde durchaus kein Mittel, falsche Redensarten richtig zu sprechen. Auf der Bühne gibt es konventionelle Phrasen, die immer ganz verkehrt über meine Lippen kommen werden, weil ich sie nie im gewöhnlichen Leben gebrauche. Ich habe nie im Augenblick der Überraschung gesagt: was seh' ich! und nie im Moment des Zweifels: wohin gerat' ich! nun wohl, ich habe oft ganze Tiraden zu deklamieren, in denen ich nicht ein einziges naturgemäßes Wort finde und die ich viel lieber vom Anfang bis zum Ende improvisierte, wenn es mir nur gestattet würde.«

Ich glaube, daß ich nur Indiana herausgegeben hatte, als ich durch einige Sympathie zu Madame Dorval hingezogen, ihr schrieb und sie bat, meinen Besuch anzunehmen. Ich war noch nicht berühmt und weiß nicht, ob die Dorval von meinem Buche gehört hatte, aber mein Brief gefiel ihr durch seine Aufrichtigkeit und an demselben Tage, als sie mein Schreiben empfangen hatte und als ich eben mit Jules Sandeau davon sprach, wurde die Tür meiner Mansarde heftig aufgerissen, eine Frau stürzte atemlos ins Zimmer, warf sich in meine Arme und rief: »Da bin ich!«

Ich hatte Marie Dorval nie anders als auf der Bühne gesehen, aber ihre Stimme war mir so gegenwärtig, daß ich sie gleich erkannte. Sie war mehr als hübsch, sie war reizend; und doch war sie hübsch, aber so bezaubernd, daß das Äußere ganz überflüssig war. Es war kein Antlitz, sondern eine Physiognomie, eine Seele. Sie war damals noch schlank, und ihre Figur glich dem biegsamen Schilfe, das ein sanfter, kaum merklicher Hauch bewegt. Jules Sandeau verglich sie an diesem Tage mit der Feder, die sie auf dem Hute trug. »Ich bin überzeugt«, sagte er, »daß man in der ganzen Welt umsonst nach einer so leichten, weichen Feder suchen würde, wie sie gefunden hat; diese einzige, wunderbare Feder ist durch das Gesetz der Anziehungskraft zu ihr geführt, oder sie ist aus den Schwingen einer vorüberfliegenden Fee zu ihr niedergefallen.«

Ich fragte die Künstlerin, wodurch es meinem Briefe gelungen wäre, sie so schnell zu überzeugen und zu mir zu führen. Sie erwiderte: durch die Erklärung meiner Liebe und Sympathie wäre sie an einen ähnlichen Brief erinnert, den sie an die Mars geschrieben hatte, nachdem sie dieselbe zum ersten Male auf der Bühne gesehen. »Ich war so unbefangen und aufrichtig!« fuhr sie fort. »Ich war überzeugt, daß wir selbst nur durch den Enthusiasmus etwas werden, den uns das Talent anderer einflößt. Als ich Ihren Brief las, fiel es mir wieder ein, daß ich mich zum ersten Male Künstlerin fühlte, während ich an die Mars schrieb, und daß mein Enthusiasmus für sie mich zum Verständnis meines eigenen Wesens führte. Dann habe ich mir gesagt, daß auch Sie Künstlerin sein oder werden müßten; ich habe mich daran erinnert, daß die Mars, anstatt mich zu verstehen und mir entgegen zu kommen, kalt und hochmütig gegen mich war – und ich habe es nicht so machen wollen, wie sie.«

Sie lud uns auf den folgenden Sonntag zum Essen ein, denn sie spielte jeden Abend in der Woche und verlebte den Tag der Ruhe im Kreise ihrer Familie. Sie war mit Herrn Merle verheiratet, einem bedeutenden Schriftsteller, der reizende Vaudevilles geschrieben hatte und der fast bis an sein Lebensende das Theaterfeuilleton der Quotidienne mit Geist, Geschmack und großer Unparteilichkeit redigierte. Herr Merle hatte einen Sohn, die Dorval drei Töchter, und außerdem gehörten einige alte Freunde zum Familienkreise, in welchem das Lachen und Schwatzen der Kinder den Mittelpunkt bildete.

Man weiß es nicht genug, wie rührend das Leben der dramatischen Künstler ist, wenn sie eine wirkliche Familie haben und sich derselben mit Innigkeit hingeben. Ich glaube, daß heutzutage die meisten unter ihnen häusliches Glück und Familienpflichten kennen und daß es Zeit wäre, den Vorurteilen früherer Zeiten zu entsagen. Es ist natürlich, daß in diesem Stande die Männer einen bessern Ruf haben, als die Frauen, weil die Folgen der Verführungen, welche Jugend und Schönheit umgeben, für den Mann nur angenehm, für die Frau dagegen fast immer verderblich sind. Aber die Schauspielerinnen sind fast alle, selbst wenn sie nicht in gesetzlichen Verhältnissen leben, ja selbst wenn sie sich den heftigsten Leidenschaften hingeben, Mütter voll der innigsten Zärtlichkeit und voll heroischen Mutes. Im allgemeinen sind die Kinder dieser Künstlerinnen viel glücklicher als die vornehmer Frauen; denn diese, welche ihre Fehltritte nicht gestehen können und wollen, müssen die Zeugen ihrer Liebe verbergen und entfernen, oder wenn es ihnen gelingt, dieselben in die Familie einzuführen, zieht der geringste Zweifel diesen unglücklichen kleinen Wesen Abneigung und Härte zu.

Bei den Künstlerinnen dagegen wird der eingestandne Fehltritt sogleich verziehen, und das Urteil dieser Welt verdammt nur diejenige, welche ihre Kinder verleugnet oder verläßt. Mag die übrige Welt verdammen, wenn es ihr gut dünkt, die armen Kleinen werden durch die tolerante Aufnahme entschädigt, die sie in ihrem Kreise finden; denn hier werden sie von alten und jungen Verwandten, ja selbst von den späteren legitimen Gatten anerkannt und mit Sorgfalt und Liebe umgeben. Ob sie Bastarde sind oder nicht, sie sind alle von gutem Herkommen, und wenn ihre Mutter talentvoll ist, werden sie dadurch geadelt und nehmen in ihrer kleinen Welt die Stellung junger Fürsten ein.

Nirgends sind die Bande des Blutes inniger, als bei den Schauspielern. Wenn die Mutter genötigt ist, am Tage fünf Stunden lang in die Probe und abends fünf Stunden lang während der Vorstellung tätig zu sein; wenn sie kaum Zeit hat, zu essen und sich anzukleiden, werden die flüchtigen Augenblicke, in denen sie ihre Kinder anbeten und liebkosen kann, Momente voll leidenschaftlichen Entzückens, und die Tage der Ruhe sind wahre Feste.

Madame Dorval verdiente höchstens fünfzehntausend Francs, indem sie sich nicht die geringste Ruhe gönnte und so einfach als möglich lebte. Ihr Geschmack und ihre Geschicklichkeit gaben ihrer Wohnung und Lebensweise einen eleganten Anstrich, obwohl sie sich nicht den geringsten Luxus erlaubte, aber sie war großmütig und freigiebig, bezahlte häufig Schulden, die sie nicht gemacht hatte, war nicht imstande, die Schmarotzer zurückzuweisen, die sich bei ihr eindrängten und die kein anderes Recht an sie hatten, als das beharrlicher Gewohnheit – und so kam sie beständig in die äußerste Verlegenheit. Ich habe gesehen, daß sie, um ihre Töchter zu kleiden oder um feige Freunde zu retten, sogar die kleinen Kostbarkeiten verkaufen mußte, auf die sie, als Andenken aus lieber Hand, den größten Wert legte und die sie wie Reliquien zu küssen pflegte.

Dafür wurde sie häufig mit dem schwärzesten Undanke belohnt und mußte Vorwürfe anhören, die auf den Lippen einiger Menschen wahrhafte Blasphemien wurden. Sie fand für alles Trost in der Hoffnung, ihre Töchter einst glücklich zu sehen, aber eine derselben brach ihr das Herz.

Eines Tages fand ich sie in ihrer Wohnung, in der Rue du Bac, ganz zerschmettert über einen Stickrahmen gebeugt. »Ich bin doch glücklich!« sagte sie mir, während dicke Tränen über ihr Antlitz strömten; »und doch fühle ich mich gequält, ohne zu wissen, wodurch. Die Glut der Leidenschaften hat mich vor der Zeit verzehrt; ich fühle mich alt, ermattet; ich bedarf der Ruhe, ich suche die Ruhe – aber nun muß ich einsehen, daß ich nicht zu ruhen verstehe.« Dann ging sie zu den Einzelheiten ihres Lebens über.

»Ich habe gewaltsam mit allen heftigen Erregungen gebrochen«, sagte sie; »ich will einmal glücklich sein, wie andere; will tun, was du mir gesagt hast – will mich selbst vergessen. Ich hätte mich gern vollständig meiner Kunst zugewendet, hätte sie gern geliebt, aber das ist mir nicht möglich. Sie ist ein Reizmittel, welches das Bedürfnis der Erregung in mir erneuert, und in dieser Halberregung finde ich nur ein Gefühl des Schmerzes und die gräßlichsten Erinnerungen. Das einzige, was mich von der Vergangenheit abzieht, sind die tausend Nadelstiche der Gegenwart, die zwar zu schwach sind, große Schmerzen zu betäuben, wohl aber stark genug, Ungeduld und Unbehagen in mir zu erregen. Oh, wenn ich

Vermögen besäße oder wenn die Kinder meiner nicht mehr bedürften! dann könnte ich vollständig ausruhen.«
Ihre Ermattung war vorübergehend. Nach einiger Zeit gebar ihre Tochter Caroline einen Sohn, welchem ihre Mutter den Namen George gab, und dies Kind war Mariens Liebling und ihr höchstes Glück. Dies liebevolle Herz bedurfte eines Wesens, dem es sich vollständig hingeben, für welches es sich bei Tag und bei Nacht, ohne Ruhe und ohne Einschränkung aufopfern konnte.
»Sieh nur«, sagte sie mir, indem sie mir den schönen Knaben zeigte, »ich begehrte einen Heiligen, einen Engel, einen sichtbaren Gott – Gott hat ihn mir gegeben. Hier ist Unschuld, hier ist Vollkommenheit, hier ist die Schönheit der Seele mit der des Körpers vereinigt. Dies ist das Wesen, das ich liebe, dem ich diene, das ich anbete. In jeder seiner Liebkosungen liegt göttliche Liebe, und ich sehe den Himmel in seinen blauen Augen.«
Die unermeßliche Zärtlichkeit, von welcher sie mehr als jemals durchglüht war, gab ihrem Talent einen neuen Aufschwung. Sie schuf die Rolle der Seoune-Marie und fand für dieselbe jene herzzerreißenden Töne, jenen Aufschrei des Schmerzes und der Leidenschaft, den man nie wieder auf dem Theater hören wird, weil er nur aus diesem Herzen aufsteigen konnte, nur dieser Organisation angehörte; weil solche Töne in jedem andern Munde als in dem ihrigen wild und gräßlich geklungen hätten und weil dieselben nur durch ihre Individualität etwas Erschütterndes, Erhabenes erhielten.
Aber diese tiefe Zärtlichkeit und diese gewaltige Rolle gaben Marie Dorval den Todesstoß. Nach ihrem glänzenden Erfolge verfiel sie in eine schreckliche Krankheit, der sie nur durch ein Wunder entging. Sie hatte vor dem Tode gezittert, denn George lebte, und so wollte auch sie noch leben.
Sie spielte die Agnes von Meranin und machte darauf den interessanten Versuch, die klassische Tragödie im Odéon zu spielen. Das paßte weder für ihr Äußeres noch für ihr Organ; aber sie hatte Ponsards Verse mit so viel Verständnis gesprochen, war in der Lucretia so keusch und maßvoll gewesen, daß das Publikum

danach verlangte, Racines Verse von ihr zu hören. Sie studierte die Phädra mit unsäglicher Sorgfalt und suchte gewissenhaft nach einer neuen Auffassung dieser Rolle.

Im Jahre 1848 fand ich Madame Dorval voller Sorge und Angst um die eben vollendete Revolution. Ihr Gatte, Herr Merle, gehörte trotz seiner gemäßigten, toleranten Ansichten zur legitimistischen Partei, und Madame Dorval bildete sich ein, daß sie verfolgt werden würden. Sie träumte sogar von Schaffot und Verbannung, denn ihre tätige Einbildungskraft vermochte nichts zur Hälfte zu tun.

Es gab aber nur einen Grund zu Besorgnissen. Die allgemeine Störung der Geschäfte mußte besonders diejenigen treffen, deren Arbeit von den bedrohten Formen des politischen Lebens abhängig ist. Handwerker und Künstler, alle, welche von einem Tage zum andern leben, finden sich in solchen Krisen plötzlich gelähmt, und Madame Dorval, welche gegen das Alter, die Ermattung und die eigne Furcht zu kämpfen hatte, konnte dem Vorüberstürmen der Lawine nur schwer widerstehen. Ich befand mich in einer nicht weniger prekären Lage: als die Krisis ausbrach, war ich infolge der Verheiratung meiner Tochter tief verschuldet. Von der einen Seite wurde ich mit Beschlagnahme meines Mobiliars bedroht; auf der andern Seite waren die Preise der Arbeit auf ein Viertel ihres frühern Betrages reduziert, und für mehrere Monate war sogar aller Geschäftsverkehr unterbrochen.

Aber ich war ziemlich unempfindlich für das Mißliche dieser Lage. Die Entbehrungen des Augenblicks sind nichts, und davon rede ich auch gar nicht. Das einzige wahrhaft Peinliche solcher Zeiten ist die Unmöglichkeit, die gemachten Forderungen unserer Gläubiger sofort zu befriedigen und denen beizustehen, welche wir um uns her leiden sehen müssen. Aber, wenn wir durch einen sozialen Glauben, durch eine Hoffnung für das Allgemeine aufrecht erhalten sind, werden alle persönlichen Verlegenheiten, so ernst sie auch sein mögen, gemildert.

Madame Dorval wäre ganz dazu geeignet gewesen, sich in das allgemeine Leben zu vertiefen, aber sie stieß jede Beschäftigung damit, jedes Nachdenken darüber entschieden zurück; sie behauptete, daß sie genug für sich selbst zu leiden hätte, und sah in der Februarrevolution nichts als Unglück und träumte nur von blutigen Katastrophen. Arme Frau! vielleicht war es ein Vorgefühl des entsetzlichen Schmerzes, der ihre Familie treffen sollte.

Im Monat Juni 1848 (nach jenen gräßlichen Tagen, welche die Republik ermordeten, indem sie ihre Kinder gegeneinander zum Kampfe führten und indem sie zwischen den beiden Mächten der Revolution, dem Volke und der Bourgeoisie einen Abgrund eröffneten, der vielleicht in zwanzig Jahren nicht wieder ausgefüllt zu werden vermag) war ich in Nohant, wo ich von dem feigen Haß und der dummen Furcht der Provinzbewohner bedroht wurde. Aber ich kümmerte mich darum ebensowenig, wie um alles übrige, was mich persönlich in diesen Ereignissen betroffen hatte. Meine Seele war tot, mein Hoffen lag zerschmettert unter den Barrikaden.

Inmitten dieser Trostlosigkeit erhielt ich von Madame Dorval folgenden Brief:

»Meine arme liebe Freundin! Ich habe nicht gewagt, Dir zu schreiben; ich glaubte Dich zu sehr in Anspruch genommen, und überdies war ich ganz unfähig dazu. In meiner Verzweiflung hätte ich Dir einen zu unsinnigen Brief geschrieben. Aber jetzt weiß ich, daß Du in Nohant bist; fern von dem entsetzlichen Paris, allein mit Deinem guten Herzen, das so viel Liebe für mich hat! Ich habe mit Tränen Deinen Brief an... gelesen und finde darin Dein ganzes Wesen, wie in dem Romane der Champi. – Guter Champi! – Aber nun fühle ich das unabweisliche Bedürfnis, Dir zu schreiben und einige Worte des Trostes für meine arme, verzweiflungsvolle Seele von Dir zu hören. – Ich habe meinen Sohn verloren, meinen George! – Weißt Du es schon? – Aber Du weißt nicht, welchen tiefen, nie zu besiegenden Schmerz ich empfinde. Ich weiß nicht mehr, was ich tun, was ich glauben soll! Ich begreife nicht, wie Gott uns so teure Wesen zu entreißen vermag. Ich möchte beten, aber ich finde nur Zorn und Empörung in meinem Herzen. Alle meine Zeit bringe ich auf seinem kleinen Grabe zu. Glaubst Du wohl, daß er mich sehen kann? Ich weiß nicht, was ich mit meinem Leben machen soll, und meine Pflicht kenne ich nicht mehr; ich möchte wohl meine andern Kinder lieben, aber ich kann es nicht. Auch in Gebetbüchern habe ich Trost gesucht – aber ich habe nichts gefunden, was meinen Verhältnissen angemessen wäre und von dem Verlust unserer Kinder spräche. Man sollte Gott für ein so entsetzliches Unglück danken? Nein, das kann ich nicht! Hat nicht Jesus selbst ausgerufen: ›Mein Gott, warum hast Du mich verlassen!‹ Wenn diese große Seele gezweifelt hat, was soll denn aus uns armen Geschöpfen werden? Ach, meine Freundin, wie unglücklich bin ich geworden! Er war mein ganzes Glück. – Ich glaubte, in ihm den Lohn dafür zu finden, daß ich immer eine gute Tochter und meiner ganzen Familie treu ergeben war, für die ich gern alle Lasten getragen habe, obwohl sie meinen armen Schultern oft recht schwer geworden sind. Ich war so glücklich! Ich beneidete niemand und kämpfte mutig in einem *hassenswerten* Berufe, den ich nach besten Kräften erfüllte, wenn mich nicht Krankheit darnieder hielt – und zwar in dem Gedanken, durch den Ertrag der Arbeit meine Umgebung glücklich zu machen. Trotz der Revolution, trotz der verlorenen Kunst, waren wir noch immer glücklich. Unsere armen Kleinen bauten Barrikaden, sangen die Marseillaise, und der Lärm der Straße verdoppelte ihre Lust. Aber ach! wenige Tage später verstärkte dieser Lärm die Konvulsionen meines armen George. Er hat vierzehn Tage lang mit dem Tode gerungen, vierzehn Tage lang haben wir auf der Folter gelegen. Am dritten Mai ist er zu unsern Füßen niedergefallen, und am sechzehnten Mai um halb vier Uhr nachmittags ist sein kleines Herz gebrochen.

Verzeih', daß ich Dich betrübe, meine Liebe, Gute! aber ich komme zu Dir, weil ich Dich so innig liebe, weil Du immer so gut gegen mich gewesen bist. Du hast uns ja auch jene schöne Reise nach dem Süden gegeben (ohne Dich wäre sie nicht möglich gewesen), jene Reise, die meine Gesundheit nur zu sehr gekräftigt

hat, die mein liebes Kind so sehr erfreute und sein ach! so kurzes Leben mit Freude, Bewegung und Sonnenschein erfüllte.
So komme ich denn zu Dir, um einen Brief von Dir zu erhalten, der meiner Seele etwas Kraft verleiht; bei Dir suche ich Hilfe, wie so oft schon. Ich weiß wohl, wo ich die schönen Worte finden könnte, welche Deinem edlen Herzen, Deinem hohen Geiste entströmten, aber sie werden mir eine größere Erleichterung gewähren, wenn sie unmittelbar aus Deinem Herzen in das meine übergehen.
Adieu, meine liebe George, meine Freundin mit dem geliebten Namen! Marie Dorval.
Paris, 12. Juni 1848. Rue de Varennes, 2.«
Ich habe in diesem Briefe kein Wort verändert und keine Zeile gestrichen, obwohl es eigentlich nicht meine Gewohnheit ist, die Lobsprüche, die man mir erteilt, der Öffentlichkeit zu übergeben. Aber diese Worte sind mir heilig, waren der letzte Segenswunsch dieser liebevollen, gläubigen Seele. Die zärtliche Verehrung, welche sie trotz aller Leiden für die Gegenstände ihrer Zuneigung bewahrt hatte, zeigen uns, welch' ein Schatz tiefer Pietät in ihr verborgen lag.
Die Tröstungen, die man ihr spendete, waren nie vergebens. Sie gab sich abermals Mühe, ihren Schmerz durch Arbeit zu besiegen und sich ihrer Lebensaufgabe aufs neue zu weihen. Aber ach! ihre Kräfte waren erschöpft, und ich sollte sie nicht wieder sehen.
Ich brachte den Winter in Nohant zu. Der letzte Brief, den Marie Dorval mit zitternder Hand geschrieben hat, ist an ihre Caroline gerichtet und betrifft den 16. Mai, jenen schrecklichen Tag, an welchem sie ihren George verlor. Caroline hat mir diesen zerknitterten, fieberglühenden Brief geschickt, in dessen entstellten Schriftzügen etwas unsäglich Trauriges liegt.

Caen, den 15. Mai 1849.

»Liebe Caroline! Deine Mutter hat alle Qualen der Hölle erduldet. Geliebte Tochter, wir verleben jetzt den traurigen Jahrestag – ich bitte Dich, laß die Stube meines George verschlossen sein und erlaube niemand, sie zu betreten. Marie soll nicht in diesem

Zimmer spielen. Du wirst das Bett mitten in die Stube rollen, wirst sein Bild auf die Kissen legen, wirst es mit Blumen bedecken und alle Vasen damit füllen. Du kannst die Blumen aus den Hallen holen lassen; gib ihm den ganzen Frühling, den er nicht mehr sehen kann. Und dann wirst Du den ganzen Tag beten, in Deinem Namen und im Namen seiner armen Großmutter.

Ich umarme Euch zärtlich. Deine Mutter.«

Diesem herzzerreißenden Briefe hatte Caroline folgende Zeilen für mich beigefügt:

»Meine Mutter ist am 20. Mai gestorben, ein Jahr und vier Tage nach meinem kleinen George. Sie ist auf dem Wege nach Caen, wo sie Vorstellungen geben wollte, in der Diligence krank geworden. Als sie dort ankam, mußte sie sich ins Bett legen, und sie hat dasselbe nur verlassen, um nach Paris zurückzukehren, wo sie zwei Tage später in unsern Armen gestorben ist. Sie hat viel gelitten, aber ihre letzten Augenblicke waren ruhig. Sie dachte an den lieben kleinen Engel, dem sie folgte. Sie wissen, wie sehr sie ihn geliebt hat! Diese Liebe war ihr Tod. Seit einem Jahre war sie leidend, und sie ist in jeder Weise gequält worden. Man ist so ungerecht, so grausam gegen sie gewesen! Ach, sagen Sie mir, daß sie jetzt glücklich ist! Ich umarme Sie, wie meine Mutter getan hatte, aus voller Seele. Caroline Luguet.«

»Das letzte Buch, was sie gelesen hat, war Ihre ›kleine Fadette.‹

Paris, 23. Mai 1849.«

»Liebe Madame Sand! Sie ist tot, die arme, edle Frau! Sie läßt uns untröstlich zurück. Beklagen Sie uns!

René Luguet.«

Das Nähere über diesen traurigen Tod, nach einem so traurigen Leben, hat mir René Luguet mitgeteilt, in einem herrlichen Briefe, den ich leider zur Hälfte streichen muß – das Warum wird jeder erkennen.

»Liebe Madame Sand! Ja Sie haben recht, es ist für uns ein großes Unglück, so groß, daß es mit allen Freuden der Erde für uns aus ist. Was mich betrifft, so habe ich in ihr alles verloren: eine Freundin, einen Unglücksgefährten, eine Mutter! die Mutter meines Geistes, meiner Seele, diejenige, welche mein Herz erweckte, mich zum Künstler bildete und mich zum Manne erzog, indem sie mich meine Pflichten kennen lehrte; diejenige, welche mir Mut und Rechtschaffenheit einflößte, mir das Gefühl für Schönheit, Wahrheit und Größe gab. – Überdies liebte sie meine teure Caroline, unsere Kinder beteten sie an – – Sie können denken, ob und wie ich sie beweine!

Erlauben Sie mir, daß ich Ihnen, die sie so innig geliebt und verehrt hat, von ihren letzten Leiden erzähle; Sie werden daraus das Maß meiner Schmerzen gewinnen.

Sie ist vor Kummer und Mutlosigkeit gestorben, die Geringschätzung, die Gleichgültigkeit haben sie getötet! . . . .

. . . .

Als die arme Frau von Tür zu Tür ging, eine Beschäftigung für ihr Talent, für ihr Genie zu suchen, machten alle beim Namen der Dorval verwunderte Mienen. Talent, Genie, wer fragt danach? Es fehlten ihr einige Zähne, sie trug ein schwarzes Kleid, ihr Blick war traurig. Überdies haben die öffentlichen Ereignisse große Veränderungen im Theaterwesen herbeigeführt . . . .

. . . . Inmitten dieser Verwirrungen traf uns unser erstes großes Unglück, der Tod meines kleinen George. Mariens Herz hatte den Todesstoß empfangen, aber sie hielt sich aufrecht und verbarg uns die Tiefe ihrer Wunden. Sie streckte die Hand aus, um irgendeinen neuen Anhaltspunkt zu finden, und wir bemühten uns mit ihr, eine Milderung für diesen großen Schmerz in einer Tätigkeit zu suchen, welche sie ganz in Anspruch nahm. Es fand sich eine herrliche Dichtung . . . . mit einer großartigen Rolle. Sie las dieselbe, studierte sie und war vollendet darin. Der Rettungsanker war gefunden – sie mußte nun wenigstens einige Tagesstunden ihrem Schmerz entziehen.

. . . .

Ohne Grund, ohne Entschuldigung, ohne ein Wort der Erklärung wurde ihr diese Rolle wieder entzogen!

Das war der letzte Schlag, er traf sie mitten ins Herz! Jetzt sagt man, daß man es bereue – jetzt, da es zu spät ist!
Das Leben dieser armen Mutter entströmte also aus drei tiefen Wunden, die ihr der Tod eines geliebten Wesens, die Ungerechtigkeit und Undankbarkeit des Publikums und die Furcht vor der bittersten Not geschlagen hatten.
So erreichten wir den 10. April. Ich ging nach Caen, sie wollte mir dahin folgen, machte aber vorher noch einen letzten Versuch, um sich im Theater Français ein bescheidenes Plätzchen und 500 Francs monatlicher Gage zu sichern. Man gab ihr zur Antwort, daß man bald durch »kluge Berechnungen« dahin kommen würde, 300 Francs an der Beleuchtung zu ersparen, und daß man ihr dann, falls die *Abneigung* des Comité zu überwinden wäre, Brot geben würde.
Dies gab ihr den letzten Stoß; ihr himmlischer Blick wandte sich in diesem Moment zu mir – aus diesem Blicke sprach der Tod.
Sie reiste nach Caen, und hier brach die Krankheit mit solcher Gewalt hervor, daß ich eine ärztliche Konsultation für nötig hielt. Das Übel wurde für sehr bedenklich erkannt; es war ein hartnäkkiges Fieber, und an der Leber hatten sich Geschwüre gebildet. Mir war, als hätte ich mein eigenes Todesurteil gehört; ich wollte meinen Augen nicht trauen, wenn ich diesen Engel in seinen Schmerzen ohne Klage, voller Ergebung daliegen sah, dessen trauriges Lächeln mir zu sagen schien: Du bist bei mir, Du wirst mich nicht sterben lassen!
Von diesem Augenblicke an habe ich vierzig Nächte lang an ihrem Bette *gestanden*! Ich hatte keine andere Hilfe, keinen anderen Krankenwärter, keinen anderen Freund als mich. Ich wollte diese Aufgabe allein vollführen, und vierzig Tage lang habe ich mit dem Tode um ihr Leben gerungen, wie ein treuer Hund, der seinen Herrn in der Gefahr verteidigt.
Nach und nach sah ich sie in Ermattung und tiefe Trauer versinken. Sie fing an, unaufhörlich von ihrer Kindheit zu erzählen, von ihren »schönen Tagen«; so ging sie ihr ganzes Leben durch. Verzweiflung und Anstrengung drückten mich zu Boden; mehrere

Mal war ich ohnmächtig geworden. Ich mußte einen Entschluß fassen – die Ärzte hatten zwar den Tod für die unausbleibliche Folge jeder Ortsveränderung erklärt – aber ich sah ja doch den Tod mit schnellen Schritten herannahen, und da sie sich mit herzzerreißenden Klagen nach Paris, nach ihrer Tochter und nach unserer kleinen Marie sehnte, bat ich den Himmel, ein Wunder zu tun, und nahm das Coupé der Diligence in Beschlag. Ich raffte mich auf, kleidete das geliebte Wesen an, das mich gewähren ließ, als ob ich seine Mutter wäre – dann trug ich sie in meinen Armen hinunter, und eine Stunde später fuhren wir nach Paris. Wir waren beide dem Sterben nahe; sie durch ihre Krankheit, ich durch meine Verzweiflung.

Nach einer Fahrt von zwei Stunden wurden wir mitten im fürchterlichsten Sturme umgeworfen. Wir merkten es kaum – es war uns alles so gleichgültig!

Am folgenden Tage war sie endlich wieder in ihrem Zimmer, im Kreise ihrer Lieben. Sie lebte, Gott sei Dank, aber ihre Krankheit, die während der Fahrt gleichsam betäubt war, brach aufs neue hervor, und am 20. Mai um ein Uhr sagte sie uns: *ich sterbe, aber ich bin ergeben! meine Tochter, meine liebe Tochter, lebe wohl! Luguet ... erhaben ..!* Dies waren ihre letzten Worte; ihr letzter Seufzer ist mit einem Lächeln entflohen. Oh, dies Lächeln steht mir immer vor Augen, und ich muß rasch meine teure Caroline und meine Kinder ansehen, um das Leben zu ertragen!

Liebe Madame Sand, mein Herz ist zerrissen. Ihr Brief hat alle meine Qualen aufgefrischt. Anbetungswürdige Marie! Ihr letzter Dichter waren Sie – ich habe die kleine Fadette am Krankenbette vorgelesen. Dann haben wir lange von allen den schönen Büchern gesprochen, die wir Ihnen verdanken und aus denen sie mir weinend die rührendsten Szenen erzählte. Und von Ihnen, von Ihrem Herzen hat sie mir erzählt. Wie haben Sie Marie geliebt, wie haben Sie ihre Seele verstanden, wie teuer sind Sie ihr gewesen – und wie teuer sind Sie mir! – und wie unglücklich bin ich geworden! Das Leben scheint mir ohne Zweck zu sein, und ich ertrage es nur noch aus Pflichtgefühl.

Ich sehne mich danach, mit Ihnen von ihr zu sprechen und Ihnen alle die unsäglich großartigen und schönen Gedanken mitzuteilen, die mir unser Engel in seinen traurigen, schmerzensreichen Tagen anvertraut hat.

Ihr ergebener und trostloser Luguet.«

Ich werde noch einen Brief dieses guten, edeln Herzens mitteilen, das einer solchen Mutter würdig war. Ich bitte ihn deswegen im voraus um Verzeihung – diese Herzensergüsse waren nicht für die Öffentlichkeit bestimmt; aber es handelt sich jetzt nicht darum, die Bescheidenheit der Lebenden zu schonen, sondern es gilt, den Toten ein Denkmal zu errichten. Sie war eine der größten Künstlerinnen und eine der besten Frauen unserer Zeit. Sie ist verkannt, verleumdet, verspottet; mancher, der ihr Andenken segnen sollte, hat sie verlassen. Darum müssen sich wenigstens einige Stimmen auf ihrem Grabe erheben, und diese Stimmen werden das beste Zeugnis in der Waagschale sein, worin die öffentliche Meinung mit gleichgültiger Hand das Gute und Böse mißt. Es sind die Stimmen derer, die sie lange gekannt haben, die alle Geheimnisse ihres innersten Lebens erkannten und erforschten; es sind die Stimmen ihrer Angehörigen – und diese werden die Urteile aller zum Schmelzen bringen, welche nur aus der Entfernung gesehen und nach dem äußern Scheine geurteilt haben. Luguets Brief lautet folgendermaßen:

»Paris, im Dezember 1849.

Teure Madame Sand! ich habe gestern Ihr Drama »Champi« gesehen, und nie, seitdem ich am Theater bin, habe ich mich so ergriffen gefühlt. Ach! wie herrlich ist dieser wackre Bursche, dieser treue Beschützer der armen Verfolgten. Glücklicher Sohn, der seine Magdalene retten kann, nicht jedem wird solches Glück zuteil. Wie habe ich geweint! In den düstersten Winkel meiner Loge zurückgezogen, das Taschentuch zwischen den Zähnen, war ich dem Ersticken nahe.

Ach, für mich war es nicht mehr Franz und Magdalene – ich erblickte *sie* und mich! es war nicht mehr ein Mann und ein Weib, die sich in der Ehe zusammenfinden können und müssen; es war selbst nicht Mutter und Sohn, sondern es waren zwei Seelen, die einander notwendig sind. Ich sah die zehn schönsten Jahre meines Lebens wieder vor mir; meine Hingebung, mein Hoffen, mein Ziel, meine Stütze, mein Alles! Oh, ich bin während dieser zehn Jahre zu glücklich gewesen, und dafür muß ich jetzt büßen! Verzeihen Sie mir, teure Frau, diese Tränen bei einem Erfolge, der alle erfreut, die Sie kennen. Aber wem außer Ihnen könnte ich sagen, wie sehr ich leide?

Wollen Sie denn nicht nach Paris kommen, um Ihr Stück zu sehen? um uns zu besuchen? – – aber suchen Sie uns nicht mehr in der *rue de Varennes*. Nein, wir sind aus dem verfluchten Hause geflohen – wir alle wären darin gestorben. Die Türen, die Gänge, das Geräusch auf den Treppen, alles erregte in uns unaufhörlich neuen Schauder. Sogar der Straßenlärm erinnerte uns jeden Morgen zur bestimmten Stunde an das, was sie um diese Zeit tat und sagte; – an alle diese tausend Kleinigkeiten, die langsam morden! Darum sind wir mit unserer tiefen Trauer in andere Umgebung geflüchtet. Caroline umarmt Sie auf das zärtlichste. Sie ist ebenso trostlos, wie ich; meine Liebe für sie wächst mit jedem Tage. Sie verdient das beste Glück, die Gute!

René Luguet.«

So wurde Marie Dorval geliebt, so wurde sie beweint! Ja gewiß, wenn Marie Dorval, das Opfer der Kunst und des Schicksals, auch oft verraten und mißhandelt wurde, ist sie doch auch innig geliebt und aufs schmerzlichste beweint. Von mir selbst habe ich noch gar nichts gesagt – und doch habe ich mich noch immer nicht an den Gedanken gewöhnt, daß sie nicht mehr ist, daß ich ihr nicht mehr beistehen, sie nicht mehr trösten kann. Und während ich mich in die Einzelheiten ihrer Lebensgeschichte vertiefte, haben mich meine Tränen fast erstickt – und mein einziger Trost liegt in der Überzeugung, sie in einer besseren Welt rein und heilig wiederzufinden, wie sie aus Gottes Händen hervorging, um in unserem wirren Dasein umherzuirren und auf unseren verfluchten Wegen ermattet niederzusinken.

...

Einer meiner Freunde, der etwas mit Balzac bekannt war, hatte mich demselben vorgestellt, nicht wie eine Muse aus dem Departement, sondern wie eine gute Kleinstädterin, die von Bewunderung für sein Talent erfüllt wäre. So war es auch; denn obwohl Balzac zu jener Zeit seine Meisterwerke noch nicht geschaffen hatte, war ich doch schon von seiner neuen, originellen Produktionsweise überrascht und betrachtete ihn als ein Vorbild, das ich studieren könnte. Balzac hatte mich nicht mit derselben Liebenswürdigkeit aufgenommen wie Delatouche, war aber doch recht naiv gegen mich gewesen und war freimütiger und von gleichmäßigerer Stimmung. Es ist bekannt, wie sehr sich seine Selbstzufriedenheit, die übrigens ganz begründet war, bei jeder Gelegenheit kundgab; wie gern er von seinen Werken sprach, sie voraus erzählte, sie gleichsam beim Plaudern ausarbeitete, sie im Entwurf oder aus den Korrekturbogen vorlas. Er war so unbefangen als möglich und gut wie ein Kind. Zuweilen fragte er bei wahren Kindern um Rat, achtete dann aber gar nicht auf die Antwort, oder nahm sie nur hin, um sie mit der ganzen Wucht seiner Überlegenheit zu bekämpfen. Aber er belehrte nie; er sprach von sich selbst, von sich allein. Ein einziges Mal vergaß er seine Persönlichkeit, um uns von Rabelais zu unterhalten, den ich noch nicht kannte, und dabei war er so bewundernswürdig, so glänzend, so klar, daß wir beim Weggehen zueinander sagten: »Ja, gewiß wird er die Zukunft haben, die er sich erträumt; er begreift das Wesen anderer zu gut, um nicht aus sich selbst eine große Individualität zu machen.«

Nachdem Balzac seinen Roman: *»la Place de Chagrin«* unter günstigen Bedingungen verkauft hatte, ließ er sich eines schönen Tages einfallen, sein Entresol zu verachten. Nach reiflicher Überlegung begnügte er sich jedoch damit, seine kleine Poetenstube in eine Reihe eleganter Boudoirs zu verwandeln, und sobald es geschehen war, lud er uns ein, in seinen mit Seidenstoffen ausgeschlagenen und mit Spitzen verzierten Gemächern Eis zu essen. Ich mußte herzlich darüber lachen, glaubte nicht, daß er wirklich das Bedürfnis fühlte, sich mit diesem »eitlen Prunke« zu umgeben, und hielt das Ganze für eine vorübergehende Laune. Aber ich irrte mich; die Anforderungen seiner kindlichen Phantasie sind die Tyrannen seines Lebens geworden, und um ihnen zu genügen, hat er oft dem einfachsten Wohlbehagen entsagt. Von dieser Zeit an lebte er häufig so, daß ihm das Notwendige inmitten seines Überflusses fehlte, und er entzog sich lieber die Suppe und den Kaffee, als daß er auf Silberzeug und chinesisches Porzellan verzichtet hätte.

Bald sah er sich zu den sonderbarsten Hilfsmitteln getrieben, um sich von den Spielereien nicht zu trennen, die sein Auge ergötzten; er war ein phantastischer Künstler, das heißt, ein Kind mit goldenen Träumen, und lebte in Gedanken im Reiche der Feen. Dagegen ertrug er mit der Willenskraft und dem Eigensinn des Mannes alle Sorgen und Leiden, um nur der Wirklichkeit mit Gewalt einen Schein seiner Träume zu erhalten.

Er war zu gleicher Zeit kindisch und gewaltig; war immer neidisch um ein Nichts, niemals eifersüchtig auf eine Berühmtheit; aufrichtig bis zur Bescheidenheit und eitel bis zur Großsprecherei; vertrauensvoll in sich selbst und auf andere; sehr mitteilsam, sehr gut und sehr närrisch – dabei trug er aber in sich ein Allerheiligstes hoher Vernunft, in welches er sich zurückzog, um von dort aus alles in seinen Werken zu beherrschen. Er war zynisch, trotz seiner Keuschheit, er berauschte sich beim Wassertrinken, war unmäßig bei der Arbeit und mäßig in allen Leidenschaften, war in gleichem Übermaß romantisch und nüchtern; war gläubig und skeptisch, voller Kontraste und Geheimnisse – und so war Balzac schon in seiner Jugend unerklärlich für jeden, der bei der unaufhörlichen Beobachtung seiner Eigentümlichkeiten, zu welcher er seine Freunde fortwährend zwang, ermüdete oder sie nicht für so interessant hielt, als sie doch wirklich war.

Um diese Zeit zweifelten wirklich mehrere bedeutende Kritiker an Balzacs Talent oder glaubten zum wenigsten nicht, daß er zu einer so glänzenden Karriere, einer so bedeutenden Entwicklung bestimmt wäre. Delatouche war sein eifrigster Widersacher und sprach von ihm mit einer wahrhaft erschreckenden Animosität.

Balzac war sein Schüler gewesen, und ihr Bruch, dessen Ursache Letzterer niemals erfahren hat, war noch ganz neu, die Wunden noch ganz frisch. Delatouche versuchte nie seine Abneigung zu begründen, und Balzac sagte mir oft: »Nehmen Sie sich in acht, ohne daß Sie's vorher ahnen und ohne daß Sie wissen warum, werden Sie eines schönen Morgens einen Todfeind in ihm finden.«

Mit Balzac sprach ich wenig von meinen literarischen Projekten; er glaubte nicht daran, oder es fiel ihm nicht ein, zu prüfen, ob ich fähig wäre, etwas zu leisten. Ich verlangte keine Lehren von ihm, er würde mir gesagt haben, daß er diese für sich selbst behielte, und darin wäre ebensoviel naive Bescheidenheit als naiver Egoismus gewesen; denn er konnte unter dem Anschein der Arroganz eine gewisse Bescheidenheit verbergen, wie ich später mit angenehmer Überraschung eingesehen habe, und was seinen Egoismus betrifft, so wurde auch dieser zuweilen von einem Anflug der Großmut und der Hingebung verdrängt.

Sein Umgang war sehr angenehm, für mich zwar ein wenig anstrengend durch das viele Schwatzen, denn es fehlt mir an der nötigen Leichtigkeit des Geistes, um das Thema des Gesprächs oft genug zu wechseln; aber seine Seele besaß eine große Heiterkeit, und ich habe ihn keinen Augenblick verdrießlich gesehen. Trotz seines dicken Bauches erstieg er die Treppen meines Hauses am Quai St. Michel, trat keuchend bei mir ein und begann zu lachen und zu erzählen, noch ehe er wieder zu Atem gekommen war. Er nahm die Papiere zur Hand, die auf meinem Tische lagen, warf einen flüchtigen Blick darauf und hatte die Absicht, sich ein wenig danach zu erkundigen, was es wohl sein könnte; aber dann fiel ihm wieder die Arbeit ein, mit welcher er gerade beschäftigt war, er fing an zu erzählen – und im ganzen fand ich das viel lehrreicher, als alle Hindernisse, welche Delatouche durch seine quälenden Fragen meiner Phantasie in den Weg legte.

Eines Abends, nachdem wir bei Balzac auf die sonderbarste Weise diniert hatten (ich glaube, die Mahlzeit bestand aus gekochtem Rindfleisch, einer Melone und gekühltem Champa-

gner), zog er sich einen schönen, ganz neuen Schlafrock an, den er uns mit der Freude eines kleinen Mädchens vorführte. Dann bestand er darauf, in diesem Anzuge auszugehen und uns, mit einem Wachslichte in der Hand, bis an das Gitter des Luxembourg zu begleiten. Es war spät, die Gegend war öde, und ich machte ihn darauf aufmerksam, daß er auf dem Rückwege ermordet werden könnte. »Behüte«, gab er zur Antwort, »wenn mir Diebe begegnen, werden sie mich für verrückt halten und werden sich vor mir fürchten, oder sie denken, ich wäre ein Prinz, und dann haben sie Respekt.« Die Nacht war schön und ruhig, und er begleitete uns, einen hübschen Leuchter von ziseliertem, vergoldetem Silber mit brennender Kerze in der Hand. Unterwegs unterhielt er uns von den arabischen Pferden, die er noch nicht besaß, bald zu besitzen hoffte, nie erlangt hat, aber eine Zeit lang zu besitzen glaubte. Er würde uns bis an das entgegengesetzte Ende von Paris begleitet haben, wenn wir uns nicht dagegen gesträubt hätten.
Balzac hat mir im Lauf der Zeit durch die Vielfältigkeit und die Kraft seiner Darstellungen bewiesen, daß die Idealisierung des Stoffes für die Wahrheit der Zeichnung, für die Kritik der Gesellschaft und die Erforschung des Menschenlebens geopfert werden darf.
Er sagte mir einmal: »Sie suchen den Menschen, wie er sein sollte; ich nehme ihn so, wie er ist. Glauben Sie mir, wir haben beide recht; diese beiden Wege führen an dasselbe Ziel. Auch ich liebe die außergewöhnlichen Wesen – ich bin selbst *eins* derselben. Übrigens bedarf ich derselben in meinen Romanen auch, um meinen gewöhnlichen Menschen als Folie zu dienen, und ich opfere sie niemals ohne Notwendigkeit. Aber auch die gewöhnlichen Wesen interessieren mich; ich vergrößere, ich idealisiere sie in umgekehrtem Sinne, in ihrer Häßlichkeit oder in ihrer Dummheit, und ich gebe ihrer Mißgestalt erschreckende oder lächerliche Dimensionen. Sie wären dazu nicht fähig, und Sie tun wohl, sich nicht um Wesen und Dinge zu kümmern, die Ihnen Alpdrücken verursachen müßten. Idealisieren Sie im Gebiet die Lieblichen und Schönen; das ist eine Aufgabe für Frauen.«

Balzac sagte dies ohne versteckte Mißachtung, ohne heimlichen Spott; er war aufrichtig in seiner brüderlichen Zuneigung. Balzac, dieser umfassende Geist, der zwar nicht unermeßlich und ohne Mängel war, aber jedenfalls der tiefste und reichbegabteste ist, der sich in neuester Zeit dem Romane gewidmet hat; Balzac, dieser Meister, der unerreichbar dasteht in der Schilderung der modernen Gesellschaft und des Menschenlebens unserer Tage, hatte recht, kein absolutes System gelten zu lassen. Er hat mir nichts von alledem enthüllt, was ich suchte, und ich mache ihm das nicht zum Vorwurf – er hat es damals selbst noch nicht gewußt, war selbst noch im Suchen begriffen. Er hat sich an allem versucht und hat bewiesen, daß für einen so biegsamen Geist wie der seinige, jede Manier gut und jeder Stoff fruchtbar ist. Er hat sich der Richtung, in welcher er sich am gewaltigsten fühlte, vorzugsweise hingegeben und hat den Irrtum der Kritik verlacht, die sich herausnimmt, dem Künstler einen bestimmten Rahmen, einen Stoff und eine Behandlungsweise vorzuschreiben. Das Publikum ist noch immer in diesem Irrtum versunken und will nicht einsehen, daß diese willkürliche Theorie, die immer der Ausdruck einer Individualität ist, seinen eigenen Prinzipien widerspricht, indem es sich für unabhängig erklärt und alle andern Theorien bestreitet.

Felicité de Lamennais

Man ist von diesen Widersprüchen überrascht, wenn man ein halbes Dutzend kritischer Artikel über dasselbe Kunstwerk liest; man sieht dann ein, daß jeder Kritiker sein Kriterium, seine Leidenschaft und seinen besondern Geschmack hat und daß, wenn sich auch zwei oder drei derselben in der Aufstellung desselben Gesetzes vereinigen, die Anwendung, welche sie von diesem Gesetze machen, doch nur beweist, daß sie von ganz verschiedenen Standpunkten ausgehen und von Vorurteilen bestimmt werden, welche keine feststehende Regel beherrscht.

...

Im Laufe des Jahres 1835 näherte ich mich mit aller Bescheidenheit den beiden größten Geistern unsres Jahrhunderts, Felicité de Lamennais und Pierre Leroux.

Ich werde mich darauf beschränken, nur einige Züge der imposanten Persönlichkeiten aufzuzeichnen, die mir in der Periode meines Lebens begegneten, welche dieses Buch umfaßt, und werde den Eindruck schildern, den sie auf mich machten.

Ich suchte damals die religiöse und soziale Wahrheit in einer einzigen und unteilbaren Wahrheit. Durch Everard[20] war mir klar geworden, daß diese beiden unzertrennlich sind und einander ergänzen; aber ich sah noch nichts als einen dichten Nebel, der nur von einem goldenen Schimmer des Lichtes angehaucht war, wel-

Pierre Leroux

ches er vor meinen Augen verschleierte. Eines Tages, inmitten der Entwicklung des Monstre-Prozesses, veranlaßte Liszt Lamennais, der ihn mit vieler Güte aufgenommen hatte, in meine Poeten-Dachkammer hinaufzusteigen. Der junge Israelit Puzzi, der damals ein Schüler Liszts war, später unter seinem wahren Namen Herrmann als Musiker auftrat und jetzt Barfüßermönch ist und Bruder Augustin heißt, begleitete sie.
Der kleine, magere, leidende Lamennais hatte nur einen schwachen Lebenshauch in der Brust, aber welchen Strahl von Licht in seinem Antlitze! Seine Nase war für sein schmales Gesicht und seine kleine Figur zu groß. Ohne diese unverhältnismäßige Nase würde sein Gesicht schön gewesen sein. Das klare Auge sprühte Feuer; die Stirn war gerade und von tiefen Falten, den Zeichen eines eifrigen Willens, durchzogen; der Mund lächelte, und das scheinbar in strenge Falten gezogene Gesicht verriet doch eine sehr bewegliche Physiognomie. Der ganze Kopf trug das charakteristische Gepräge eines der Entsagung, dem Nachdenken und der Ausübung des Lehramtes geweihten Lebens.
Seine ganze Persönlichkeit, seine einfachen Manieren, seine heftigen Bewegungen, sein ungeschicktes Benehmen, seine herzliche Heiterkeit, sein heftiges Widersprechen und seine plötzlich wiederkehrende Leutseligkeit, alles an ihm, selbst seine reinliche, aber ärmliche Kleidung und seine blauen Strümpfe verrieten den bretagnischen Landpfarrer.
Man hatte keine lange Bekanntschaft nötig, Hochachtung und Zuneigung für dieses mutige und reine Herz zu gewinnen. Er zeigte sich sogleich und ganz, wie er war, glänzend wie Gold und einfach wie die Natur.
Als ich ihn zuerst sah, war er soeben in Paris angekommen, und trotz der vorgegangenen Veränderungen, trotz eines halben Jahrhunderts der Schmerzen, trat er doch mit allen Illusionen eines Kindes über die Zukunft Frankreichs in die politische Welt. Nach einem dem Studium, der Polemik und der Diskussion gewidmeten Leben verließ er seine Bretagne, um auf der Bresche und mitten im Tumulte der Ereignisse zu sterben, und begann

seinen Feldzug voll glorreicher Leiden, indem er den Ruf als Verteidiger der April-Angeklagten annahm.

Das war schön und brav. Er war von Glauben erfüllt und sprach diesen Glauben bestimmt, mit Klarheit und Wärme aus. Er sprach schön, seine Deduktion war lebhaft, seine Bilder waren glänzend, und jedesmal wenn er in einem der Gesichtskreise ausruhte, die er nach und nach durchlief, so befand er sich mit seinem ganzen Wesen, mit seiner Vergangenheit, Gegenwart und Zukunft, mit Kopf und Herzen, Gut und Blut und mit einer bewunderungswürdigen Reinheit und Bravour darin. Er sprach sich dann im vertrauten Kreise mit einer Heftigkeit aus, die durch eine große angeborene Heiterkeit gemildert wurde. Die, welche ihm begegneten, wenn er in Träumereien versunken war, und nichts von ihm sahen, als seine grünen, zuweilen starren Augen und seine große, wie ein Säbel gebogene Nase, haben sich vor ihm gefürchtet und gesagt, er habe ein diabolisches Aussehen. Wenn sie ihn drei Minuten betrachtet, drei Worte mit ihm gesprochen hätten, so würde es ihnen klar geworden sein, daß man diese Güte schätzen mußte, während man sich vor dieser Macht fürchtete, und daß ihm alles in großem Maße gegeben war, der Zorn und die Sanftmut, der Schmerz und die Heiterkeit, der Unwille und die Milde.

Als am Tage nach seinem Tode* die gerechten und vernünftigen

* Dieser große, während seines Lebens so viel verkannte und verleumdete Mann, der noch auf dem Sterbebette durch Pamphlete insultiert und unter Begleitung der Stadtsoldaten nach dem Armenkirchhofe gebracht wurde, als fürchtete man, daß die Tränen des Volks seinen Leichnam wieder auferwecken könnten, dieser sechzig Jahre lang gekreuzigte Priester des wahren Gottes ist mit Ehre und Verehrung von den einer ernsten Richtung folgenden Schriftstellern zur Erde bestattet worden. Wenn ich meinesteils die Ehre haben werde, ihm einen vollständigeren Tribut darzubringen, als den gegenwärtigen, nur einige Seiten umfassenden, werde ich das nicht besser zu tun vermögen, als es Herr Paulin Limayrac und einige Zeit vor dem Tode des Meisters Herr Alexandre Dumas getan hat. Dieses Kapitel in den Memoiren des Verfassers von Antony ist wunderschön und liefert den Beweis, daß das Genie alles berühren kann und daß der fruchtbare Romanschreiber, der dramatische und lyrische Dichter, der heitere Kritiker und der phantasiereiche Künstler, kurz alle Menschen, die in Alexandre Dumas enthalten sind, den philosophischen Schriftsteller nicht verhindert haben, sich in ihm zu entwickeln und sich bei Gelegenheit mit gleicher Macht zu zeigen.

Menschen einen Überblick seines Lebens, dieses Lebens voll Arbeit und Schmerzen, gaben, hat man auf seinem noch warmen Grabe ausgesprochen, was die Nachwelt wiederholen wird: daß dieser große Denker in allen Phasen seiner Entwicklung, wenn nicht vollkommen logisch, doch bewunderungswürdig logisch gewesen ist. Was die zuweilen überraschte, aber ernst strebende Kritik, deren Gesichtspunkt im Augenblicke etwas beschränkt war, Evolutionen des Genies genannt hat, war nichts als der göttliche Fortschritt eines Geistes, der in den Banden des Glaubens einer frühern Zeit erblüht und von der Vorsehung verurteilt war, diese Bande, trotz aller Schwierigkeiten, durch eine Logik zu erweitern und zu zerbrechen, die mächtiger war, als die der Schulen, durch die Logik des Gefühls.
Davon wurde ich besonders überzeugt, wenn ich eine Viertelstunde sein zugleich naives und tiefsinniges Gespräch mit anhörte. Vergebens versuchte Sainte-Beuve in seinem reizenden Briefe und geistreichen Gesprächen mich auf die Inkonsequenzen des Verfassers des *Essai dur l'indifférence* aufmerksam zu machen. Sainte-Beuve schien damals die Synthese seines Jahrhunderts nicht anzuerkennen, aber er war dennoch ihrem Laufe gefolgt und hatte den Flug Lamennais' bis zu den Protestaktionen in der Zeitschrift »Zukunft« bewundert. Als er ihn an der Politik der Taten teilnehmen sah, berührte es ihn unangenehm, diesen erhabenen Namen in Gemeinschaft mit soviel andern Namen zu erblicken, die gegen seinen Glauben und seine Lehre zu streiten schienen.
Lamennais hat mir in einigen kurzen, aber inhaltsreichen Gesprächen eine neue Methode der religiösen Philosophie eröffnet, die einen großen Eindruck auf mich machte und mir sehr wohl tat, während seine bewunderungswürdigen Schriften der fast erlöschenden Flamme meiner Hoffnung neues Leben gaben.
Auch von Pierre Leroux werde ich für den Augenblick mit derselben Kürze sprechen.
Es war einige Wochen vor dem April-Prozeß. Planet bat mich ernst und eindringlich, ihm zur *Lösung der sozialen Frage* behilflich zu sein. Er wollte sich ein Urteil über die Zeit, die Ereignisse, die

Menschen, ja selbst über seinen geliebten Lehrer Everard verschaffen; er wollte über seine eigne Handlungsweise, seine eignen Neigungen zu Gericht sitzen, er wünschte mit einem Worte zu wissen, wohin sein Weg führe.

Eines Tages, nachdem wir lange zusammen gesprochen hatten, als ich ihm ganz dieselben Fragen vorlegte, die er von mir beantwortet sehen wollte, und als wir endlich zu der Überzeugung gelangt waren, daß wir das Bindemittel nicht zu finden wußten zwischen der Revolution, die man gemacht hatte, und der, die wir noch hervorbringen wollten, da kam mir ein glücklicher Gedanke.

»Ich habe von Sainte-Beuve gehört«, sagte ich, »daß es zwei Menschen gäbe, deren ausgezeichneter Verstand das Problem in einer Weise beleuchtet und erforscht hätte, die meinen Wünschen entspräche und meine Zweifel und Sorgen beschwichtigen würde. Sie waren durch die Macht der Verhältnisse und den Drang der Zeit weiter vorgeschritten als Lamennais, da sie nicht wie er durch die Hindernisse des Katholizismus aufgehalten wurden.

Sainte-Beuve

Sie sind in den wesentlichsten Punkten ihrer Lehre einig und haben eine Schule um sich versammelt, deren Sympathie den Eifer ihrer Arbeit unterstützt. Diese beiden Männer sind Pierre Leroux und Jean Reynaud.« Als Sainte-Beuve sah, wie ich mit den Zweifeln der Lelia rang, riet er mir, bei ihnen Licht zu suchen, und erbot sich, mir diese weisen Ärzte des Geistes zuzuführen. Aber ich wollte das nicht, ich wagte es nicht, denn ich bin zu unwissend, um sie zu verstehen, zu dumm, um sie beurteilen zu können, und zu schüchtern, um ihnen meine innern Zweifel vorzulegen. Indessen findet sich, daß Pierre Leroux ebenfalls sehr schüchtern ist, ich habe ihn gesehen und würde es mit ihm wohl wagen, aber wie soll ich zu ihm gelangen, wie ihn einige Stunden fesseln? Wird er uns nicht ins Gesicht lachen, wie die andern, wenn wir ihm die *soziale Frage* vorlegen?

»Das lassen Sie meine Sorge sein«, sagte Planet, »ich werde es wagen, und wenn er lacht, so soll mir das auch gleichgültig sein, wenn er mich nur belehrt. Schreiben Sie ihm und bitten Sie ihn, einem Ihrer Freunde, einem Müller oder guten Landmann, seinen republikanischen Katechismus in einer zwei- oder dreistündigen Unterredung mitzuteilen. Ich hoffe, daß ich ihn nicht einschüchtern werde, und Sie geben sich das Ansehen, als hörten Sie die Sache nur mit an.«

Ich schrieb in diesem Sinne an Pierre Leroux, und er speiste mit uns beiden in dem Dachstübchen. Anfänglich war er sehr befangen, denn er war zu klug, um meine unschuldige List nicht zu bemerken, er zögerte etwas, ehe er sich aussprach. Pierre Leroux ist nicht bescheidener als Lamennais, sondern schüchtern, das war Lamennais nicht. Aber die Leutseligkeit Planets, seine unumwundenen Fragen, sein aufmerksames Zuhören und sein leichtes Verstehen setzten Leroux bald in eine behaglichere Stimmung, und nachdem er ein wenig um die Frage herumgegangen war, wie er zuweilen tut, wenn er spricht, drückte er sich mit Klarheit und erstaunlicher Beredsamkeit aus und sprühte Blitze, wie eine mächtige Gewitterwolke. Es gibt nichts Kostbareres als seine Belehrung, wenn man sich nicht zu sehr mit der

Formulierung solcher Punkte quält, bei deren Erklärung er sich selbst nicht genügt hat. Sein Gesicht ist schön und sanft, das Auge durchdringend und rein, sein Lächeln ist liebreich, die Stimme angenehm; und dieser Ausdruck seines Akzents und seiner Physiognomie, diese Reinheit und wahre Güte bildet ein Ganzes, das ebenso überzeugend wirkt als die Macht seiner Schlüsse. Er war der größte Kritiker der historischen Philosophie, und wenn er den Zielpunkt seiner persönlichen Philosophie nicht mit Genauigkeit zeichnete, so beleuchtete er wenigstens die Vergangenheit in einem so hellen Lichte und ließ einen so schönen Strahl auf alle Wege der Zukunft fallen, daß man fühlte, wie die Binde von den Augen gerissen wurde.

Ich fühlte meinen Kopf nicht besonders klar, als er von dem *Eigentum der Arbeitsinstrumente* sprach, eine Frage, die er damals noch ungelöst mit sich herumtrug, die er aber seitdem in seinen Schriften beleuchtet und erklärt hat. Die philosophische Sprache hatte noch zuviel Geheimnisvolles für mich, und ich war nicht imstande, die ganze Ausdehnung der Frage zu fassen – aber die Logik der Vorsehung wurde mir durch seine Reden klar, und das war schon viel; es war ein Grundstein auf dem Felde der Reflexionen. Ich nahm mir vor, die Geschichte der Menschheit zu studieren, aber ich tat es nicht, und erst später gelang es mir mit Hilfe dieses großen und edeln Geistes, einige Gewißheit zu gewinnen.

Bei dem ersten Zusammentreffen wurde ich durch das äußere Leben zu sehr in Anspruch genommen und gestört. Ich mußte ohne Ruhe und Rast produzieren und ohne die Hilfe irgendeiner Philosophie Herzens-Geschichten aus mir selbst herausschreiben, um die Erziehung meiner Tochter bezahlen zu können und den Pflichten Genüge zu leisten, die ich gegen andere und gegen mich selbst hatte. Ich fühlte damals das Furchtbare dieser nur auf die Arbeit gestützten Existenz, deren Verantwortlichkeit ich übernommen hatte. Es war mir nicht gestattet, einen Augenblick anzuhalten, um meine Arbeit noch einmal durchzusehen oder um die Inspiration zu erwarten – und ich fühlte Anfälle von Gewissensbissen, wenn ich bedachte, wieviel Zeit ich einer müßigen Arbeit widmete, während ich das Bedürfnis fühlte, mich einem ernsten, heilsamen Nachdenken zu überlassen. Die Leute, die nichts zu tun haben und die den Künstler mit Leichtigkeit produzieren sehen, sind leicht erstaunt zu hören, wie wenig Stunden und Augenblicke dieser für sich selbst hat. Sie wissen nicht, daß diese Gymnastik der Phantasie, wenn sie nicht die Gesundheit angreift, wenigstens eine Überreizung der Nerven, ein Zudrängen von Bildern und eine Ermattung der Seele hinterläßt, welche es nicht möglich machen, sich einer andern Art von Arbeit mit Eifer zu widmen.

Ich verwünschte meine Arbeit zehnmal täglich, wenn ich von ernsten Schriften hörte, die ich hätte lesen mögen, oder von Dingen, die ich gern gesehen hätte. Wenn ich mit meinen Kindern zusammen war, wünschte ich nur für sie und mit ihnen zu leben. Und wenn meine Freunde zu mir kamen, warf ich mir vor, daß ich sie nicht oft genug sah und zuweilen in ihrer Mitte zerstreut war. Es schien mir, als ob das wahre Leben an mir vorüberginge wie ein Traum und die imaginäre Welt des Romans sich mit quälender Wirklichkeit auf meine Seele lagerte.

Und noch eine andere Seele, die ihrem innersten Wesen nach schön und rein, in ihrem Erdenleben krank und verwirrt war, finde ich in gleicher Heiterkeit und Ruhe in meinem Verkehr mit den Toten und in meiner Erwartung jener bessern Welt, in welcher wir alle uns wiederfinden sollen, erleuchtet von einer höheren, göttlicheren Klarheit, als hier auf Erden.

Ich spreche von Friedrich Chopin, der während meiner Zurückgezogenheit in Nohant in den letzten acht Jahren der Monarchie mein Gast gewesen ist.

Sobald mir Maurice im Jahre 1838[21] vollständig übergeben war, entschloß ich mich, ein milderes Klima für ihn aufzusuchen, um ihn dadurch womöglich vor dem fürchterlichen Rheumatismus zu bewahren, der ihn im vergangenen Jahr gequält hatte. Ich wollte zugleich einen ruhigen Aufenthalt finden, wo ich ihn und seine Schwester zur Arbeit anhalten und auch selbst ohne An-

strengung etwas arbeiten könnte. Man gewinnt sehr viel Zeit, wenn man nicht in geselligem Verkehr ist, und sieht sich nicht zu angreifendem Nachtwachen genötigt.
Während ich diesen Plan verfolgte und meine Vorbereitungen zur Reise traf, sagte mir Chopin, den ich täglich sah und dessen Genie und Charakter ich zärtlich liebte, daß auch er bald geheilt sein würde, wenn er an Maurice' Stelle sein könnte. Ich glaubte ihm – und irrte sehr. An der Reise ließ ich ihn freilich nicht an Maurice' Stelle, sondern neben demselben teilnehmen. Seine Freunde hatten ihm schon lange zugeredet, einen Winter im mediterranen Europa zuzubringen. Sie fürchteten alle, daß er die Schwindsucht hätte; aber Gaubert, der ihn untersuchte, gab mir die Versicherung, daß dies nicht der Fall wäre. »Sie können ihn jedenfalls retten«, sagte er mir, »wenn Sie ihm frische Luft, Ruhe und Bewegung geben.« Die anderen, die wohl wußten, daß sich Chopin nie dazu verstehen würde, die Gesellschaft und das Leben von Paris zu verlassen, wenn er nicht von einem Wesen fortgezogen würde, das er liebte und das ihm ergeben war, redeten mir lebhaft zu, den Wunsch, den er gegen mich so lebhaft und so unverhofft ausgesprochen hatte, nicht zurückzuweisen.
Es war töricht von mir, daß ich ihren Bitten und meiner eigenen Sorge nachgab. Es war genug, daß ich allein mit zwei Kindern in die Fremde zog, wovon das eine krank und das andere, von Gesundheit und Lebhaftigkeit strotzend, kaum zu bändigen war, und es war überflüssig, daß ich mich noch einer Herzensqual und einer ärztlichen Verantwortlichkeit unterzog.
Als Ziel der Reise hatte ich Mallorca erwählt, wozu ich durch den Rat einiger Leute bewogen worden war, welche das Klima und die Einrichtungen des Landes vollständig zu kennen vorgegeben hatten. Es fand sich aber, daß sie nicht das geringste davon gewußt hatten.
Über Mallorca kann ich hier nur wenig sagen, da ich bereits ein dickes Buch über diese Reise geschrieben habe. Auch von meiner Angst um den Kranken, der mich begleitete, habe ich erzählt. Sobald der Winter eintrat, der sich mit strömenden Regengüssen

meldete, zeigten sich plötzlich bei Chopin alle Symptome der Lungenschwindsucht. Ich weiß nicht, was aus mir geworden wäre, wenn Maurice seinen Rheumatismus wieder bekommen hätte. Wir hatten keinen Arzt, der uns Vertrauen einflößte, und es war fast unmöglich, auch nur die einfachsten Medikamente zu bekommen. Der Zucker sogar war oft so schlecht, daß uns unwohl danach wurde.

Aber Maurice, der sich mit seiner Schwester vom Morgen bis zum Abend in Wind und Regen herumtrieb, erlangte, Gott sei Dank, eine vollständige Gesundheit. Weder Solange noch ich fürchteten uns vor überschwemmten Wegen oder Regengüssen.

Solange und Maurice Dudevant, die Kinder George Sands

Wir hatten in einer verlassenen, halbverfallenen Kartause eine ebenso gesunde als malerische Wohnung gefunden. Morgens gab ich den Kindern einige Stunden, den ganzen übrigen Tag liefen sie umher, während ich arbeitete. Abends, beim Mondenschein, versammelten wir uns im Kreuzgange oder lasen in irgendeiner Zelle, und so würde unser Leben in dieser Einsamkeit trotz der Rauheit des Landes und der Unredlichkeit seiner Bewohner sehr angenehm gewesen sein, hätte mich nicht der traurige Anblick unseres leidenden Gefährten, und einige Tage ernster Besorgnis für sein Leben, um alle Freude und um allen günstigen Einfluß der Reise gebracht.

Der arme, große Künstler war ein unausstehlicher Kranker. Das, was ich vorhergesehen, aber leider nicht genug gefürchtet hatte, trat ein: er verlor alle Selbstbeherrschung, und während er die Leiden des Körpers mit ziemlichem Mute ertrug, konnte er die Unruhe seiner Einbildungskraft nicht besiegen. Selbst wenn er sich wohl befand, war das Kloster für ihn voller Schrecken und Gespenster; aber er sagte das nicht, wir mußten es erraten. Wenn ich von meinen nächtlichen Entdeckungsreisen in den Klosterruinen mit meinen Kindern zurückkam, fanden wir ihn um zehn Uhr abends bleich, mit irren Blicken und gesträubtem Haar an seinem Klavier, und es vergingen mehrere Augenblicke, ehe er uns erkannte.

Dann machte er eine Anstrengung, um zu lachen, und nachher spielte er uns die großartigen Sachen vor, die er eben komponiert hatte, oder besser gesagt, die fürchterlichen herzzerreißenden Ideen, die ihn gegen seinen Willen in dieser Stunde der Einsamkeit, der Trauer und des Schreckens überfielen.

In dieser Zeit hat er die schönsten jener Blätter geschrieben, die er bescheiden »Präludien« genannt hat. Es sind Meisterwerke: einige von ihnen erinnern an die Visionen toter Mönche und an die Totengesänge, die ihn verfolgten. Andere sind von einer lieblichen Schwermut, und diese entstanden in Stunden des Sonnenscheins und der Gesundheit; beim Lachen der Kinder, welche unter dem Fenster spielten; beim Klange der Gitarre, die aus der

Ferne herübertönte; beim Gesange der Vögel in taubenetzter Laube oder beim Anblick der kleinen bleichen Rosen, die unter dem Schnee hervorschauten.

Andere sind von einer tiefen Traurigkeit, und indem sie unser Ohr entzücken, zerreißen sie unser Herz. Eine dieser Melodien entstand an einem düstern Regenabend, und diese ist's besonders, die unsere Seele mit furchtbarer Niedergeschlagenheit erfüllt. Maurice und ich hatten ihn an diesem Tage wohl verlassen; wir waren nach Palma gegangen, um einige Lebensmittel einzukaufen, und auf dem Rückwege hatte uns der Regen überfallen, und die Flüsse waren ausgetreten. Wir hatten sechs Stunden gebraucht, um inmitten der Überschwemmung einen Weg von drei Stunden zurückzulegen. Es war Nacht, als wir nach Haus kamen, unser Kutscher hatte uns verlassen, wir hatten unser Schuhwerk verloren und unsägliche Gefahren überstanden. Der Gedanke an die Unruhe unseres Kranken hatte uns besonders zur Eile getrieben. Seine Besorgnis um uns war in der Tat sehr lebhaft gewesen, aber zuletzt war sie zu einer Art ruhiger Verzweiflung erstarrt, und weinend spielte er sein herrliches Präludium. Als er uns eintreten sah, sprang er auf und stieß einen lauten Schrei aus, worauf er mit verstörter Miene und unheimlichem Tone zu uns sagte: »Ach! ich wußte wohl, daß Ihr gestorben seid!«

Als er wieder zur Besinnung kam und sah, in welchem Zustande wir uns befanden, wurde er krank durch die Vorstellung der Gefahren, denen wir ausgesetzt waren, aber später gestand er mir, daß er das alles, während unserer Abwesenheit, wie in einem Traum gesehen, endlich aber nicht mehr vermocht hätte, diesen Traum von der Wirklichkeit zu unterscheiden, worauf er ruhig geworden und gleichsam in einen Schlummer versunken wäre; dabei hatte er immerfort Klavier gespielt und sich eingeredet, er wäre gestorben. Er sah sich in einen See versunken, und eiskalte Tropfen fielen ihm langsam auf die Brust, aber als ich ihn darauf aufmerksam machte, wie die Regentropfen gleichmäßig vom Dache niederfielen, leugnete er, dies gehört zu haben. Er empörte sich sogar gegen das, was ich durch den Ausdruck imitative Harmonie zu bezeichnen suchte; er protestierte aus allen Kräften, und zwar mit Recht, gegen den Versuch, das Ohr durch solche kindische Nachahmungen zu fesseln. Sein Genius war von den geheimnisvollen Harmonien der Natur erfüllt, und er gab dieselben in der erhabnen Ausdrucksweise der musikalischen Empfindung wieder, nicht aber durch eine knechtische Wiederholung der äußern Töne*. Seine Komposition von jenem Abend ist zwar durch die Regentropfen hervorgebracht, welche auf die Ziegel der Kartause niederrauschten; aber in seiner Phantasie und in seinem Gesange haben sie sich in Tränen verwandelt, welche vom Himmel auf sein Herz herniederfielen.

Chopins Talent ist das tiefste, reichste, gefühlvollste, das je existiert hat. Er hat einem einzigen Instrumente die Sprache des Unendlichen gegeben und hat oft in einigen Reihen, die ein Kind zu spielen vermöchte, Gedichte von unendlicher Erhabenheit, Dramen von unvergleichlicher Kraft zusammengefaßt. Er hat niemals großer materieller Hilfsmittel bedurft, um auszusprechen, was er in sich trug. Er hat weder des Saxophons noch der Ophicléide bedurft, um die Seele mit Schrecken zu erfüllen, und weder der Orgel noch der menschlichen Stimme, um Andacht und Begeisterung zu erwecken. Von der Menge wurde er nicht verstanden; er wird es noch nicht, und es werden bedeutende Fortschritte im Geschmack und im Verständnis der Kunst notwendig sein, ehe seine Werke pupulär werden können. Aber der Tag wird kommen, wo man seine Musik instrumentieren wird, ohne an seiner Klavier-Partitur das geringste zu ändern, und alle Welt wird erfahren, daß dies Talent, welches ebenso umfassend, ebenso vollständig und ebenso gebildet war als das der großen Meister, die er studierte und in sich aufnahm, eine Eigentümlichkeit bewahrt hat, die noch reiner war als die von Sebastian Bach, noch mächtiger als die von Beethoven, noch dramatischer als die

* Ich habe in Consuelo eine Erklärung dieser Verschiedenheit der musikalischen Schilderung gegeben, welche Chopin vollkommen befriedigt hat, also wohl deutlich sein mußte.

von Weber. Er vereinigt sie alle drei in sich und bleibt doch er selbst; zarter in Geschmack, strenger im Erhabenen, herzzerreißender im Schmerze. Mozart allein ist ihm überlegen, weil Mozart mehr die Ruhe der Gesundheit besitzt und folglich eine größere Fülle des Lebens.

Chopin fühlte seine Macht und seine Schwäche. Seine Schwäche lag im Übermaße des Reichtums, den er nicht zu bewältigen vermochte. Er konnte nicht wie Mozart (und Mozart ist der einzige, der dies gekonnt hat) ein Meisterwerk auf schwankender Grundlage aufführen. Seine Musik war reich an Einfällen und Nuancen; zuweilen, aber nur selten, war sie bizarr, geheimnisvoll und quälend. Obwohl er alles Unverständliche verabscheute, trugen ihn seine übermächtigen Gefühle oft in Regionen empor, die nur ihm allein zugänglich waren. Vielleicht war ich für ihn ein schlechter Beurteiler (er pflegte mich zu befragen, wie Molière seine Magd), weil ich durch meine genaue Bekanntschaft mit ihm nach und nach dahin kam, mich mit allen Regungen seines Wesens zu identifizieren. Acht Jahre lang weihte er mich in das Geheimnis seiner Begeisterung oder seiner Meditationen ein, und sein Instrument offenbarte mir den Aufschwung oder den Zweifel, die Siege oder die Qualen seiner Seele. Darum verstand ich ihn, wie er sich selbst verstand, und ein Richter, der ihm fremder gewesen wäre, würde ihn gezwungen haben, für alle verständlicher zu sein.

In seiner Jugend hat er zuweilen heitere und liebliche Ideen gehabt; er hat polnische Lieder komponiert und Romanzen, welche nie erschienen sind und in welchen eine liebenswürdige Heiterkeit oder eine entzückende Weichheit liegt. Einige seiner späteren Kompositionen sind auch noch wie kristallhelle Quellen, in denen sich die Sonne spiegelt. Aber wie kurz und wie selten sind diese Ausdrücke ruhiger Ekstase! Der Gesang der Lerche in den Wolken und das sanfte Dahingleiten des Schwans auf stillen Gewässern sind für ihn wie ein Aufleuchten heiterer Schönheit. Aber der klagende Schrei des hungrigen Adlers, der über den Felsen von Mallorca schwebte, das durchdringende Geheul des Nordwindes und der trostlose Anblick schneebedeckter Taxusbäume verursachten ihm eine Traurigkeit, die viel länger währte, als seine Freude an dem Duft der Orangenblüten, der Anmut der Weinranken oder dem maurischen Liede des Landmanns.

Seine Gemütsart äußerte sich in allen Dingen auf diese Weise. Wenn er einen Augenblick für den Genuß der Freundschaft und für das Lächeln des Glücks empfänglich war, so fühlte er sich dagegen tagelang, wochenlang durch das Versehen eines gleichgültigen Bekannten oder die kleinen Verdrießlichkeiten des gewöhnlichen Lebens verletzt. Wunderbarerweise fühlte er sich jedoch durch einen großen Schmerz nicht so niedergedrückt, wie durch ein kleines Leiden. Es schien, als hätte er anfangs nicht die Kraft, es zu begreifen, und später nicht die Kraft, es zu tragen, und so war die Gewalt seiner Erregungen den Ursachen, welche sie hervorriefen, durchaus nicht angemessen. In wirklicher Gefahr wußte er seine zerstörte Gesundheit heldenmütig zu ertragen, aber bei unbedeutenden Leiden quälte er sich aufs jammervollste. Dies ist übrigens die Geschichte und das Schicksal aller Wesen, deren Nervensystem übermäßig ausgebildet ist.

Da er ein übertriebenes Verlangen nach kleinen Bequemlichkeiten fühlte und vor jeder Entbehrung Abscheu empfand, wurde ihm natürlich der Aufenthalt auf Mallorca nach den ersten Tagen des Unwohlseins im höchsten Grade widerwärtig. Aber es war nicht möglich, gleich wieder abzureisen, weil er zu schwach war. Als er sich besser befand, herrschte ein so heftiger Wind längs der Küste, daß auch das Dampfschiff drei Wochen lang den Hafen nicht verlassen konnte, und dieses war das einzige Beförderungsmittel für Reisende.

So wurde unser Aufenthalt in Valldemosa eine Pein für ihn und eine Qual für mich. Chopin, der in der Gesellschaft freundlich, heiter und liebenswürdig war, konnte in der Intimität des häuslichen Lebens zur Verzweiflung bringen. Keine Seele konnte edler, zarter, uneigennütziger sein; kein Umgang treuer und aufrichtiger; kein Geist glänzender in seiner Heiterkeit, ernster und tiefer in dem, was er erfaßte. Dagegen war auch leider keine Laune wechselnder; keine Phantasie düsterer und ausschweifender; keine Empfindlichkeit schwerer zu schonen; keine Herzensbegehrlichkeit schwerer zu befriedigen. Aber nichts von alledem war seine Schuld; alles dies lag in seiner Krankheit. Seine Seele blutete aus tausend Wunden, und der Fall eines Rosenblattes, der Schatten einer Fliege verursachten ihr Schmerzen. Außer mir und meinen Kindern war ihm alles unter dem spanischen Himmel zuwider und erschien ihm empörend, und er wurde mehr von dem Verlangen nach der Abreise verzehrt, als durch die Entbehrungen des Aufenthalts bedrückt.

Endlich konnten wir uns, in den letzten Tagen des Winters, nach Barcelona begeben und von dort aus, wieder zur See, nach Marseille gehen. Ich verließ die Kartause mit einem Gemisch von Schmerz und Freude. Wenn ich mit meinen Kindern allein gewesen wäre, hätte ich gern zwei bis drei Jahre dort zugebracht. Wir hatten einen Koffer voll guter, lehrreicher Bücher mitgebracht, und ich hatte hier Zeit gehabt, sie ihnen zu erklären. Der Himmel wurde jetzt klar, und die Insel wurde ein zaubervoller Aufenthalt. Unsere romantische Einsamkeit entzückte uns; Maurice erstarkte zusehends, und wir lachten über jede Entbehrung, die uns betraf. Ich würde hier die schönsten Arbeitsstunden ohne jede Zerstreuung gefunden haben; wenn ich nicht Krankenwärterin sein mußte, las ich vortreffliche, philosophische oder historische Werke, und der Kranke selbst wäre anbetungswürdig gut gewesen, wenn er gefühlt hätte, daß es besser mit ihm würde. Mit welcher Poesie erfüllten seine Melodien das Heiligtum, selbst wenn er am schmerzlichsten bewegt war! Und die Kartause war so schön unter ihren Efeugewinden; die Luft auf unserm Berge war so rein, das Meer so blau am fernen Horizonte! Es war der schönste Ort, den ich jemals bewohnte, und einer der schönsten, den ich jemals sah – aber ich hatte das alles kaum genossen! Da ich den Kranken nicht zu verlassen wagte, konnte ich täglich mit meinen Kindern nur einige Minuten ausgehen, und oft mußte ich dem Spaziergange ganz entsagen, und endlich wurde ich selbst durch die Anstrengung und den Mangel an Bewegung sehr krank.

In Marseille mußten wir uns aufhalten; ich ließ Chopin durch den

berühmten Doktor Cauvières untersuchen, der ihn anfangs für gefährlich krank erklärte, aber Hoffnung schöpfte, als er sah, wie rasch es mit seiner Genesung vorwärtsging.
Ehe ich nun weiter gehe, muß ich von einem politischen Ereignis sprechen, das am 12. Mai 1839 in Frankreich stattfand, während ich in Genua war, und von einem Manne, den ich zwar erst später kennenlernte, den ich aber immer in die erste Reihe meiner Zeitgenossen gestellt habe; ich meine Armand Barbès.
Sein erstes Auftreten war übrigens das eines unüberlegten Enthusiasmus, und ich zaudere nicht, mit Louis Blanc den Versuch vom 12. Mai zu verdammen. Ich wage sogar hinzuzufügen, daß die traurige Redensart: »Der Erfolg rechtfertigt alles« einen ernsteren Sinn enthält, als man einem fatalistischen Spruche zuschreiben sollte. Es liegt sogar eine tiefe Wahrheit darin, wenn man bedenkt, daß das Leben einer gewissen Anzahl von Men-

Louis Blanc

schen wohl einem der ganzen Menschheit heilsamen Prinzipe geopfert werden darf, aber nur unter der Bedingung, die Herrschaft dieses Prinzips im Leben wirklich zu fördern.
Der Erfolg rechtfertigt nicht alles, aber er heiligt große Unternehmungen und zwingt die menschliche Natur bis zu einem gewissen Punkte, selbst die ungerechte Sache anzuerkennen; die Zustimmung des Volkes ist also in solchen Fällen immer zu berücksichtigen, und wir müssen uns dagegen aufrecht erhalten und darauf warten.
Gott soll mich davor bewahren, Barbès, Martin Bernard und die anderen edlen Märtyrer jener Tage zu verdammen, weil sie blindlings ihrer angeborenen Kühnheit, ihrer Verachtung des Lebens und ihrem Verlangen nach Ruhm geopfert haben. Nein! von Charakter waren sie bedächtig, fleißig, bescheiden, aber sie waren jung, sie waren vom tiefsten Pflichtgefühl fortgerissen, und sie glaubten, daß ihr Tod fruchtbar sein würde. Sie glaubten zu fest an die Vortrefflichkeit der menschlichen Natur, weil sie dieselbe nach sich selbst beurteilten. Oh, meine Freunde! wie schön ist euer Leben, wenn wir, um nur einen Fehler darin zu finden, im Namen der kalten Vernunft die edelsten Gefühle angreifen müssen, deren das Menschenherz fähig ist.
Barbès' wirkliche Größe zeigte sich besonders in seiner Haltung vor Gericht; sie vervollkommnete sich im langen Martyrium der Gefangenschaft, und seine Seele erhob sich bis zur Heiligkeit. Aus dem Schweigen dieser demutsvollen, fromm ergebenen Seele ist die reinste und überzeugendste Tugendlehre hervorgegangen, welche unserem Jahrhundert gegeben wurde. Da war nie ein Irrtum, nie ein Ermatten in dieser vollständigen Selbstverleugnung, in dieser ruhigen, sanften Stärke und in den zärtlichen Tröstungen für alle Herzen, die durch seine Leiden zerrissen waren. Barbès' Briefe an seine Freunde sind der besten, glaubensvollsten Zeiten würdig. Durch Nachdenken gereift, hat er sich in alle Höhen der Philosophie erhoben, aber er hat die meisten, welche lehren und predigen, dadurch übertroffen, daß er die Kraft des Stoikers mit der demütigen Sanftmut des wahren Christen in

sich vereinigte. Wort und Gedanken der anderen sind bei ihm fruchtbar gewesen und sind in einem so reinen und frommen Herzen eingewurzelt und aufgewachsen, daß dies Herz dadurch ein Spiegel der Wahrheit geworden ist, ein Prüfstein für jedes zarte Gewissen und ein seltener und wirksamer Trost für alle, die vor der Verderbnis unserer Zeit erschrecken, vor der Ungerechtigkeit der Parteien und vor der Ermattung der Geister in Tagen der Prüfung oder der Verfolgung.

Chopin verlangte immer nach Nohant und konnte Nohant niemals ertragen. Er war der Mann der Gesellschaft par excellence; nicht der feierlichen und zahlreichen Gesellschaft, aber der kleinen Kreise, der Zirkel von zwanzig Personen; der Stunde, wo sich die Menge verläuft und wo die Freunde des Hauses sich um den Künstler drängen, um ihm durch liebenswürdige Zudringlichkeit die Schätze seiner Begeisterung zu entlocken. Nur in solcher Umgebung zeigte sich sein ganzes Wesen, sein ganzes Talent, und oft, wenn er sein Auditorium in tiefe Andacht oder in schmerzliche Träume versenkt hatte (denn seine Musik erfüllte die Seele des Zuhörers oft mit entsetzlicher Mutlosigkeit, besonders wenn er improvisierte), schien er plötzlich das Verlangen zu fühlen, sich und andere von dem schmerzlichen Eindrucke zu befreien. Er wendete sich unbemerkt einem Spiegel zu, ordnete sein Haar und sein Halstuch und zeigte sich auf einmal in ganz veränderter Gestalt; bald als phlegmatischer Engländer, bald als zudringlicher alter Mann, bald als sentimentale, lächerliche Engländerin,

Nohant

bald als schmutzig-geiziger Jude. Es waren immer traurige Gestalten, mochten sie äußerlich noch so komisch erscheinen; aber sie waren so meisterhaft aufgefaßt und wiedergegeben, daß man nicht müde wurde, sie zu bewundern.

Alle die erhabenen, liebenswürdigen oder bizarren Eigentümlichkeiten seines Wesens machten ihn zur Seele der gewähltesten Kreise. Man riß sich um ihn, im vollen Sinne des Wortes, und sein edler Charakter, seine Uneigennützigkeit, sein wohlbegründeter Stolz, der frei war von jeder kleinlichen Eitelkeit und von jeder unverschämten Reklame, die Zuverlässigkeit seines Wesens und die ausgezeichnete Feinheit seines Benehmens machten ihn zu einem ebenso angenehmen als treuen Freunde.

Wenn ich Chopin diesen vielen Hätscheleien entzogen hätte, um ihn an mein einfaches, einförmiges und immer arbeitsreiches Leben zu fesseln, hätte ich ihm, der auf dem Schoße von Fürstinnen groß geworden war, alles geraubt, was für ihn das eigentliche Leben ausmachte. Es war freilich nur ein scheinbares Leben – denn wie ein geschminktes Weib seine Schönheit, so legte er abends, wenn er heimkam, seine Lebendigkeit und sein Feuer ab, um die Nacht in fieberhafter Schlaflosigkeit zu durchquälen – und es lag etwas Aufreibendes und Verzehrendes in dieser Existenz, die freilich wechselvoller und an Eindrücken reicher war, als der beschränkte Verkehr im Kreise einer Familie. In Paris besuchte er jeden Abend mehrere Häuser, oder er wählte sich doch für jeden Abend ein anderes, und er hatte immer zwanzig bis dreißig Salons, die er durch seine Gegenwart entzückte und berauschte.

Chopin war nicht exklusiv in seiner Zuneigung, er war es nur in bezug auf die Abhängigkeit, die er von andern begehrte. Seine Seele, die für jede Schönheit, jede Anmut, jedes Lächeln empfänglich war, überließ sich jedem Eindrucke mit einer unglaublichen Schnelligkeit. Es ist wahr, daß er sich noch leichter zurückzog, wie er sich hingab; ein unpassendes Wort, ein doppelsinniges Lächeln verscheuchte ihn sogleich. Er war imstande, sich an

Rechte Seite: Frederic Chopin, Gemälde von Delacroix

demselben Abend leidenschaftlich in drei Frauen zu verlieben, und wenn er einsam nach Hause ging, dachte er an keine derselben mehr, obwohl er eine jede in der Überzeugung zurückgelassen hatte, daß er von ihr allein ganz eingenommen wäre.

Auf der anderen Seite beehrte mich Chopin mit einer Freundschaft, die in seinem Leben einzig dasteht. Er war immer derselbe für mich, und wahrscheinlich machte er sich nur wenig Illusionen über mich; deswegen brauchte er mich bei längeren Zusammenleben auch nicht in seiner Achtung sinken zu lassen, und deshalb blieb die Harmonie unseres Verhältnisses so lange ungestört.

Da er durch sein Festhalten am katholischen Glauben meinen Forschungen, meinen Studien und folglich auch meinen Überzeugungen fremd blieb, sagte er von mir, wie die Mutter Alicia in ihren letzten Lebenstagen: »Ach! ich bin doch überzeugt, daß sie Gott von Herzen liebt!«

Wir haben uns also niemals gegenseitig Vorwürfe gemacht, außer ein einziges Mal, und dies war ach! das erste und letzte. Eine so innige Zuneigung mußte gewaltsam zerrissen werden, sie konnte sich nicht in unwürdigen Kämpfen aufreiben.

Aber wenn auch Chopin mir gegenüber die personifizierte Anhänglichkeit, Zuvorkommenheit, Anmut, Güte und Gefälligkeit war, hatte er doch gegen meine Umgebung alle Härten seines Wesens beibehalten. Ihnen gegenüber verriet sich die Launenhaftigkeit seines Charakters und das Schwanken seiner Seele von liebenswürdiger Güte zu düstern Phantasien in dem schnellsten Wechsel von Vorliebe und Abneigung. Aber er war im höchsten Grade verschlossen über sein inneres Leben, und wenn auch seine Meisterwerke ein geheimnisvoller Ausdruck desselben waren, so hat doch sein Mund niemals von seinen Leiden erzählt. In meiner Häuslichkeit ist wenigstens seine Zurückhaltung sieben Jahre lang so groß gewesen, daß ich allein seine Qualen erriet, sie zu mildern und ihren Ausbruch zu verhüten instande war.

Rechte Seite: George Sand, Gemälde von Delacroix

Ach! warum haben uns nicht äußere Verhältnisse vor dem achten Jahre voneinander entfernt!
Meiner Zuneigung war das Wunder, Chopin etwas ruhiger und glücklicher zu machen, nur dadurch gelungen, daß Gott ihm eine etwas bessere Gesundheit verlieh. Aber nach und nach verschlimmerte sich sein Zustand wieder, und ich wußte nicht mehr, welche Mittel ich anwenden sollte, um die wachsende Reizbarkeit seiner Nerven zu mildern. Der Tod seines Freundes und der seines Vaters verwundeten ihn tief. Der Katholizismus umgibt den Tod mit entsetzlichen Schreckbildern; anstatt die reinen Seelen der Geschiedenen in einer bessern Welt aufzusuchen, hatte Chopin die fürchterlichsten Visionen, und ich mußte viele Nächte in einem Zimmer neben dem seinigen zubringen und bereit sein, hundertmal von meiner Arbeit aufzustehen, um die Gespenster zu verscheuchen, die ihn sowohl in seinem Schlummer, wie in seiner Schlaflosigkeit quälten. Der Gedanke an seinen eigenen Tod erschien ihm, umgeben von allen abergläubischen Phantasien der slavischen Poesie, und als Pole lebte er unter dem Alpdrucke zahlloser Legenden. Die Gespenster riefen ihn, umringten ihn, und anstatt seinen Vater und seinen Freund in den Strahlen der Glückseligkeit lächeln zu sehen, suchte er ihr Knochenantlitz von dem seinigen zu entfernen und kämpfte verzweiflungsvoll gegen die Umschlingung ihrer eisigkalten Arme.
Nohant war ihm ganz zuwider geworden. Die ersten Frühlingstage nach seiner Ankunft vermochten wohl noch, ihn zu entzükken, aber sobald er sich an die Arbeit begab, wurde alles düster um ihn her. Sein Schaffen war ein plötzliches, wunderbares. Er fand, ohne zu suchen; die Melodien entströmten seinen Tasten in vollständiger Klarheit, Fülle und Kraft, oder sie entstanden in ihm, während er spazieren ging, und dann beeilte er sich, sie sich selbst auf dem Instrumente vorzuspielen. Aber nun begann die entsetzlichste Arbeit, der ich jemals beigewohnt habe. Es war eine Reihenfolge von Anstrengungen, Unentschlossenheit und Ungeduld, ein peinliches Suchen nach gewissen Einzelheiten des Themas, das er in Gedanken trug. Das, was er als ein Ganzes ge-

dacht hatte, analysierte er nun beim Niederschreiben bis ins Geringste, und wenn er sich einbildete, nicht den rechten, klaren Ausdruck zu finden, geriet er in eine Art von Verzweiflung. Tagelang schloß er sich ein, ging im Zimmer auf und nieder, weinte, zerstampfte seine Federn, wiederholte und veränderte einen Takt wohl hundertmal, schrieb ihn nieder und strich ihn wieder aus, um am folgenden Tage mit gleicher Beharrlichkeit sein peinliches, verzweiflungsvolles Werk fortzusetzen. So brachte er oft sechs Wochen auf einer Seite zu, um sie endlich wieder so zu schreiben, wie sie im ersten Entwurf gewesen war.

Lange Zeit hatte ich so viel Einfluß auf ihn, daß es mir gelang, ihn von vornherein zur Annahme des ersten Entwurfs zu bestimmen. Aber als er nicht mehr geneigt war, mir zu glauben, warf er mir freundlich vor, daß ich ihn verzogen hätte und nicht streng genug gegen ihn wäre. Ich versuchte ihn zu zerstreuen, ihm Bewegung zu verschaffen, packte oft meine ganze Gesellschaft in einen Leiterwagen, entriß ihn so wider Willen seiner Todesqual und führte ihn an die Ufer der Creuse. Hier zogen wir dann zwei oder drei Tage lang in Sonnenschein und Regen auf fürchterlichen Wegen einher und kamen lachend, müde und hungrig auf herrliche Punkte, wo er wieder aufzuleben schien. Die Anstrengung ermattete ihn schon am ersten Tage. Aber er konnte doch schlafen! Und wenn wir nach Nohant zurückkamen, war er neubelebt und gleichsam verjüngt, und nun fand er die Lösung seiner Aufgabe ohne zu große Schwierigkeit. Aber es war nicht immer möglich, ihn von dem Instrumente loszureißen, das viel häufiger seine Qual, als seine Freude war, und nach und nach wurde er verdrießlich, wenn ich ihn störte. Nun mochte ich nicht mehr zureden, denn Chopin im Zorne war fürchterlich, und da er sich mir gegenüber immer beherrschte, war ich oft besorgt, ihn vor innerer Aufregung sterben zu sehen.

Mein Leben, das äußerlich immer heiter und tätig erschien, war innerlich reicher an Schmerzen, als je zuvor. Ich quälte mich, daß ich auch andern das Glück nicht zu geben vermochte, dem ich für mich selbst entsagt hatte, und ich hatte mehr als eine Ursache zu tiefem Kummer, den ich jedoch immer zu bekämpfen suchte. Chopins Freundschaft war in traurigen Stunden niemals eine Zuflucht für mich gewesen; er hatte mehr als genug an seinen eigenen Schmerzen zu tragen. Die meinigen würden ihn erdrückt haben.

Infolge seiner letzten Krankheitsrückfälle war Chopins Geist außerordentlich verdüstert, und Maurice, der ihn bis dahin zärtlich geliebt hatte, wurde plötzlich wegen einer Kleinigkeit von ihm aufs tiefste verletzt. Sie umarmten sich zwar im Augenblick nachher, aber in den ruhigen See war ein Sandkorn gefallen, und bald rollte Stein auf Stein hernieder. Chopin war oft zornig, ohne den geringsten Grund, oder er war ungerecht, gegen die besten Absichten. Ich sah das Übel wachsen und sah, wie die Verstimmung sich nach und nach auch über die andern Kinder erstreckte. Eines Tages erklärte Maurice, der ewigen Nadelstiche müde, er

George Sand

würde sich zurückziehen. Das konnte und durfte nicht sein! Aber Chopin wollte mein gerechtes und notwendiges Einschreiten nicht ertragen, er senkte das Haupt und erklärte: ich hätte ihn nicht mehr lieb.

Welche Blasphemie, nach diesen acht Jahren mütterlicher Hingebung! aber das arme, kranke Herz war sich seines Wahnsinns nicht bewußt. Ich dachte, daß einige Monate in der Ferne die Wunde heilen könnten, und glaubte, daß nach und nach die alte, ruhige Freundschaft, durch die Macht der Erinnerung genährt, wieder aufwachen würde. Aber dann kam die Februarrevolution, und Paris wurde ein unerträglicher Aufenthalt für Chopin, der keine Erschütterung in den sozialen Formen zu ertragen vermochte. Obwohl es ihm freistand, nach Polen zurückzukehren, wo er jedenfalls geduldet wäre, hatte er es vorgezogen, zehn Jahre lang von den Seinigen getrennt zu sein, die er anbetete, um nur sein Vaterland nicht umgestaltet zu sehen. Er hatte dort die Tyrannei geflohen, wie er sich jetzt vor der Freiheit flüchtete.

Im März 1848 habe ich ihn einen Augenblick wiedergesehen und habe seine kalte, zitternde Hand gedrückt. Damals hätte ich ihm sagen können: er liebte mich nicht mehr! aber ich ersparte ihm diese Qual und übergab alles den Händen der Vorsehung und der Zukunft.

Doch ich sollte ihn nie wiedersehen.

EIN WINTER AUF MALLORCA *(Auszüge)*

Die nachfolgenden Auszüge sind dem Buch »Ein Winter auf Mallorca«[1] *entnommen, das auf französisch erstmals 1842 erschien. Von Oktober 1838 bis Februar 1839 machten Frédéric Chopin, George Sand und deren beide Kinder eine Reise nach Mallorca. In ihrem Bericht schilderte George Sand insbesondere die Schwierigkeiten, die sie im Umgang mit den Mallorquinern erlebte und die sie gewiß mehr erheitert als verbittert hätten, wenn Chopin nicht krank gewesen wäre. Den strenggläubigen Mallorquinern mußten die vier Reisenden allerdings gottlos vorkommen: keiner von ihnen ging in die Kirche, Chopin hatte ihrer Meinung nach eine ansteckende Krankheit, Mutter und Tochter liefen in Hosen herum, und die beiden Erwachsenen lebten vor den Augen der Kinder im Konkubinat.*

Obgleich George Sand sich vorgenommen hatte, ein Reisebuch zu schreiben, in dem sie ihren Landsleuten die Insel, ihre Geschichte und Geographie vorstellen wollte, mischten sich immer wieder persönliche Erlebnisse in ihren Bericht. Vor allem diese stehen in der folgenden kleinen Auswahl im Vordergrund, weil sie aufschlußreich für ihr Leben sind und ihr bissiger und munterer Witz an kaum einer anderen Stelle einen so direkten Ausdruck gefunden hat.

Ein Bild von Chopin, das in diesem Buch fast ganz ausgespart ist, gibt sie in der »Geschichte meines Lebens« (s. S. 187ff. in diesem Band).

I

An einem der ersten Novembertage des Jahres 1838 kamen wir in Palma an; es war so warm wie bei uns im Juni. Bei der Abreise aus Paris vor vierzehn Tagen war es ungewöhnlich kalt gewesen; wir hatten also den ersten Hauch des Winters verspürt und waren froh, den Feind hinter uns zu lassen. Hinzu kam das Vergnügen, eine Stadt von besonderem Charakter und mit einer Reihe von Sehenswürdigkeiten von ungewöhnlicher Schönheit oder Eigenart zu durchstreifen.

Aber die Schwierigkeit, eine geeignete Unterkunft zu finden, machte uns bald Kummer, und wir erkannten, daß die Spanier, die uns Mallorca als gastfreundlich und mit allem Nötigen versehen gepriesen hatten, nicht nur sich, sondern auch uns getäuscht hatten. Bei der Nachbarschaft der großen europäischen Zivilisationen hätten wir nicht erwartet, daß es auch nicht einen Gasthof gab. Dieses Fehlen einer Unterbringungsmöglichkeit für Reisende hätte uns schon ahnen lassen müssen, was Mallorca im Vergleich zur übrigen Welt darstellt; es hätte uns veranlassen sollen, unverzüglich nach Barcelona umzukehren, wo es doch wenigstens eine elende Herberge gibt, die sich großspurig Hotel des Quatre-Nations nennt. In Palma muß man zwanzig der einflußreichsten Persönlichkeiten empfehlend angekündigt sein; nur wenn man seit Monaten erwartet wird, kann man hoffen, nicht unter freiem Himmel kampieren zu müssen. Alles was man für uns hatte tun können, war, uns zwei winzige, kaum möblierte Zimmer in einer üblen Straße zu beschaffen, wo die Fremden sich glücklich preisen dürfen, wenn jeder ein Gurtbett, weich und federnd wie eine Schieferplatte, und einen Stuhl mit strohgeflochtenem Sitz vorfindet, und als Nahrung... Pfeffer und Knoblauch *à discrétion*.

Nach weniger als einer Stunde hatten wir begriffen, daß man uns scheelen Blickes als Flegel und Nörgler oder doch zumindest mitleidig als Verrückte ansehen würde, wenn wir von diesem Empfang nicht begeistert waren. Wehe dem, der in Spanien nicht mit allem zufrieden ist! Man braucht nur die Miene ein bißchen zu verziehen, wenn man Ungeziefer im Bett oder einen Skorpion in der Suppe findet, und schon zieht man sich die tiefste Verachtung zu und bringt alle Welt gegen sich auf. Wir haben es also ängstlich vermieden, uns zu beklagen, und sind langsam dahintergekommen, was es mit der Knappheit an Mitteln und dem auffälligen Mangel an Gastfreundschaft für eine Bewandtnis hat.

Abgesehen von der geringen Aktivität und Energie der Mallorquiner hatte damals der Bürgerkrieg, der Spanien schon so lange zerrüttete, den Verkehr zwischen der Insel und dem Festland gedrosselt. Mallorca war der Zufluchtsort von so viel Spaniern geworden, wie es fassen konnte, und die Einheimischen hatten sich in ihre Häuser verkrochen und hüteten sich, sie zu verlassen, um im Mutterland Abenteuer zu suchen und Hiebe zu beziehen.

Hinzu kommt das völlige Fehlen von Industrie verbunden mit maßlosen Zöllen auf alles, was das Leben lebenswert macht. Beispielsweise verlangte man von uns 700 Franken Zoll auf ein Klavier, das wir uns aus Frankreich kommen ließen; das war nahezu der Wert des Instruments. Es zurückzuschicken war nicht erlaubt; es zunächst im Hafen einzulagern war verboten; es unter Umgehung der Stadt auf unseren Landsitz zu schaffen und damit Torgeld zu sparen, war gegen die Vorschriften; es in Palma zu lassen, um die Maut für die Ausfuhr aus der Stadt zu vermeiden, war unstatthaft. Wir hätten es höchstens ins Meer werfen können, vorausgesetzt, man hätte es genehmigt. Nachdem wir 14 Tage lang verhandelt hatten, erreichten wir, daß wir es durch ein Seitentor ausführen durften, und kamen mit etwa 400 Franken davon.

Das Stadtgebiet von Palma faßt eine bestimmte Zahl von Einwohnern. Wenn dieses Maß überschritten wird, drängt man sich etwas mehr zusammen, baut aber keine neuen Häuser. Auch die Inneneinrichtung wird nicht erneuert; außer bei vielleicht zwei oder drei Familien ist sie seit zweihundert Jahren unverändert geblieben. Die Mode regiert hier nicht; man hat auch keine Bedürfnisse nach Luxus, nicht einmal nach den Annehmlichkeiten des Lebens. Aus Gleichgültigkeit einerseits, aus Geldschwierigkeiten andererseits läßt man alles, wie es ist. Man hat das unbedingt Notwendige, aber nichts Überflüssiges. Deswegen kommt die Gastfreundschaft auch über Floskeln nicht hinaus. Wie überall in Spanien wird auch in Mallorca der Spruch geklopft: »Das Haus und alles darin steht Ihnen zur Verfügung.« Um nichts herleihen zu müssen, wird alles angeboten. Man kann kein Gemälde betrachten, keinen Stoff anfühlen, keinen Stuhl anheben, ohne daß einem mit größter Liebenswürdigkeit gesagt wird: *»Está a la disposición de Usted.«* Man hüte sich aber, auch nur eine Stecknadel anzunehmen, denn das wäre ein grober Fauxpas.

Kurz nach meiner Ankunft in Palma habe ich einen solchen Verstoß gegen den guten Ton begangen, und ich glaube, man wird ihn mir niemals verzeihen. Ich war einem jungen Salonlöwen, einem Marquis, sehr warm empfohlen worden, so daß ich glaubte, das mit so viel Charme vorgebrachte Angebot seines Landauers für eine Spazierfahrt annehmen zu dürfen. Am nächsten Tag belehrte er mich mit ein paar Zeilen, daß ich den Anstand verletzt hätte, und ich schickte das Gefährt unbenutzt zurück.

Allerdings gab es Ausnahmen von dieser Regel, doch handelte es sich dann um Personen, die in der Welt herumgekommen waren. Und von denen, die uns herzensgern freundliche Aufnahme gewährt hätten, wäre keiner in der Lage gewesen, uns ein Eckchen seines Hauses zu überlassen, ohne sich derartigen Unannehmlichkeiten und Einschränkungen auszusetzen, so daß es wirklich taktlos von uns gewesen wäre, hätten wir solche Angebote angenommen.

Die Schwierigkeiten, die diesen Leuten entstanden wären, konnten wir erst richtig einschätzen, als wir selbst auf der Suche nach einer Bleibe gingen. Wir konnten in der ganzen Stadt keine einzige Unterkunft finden, die bewohnbar gewesen wäre.

Eine Wohnung in Palma besteht aus vier völlig nackten Wänden ohne Türen und Fenster. In den meisten Bürgerhäusern gibt es keine Fensterscheiben, und wenn man sich diese im Winter durchaus notwendige Annehmlichkeit verschaffen will, muß man sich zunächst Fensterrahmen anfertigen lassen. Beim Wohnungswechsel – der kaum vorkommt – nimmt der Mieter seine Fenster, seine Schlösser und sogar die Türangeln mit. Der neue Mieter ist gezwungen, sie durch andere zu ersetzen, es sei denn, er lebt lieber in frischer Luft, was in Palma nicht selten ist.

Man braucht infolgedessen mindestens sechs Monate, um nicht nur Türen und Fenster einsetzen, sondern auch Betten, Tische, Stühle anfertigen zu lassen, eben die gesamte Einrichtung, und sei sie auch noch so einfach und primitiv. Die wenigen verfügbaren Handwerker arbeiten nicht gerade schnell; es fehlt ihnen an Werkzeug und Material. Irgendwie hat es der Mallorquiner niemals eilig. Das Leben ist so lang! Man muß schon Franzose, das heißt extravagant sein, um zu verlangen, daß etwas sofort gemacht wird. Und wenn man bereits sechs Monate gewartet hat, warum kann man dann nicht weitere sechs Monate warten? »Ihnen gefällt unser Land nicht? Warum bleiben Sie dann hier? Wir kommen auch ohne Sie aus. Sie glauben wohl, daß Sie bei uns alles auf den Kopf stellen können? Oh, keineswegs! Schauen Sie, wir lassen die Leute reden, und wir tun, was uns paßt.«

»Gibt es denn nichts zu mieten?«

»Zu mieten? Meinen Sie Möbel mieten? Als gäbe es so viel, daß man noch welche vermieten könnte.«

»Gibt es denn keine zu kaufen?«

»Zu kaufen? Dafür brauchte man fertige Möbel. Als hätten wir überschüssige Zeit, um Möbel zu bauen, die niemand bestellt hat. Wenn Sie welche haben wollen, lassen Sie die doch aus Frankreich kommen. Da gibt's doch alles.«

»Das dauert mindestens sechs Monate und kostet Zoll. Wenn man also so töricht gewesen ist, hierher zu kommen, kehrt man wohl am besten gleich wieder um?«

»Dazu kann ich Ihnen nur raten. Oder haben Sie Geduld, viel Geduld; *mucha calma*, sagen wir in Mallorca.«

Gerade als wir diesen Rat befolgen wollten, erwies man uns einen schlechten, sicher aber wohlgemeinten Dienst mit dem Angebot eines zu vermietenden Landhauses. *Son Vent* (Haus des Windes) war die Villa eines reichen Bürgers, der sie uns mit der gesamten Einrichtung für hundert Franken im Monat überlassen wollte. Für französische Verhältnisse war der Preis eher mäßig, für die Insel jedoch ziemlich hoch. Wie alle einheimischen Landhäuser war es möbliert mit Gurtbetten oder mit grün angestrichenen Holzbetten, von denen einige aus zwei Böcken mit zwei Brettern und einer dünnen Matratze darüber bestanden; dazu die landesüblichen Stühle mit strohgeflochtenem Sitz und Tische aus massivem Holz. Die Wände waren schön weiß gekalkt, und als Gipfel des Luxus hatten fast alle Fenster Scheiben. Zur Zierde des sogenannten Wohnzimmers gab es vier scheußliche Kaminschirme, wie man sie bei uns in den ärmlichsten Dorfgasthöfen findet; Señor Gomez, unser Wirt, hatte sie in seiner Naivität sorgsam rahmen lassen, als seien es kostbare Stiche, mit denen man die Täfelung eines Herrensitzes schmückt. Im übrigen war das Haus geräumig, luftig (zu luftig), mit guter Raumverteilung und in reizender Lage zu Füßen von Bergen mit sanften, fruchtbaren Hängen am Abschluß eines üppigen Tals mit Blick auf die gelben Mauern von Palma, die gewaltige Kathedrale und das glitzernde Meer am Horizont.

Die ersten Tage an unserem Zufluchtsort waren ausgefüllt mit Spaziergängen und süßem Müßiggang, wozu uns das herrliche Wetter und eine reizvolle, uns völlig neue Umgebung einlud.

Wir waren seit drei Wochen in Establiments, als die Regenperiode einsetzte. Bis dahin hatten wir herrliches Wetter gehabt; die Zitronenbäume und Myrten blühten noch, und an einem der ersten Dezembertage blieb ich bis fünf Uhr morgens im Freien auf der Terrasse und fühlte mich wohlig warm. Gerade mir kann man das glauben, denn ich kenne niemand auf der Welt, der so leicht fröstelt; nicht einmal die Begeisterung für erlesene Naturschönheiten kann mich gegen die leichteste Kühle unempfindlich machen.

Übrigens war meine Nachtwache trotz der berückenden Mondlandschaft und des Blumenduftes nicht sehr aufregend. Ich saß da, nicht etwa wie ein Dichter auf der Suche nach Inspiration, sondern als ein müßiger Mensch, der ganz einfach hört und sieht. Ich erinnere mich, daß ich vollauf beschäftigt war, die Geräusche der Nacht zu registrieren und zu deuten.

Auf Mallorca ist die Stille tiefer als anderswo; unterbrochen wird sie nur zuweilen, wenn Esel und Maultier auf nächtlicher Weide ihre Glocken schütteln, die heller und melodischer klingen als die der Schweizer Kühe. Der Bolero ist in den dunkelsten Nächten an den verlassensten Orten zu hören. Es gibt keinen Bauern ohne Gitarre; sie begleitet ihn jederzeit. Von meiner Terrasse aus vernahm ich auch das Meer, aber so fern und schwach, daß mir die seltsam ergreifenden Verse der Dschinn wieder einfielen:

On doute	*Ich schwanke.*
La nuit...	*Teil der Nacht,*
J'écoute: –	*der Gedanke*
Tout fuit.	*flieht und sacht*
Tout passe;	*verfließt er, bis dann alles*
L'espace	*wie der Inhalt eines Schalles*
Efface	*wie das Lärmen eines Falles*
Le bruit.	*im Vergehn noch Qual entfacht**

Im nächsten Gehöft schrie ein kleines Kind; ich hörte auch seine Mutter, die es wieder in den Schlaf sang mit einem hübschen, sehr monotonen, sehr traurigen, sehr arabischen Volkslied. Aber andere, weniger poetische Stimmen erinnerten mich bald an die groteske Kehrseite Mallorcas.

Die Schweine wachten auf und machten einen unbeschreiblichen Lärm. Der Bauer und Familienvater wurde von der Stimme seiner geliebten Säue geweckt wie die Mutter vom Weinen ihres Kindes. Ich hörte ihn ans Fenster kommen und die Stallinsassen in strengem Tone ausschimpfen. Die Schweine verstanden ihn sehr wohl, denn sie wurden still. Anscheinend als Schlafmittel begann der Bauer, seinen Rosenkranz herzubeten; seine dröselige Stimme hob und senkte sich wie das ferne Murmeln der Wellen, je nachdem, wie seine Schläfrigkeit zu- oder abnahm. Von Zeit zu Zeit entfuhr den Schweinen noch ein wilder Aufschrei; der Bauer wurde daraufhin lauter, ohne sein Gebet zu unterbrechen, und die lieben Tierchen, beruhigt durch ein *Ora pro nobis* oder *Ave Maria* in einem bestimmten Tonfall, schwiegen sogleich. Das Baby lauschte sicher mit offenen Augen in jener Art von Betäubung, wie sie durch unerklärliche Geräusche auf des Wiegenkindes erwachende Sinne ausgeübt wird, die ja erst nach langen, rätselhaften Vorgängen im Innern die Schwelle des Bewußtseins überschreiten.

* Deutsch von Dieter Betz

Auf diese heiteren Nächte folgte unvermittelt die Sintflut. Nachdem eines Nachts der Wind unseren Schlaf mit seinem langgezogenen Stöhnen begleitet hatte, während der Regen an unsere Fensterscheiben trommelte, weckte uns am Morgen das Tosen des Baches, der sich seinen Weg durch das steinige Bett bahnte. Am nächsten Tag tobte er lauter, und am übernächsten rollte er die Steine, die ihm im Weg waren. Alle Bäume waren ihrer Blüten beraubt, und das Regenwasser rann durch die undichten Zimmer.

Es ist unverständlich, wie wenig sich die Mallorquiner gegen die Landplagen Sturm und Regen wappnen. Aus Einbildung oder auch aus Angabe leugnen sie diese gelegentlichen aber heftigen Unfreundlichkeiten ihres Wetters glatt ab. Bis zum Ende der beiden Monate strömenden Regens, die wir durchstehen mußten, beharrten sie darauf, daß es in Mallorca niemals regnet. Hätten wir die Berggipfel und die Windrichtungen besser beobachtet, wären wir uns rechtzeitig der unvermeidlichen Widrigkeiten bewußt geworden, die uns bevorstanden.

Aber noch eine weitere Enttäuschung erwartete uns; ihre Ursache habe ich schon vorweggenommen, als ich meinen Bericht mit der Rückfahrt begann. Einer[2] von uns wurde krank; zart von Natur, bekam er eine starke Kehlkopfentzündung und spürte bald die Wirkungen der Feuchtigkeit. Das »Haus des Windes« wurde unbewohnbar; die Mauern waren so dünn, daß sich der Kalk, mit dem die Zimmerwände verputzt waren, vollsaugte wie ein Schwamm. Ich habe nie so sehr unter Kälte gelitten, obwohl es so kalt eigentlich nicht war, aber für uns, die wir an Heizung im Winter gewöhnt sind, war dieses Haus ohne Kamin wie ein eisiger Mantel; ich fühlte mich wie gelähmt. Zudem konnten wir uns nicht an den erstickenden Geruch der *braseros*, dieser höllischen Holzkohlebecken, gewöhnen; unser Patient hatte zu leiden und fing an zu husten.

Von dem Augenblick an wurden wir zu Schreckgespenstern für die Leute von Establiments. Man bezichtigte und überführte uns des Delikts der Lungenschwindsucht, die nach der vorgefaßten

Meinung der spanischen Medizin so ansteckend und mörderisch ist wie die Pest. Ein reicher Arzt, der sich für das bescheidene Honorar von 45 Franken zu einer Visite herbeiließ, meinte, es sei nichts Ernstliches, und verordnete auch nichts. Wir nannten ihn Dr. Eibisch wegen des einzigen Rezepts in seinem Repertoire.
Ein anderer Arzt kam uns freundlicherweise zu Hilfe, aber die Apotheke von Palma war derart ausgepowert, daß wir uns nur den letzten Dreck an Medikamenten beschaffen konnten. Im übrigen sollte sich die Krankheit durch Umstände verschlimmern, gegen die weder Wissenschaft noch Pflege etwas ausrichten konnten.
Als wir eines Morgens ernstlich besorgt waren wegen des unablässigen Regens und des dadurch mittelbar oder unmittelbar verursachten Ungemachs, erreichte uns ein Brief des Grobians Gomez; er erklärte uns in echt spanischem Stil, wir »beherbergten« eine Person, die eine Krankheit »beherberge« und damit Ansteckungskeime in sein Haus trage. Da dies Leben und Gesundheit von Mitgliedern seiner Familie gefährde, ersuche er uns, seinen Palast möglichst rasch zu räumen.
Eigentlich war es uns ganz recht, denn wir konnten dort nicht

Das Dorf Valldemosa

länger ohne das Risiko bleiben, im Zimmer zu ertrinken; andererseits durfte man bei dem Zustand des Kranken den Transport nicht wagen, schon wegen der mallorquinischen Verkehrsmittel, aber auch des Wetters wegen. Eine andere schwierige Frage war, wohin? Das Gerücht von unserer Schwindsucht hatte sich wie ein Lauffeuer verbreitet, und wir brauchten nicht mehr zu hoffen, irgendwo unterzukommen, nicht für Gold und nicht für eine einzige Nacht. Es war uns völlig klar, daß sich gefällige Leute mit einem Angebot der Aufnahme selbst der Verfemung ausgesetzt hätten, denn durch die Berührung mit uns wären sie vom gleichen Bann getroffen worden, der schon auf uns lag. Hätte der französische Konsul nicht Wunder vollbracht, um uns gastfreundlich unter seinem Dach zu empfangen, wären wir wie richtige Zigeuner gezwungen gewesen, in einer Höhle Unterschlupf zu suchen.

Ein zweites Wunder geschah und bescherte uns ein Winterasyl. In der Kartause von Valldemosa lebte ein spanischer Emigrant, der sich dort aus mir unbekannten Gründen verborgen gehalten hatte. Bei einem Besuch der Kartause hatten es uns seine vornehme Art und die melancholische Schönheit seiner Frau angetan; auch gefielen uns die rustikalen und doch bequemen Möbel ihrer Zelle. Die poetische Stimmung dieser Kartause hatte mich betört. Es ergab sich, daß das mysteriöse Paar die Insel eilig verlassen wollte; daher waren die beiden ebenso froh, uns Zelle samt Mobiliar abzutreten, wie wir am Erwerb. Für den bescheidenen Betrag von tausend Franken kamen wir also in den Besitz eines kompletten Haushalts. In Frankreich hätte es uns die Hälfte gekostet, so rar, teuer und schwer aufzutreiben sind in Mallorca die notwendigsten Gegenstände des täglichen Bedarfs.

Um die Dezembermitte machten wir uns an einem klaren Morgen bei strahlender Herbstsonne nach Valldemosa auf den Weg, um unsere Kartause in Besitz zu nehmen. Als wir die fruchtbare Ebene von Establiments hinter uns gelassen hatten, erreichten wir jenes wechselhafte Gelände, bald waldig, bald felsig-trocken und dann wieder feucht und frisch, wie von unsichtbarer Hand durcheinandergewürfelt. Ausgenommen einige Täler der Pyrenäen hat sich die Natur mir gegenüber niemals so freigebig in ihren Erscheinungsformen gezeigt wie in diesem mallorquinischen Buschland, das eine recht beträchtliche Fläche bedeckt und die prahlerische Behauptung der Mallorquiner Lügen zu strafen scheint, sie hätten den gesamten Boden der Insel mit höchster Vollkommenheit kultiviert.

Ich dachte nicht daran, ihnen deswegen böse zu sein, denn nichts ist schöner als solche verwilderten Gegenden: verkrümmte, verbogene, zerzauste Bäume, furchterregende Dornensträucher, herrliche Blumen, Moos- und Binsenteppiche, stachelige Kapernbüsche, zarte und bezaubernde Asphodelen. Alles nimmt Formen an, wie sie dem Schöpfer gerade in den Sinn kamen: ein Tobel, ein Hügel, ein steiniger Pfad, der unvermittelt an einem Abgrund endet, ein Weg im Grünen, der sich arglistig in einem Bach verliert, eine Wiese, die den Wanderer erst freundlich einlädt und ihm dann eine steile Felswand vor die Füße setzt, Gehölze mit Felsbrocken übersät, daß man meinen könnte, sie wären vom Himmel gefallen, Hohlwege entlang dem Gießbach, umwuchert von Myrte und Geißblatt, und schließlich ein Bauernhof, hingeworfen wie eine Oase mitten in diese Wüste mit seiner Palme gleich einem Wachtturm, der den Wandersmann durch die Einsamkeit geleitet.

Der Mietwagen des Landes ist die *tartana*, eine Art Kremser ohne jede Federung, von einem Pferd oder Maultier gezogen; oder der *birlocho*, eine viersitzige Droschke, die ebenfalls auf einer Gabeldeichsel aufsitzt. Beide haben Scheibenräder mit massiven Eisenreifen und sind im Innern mit einer zwei Handbreit dicken Schicht von Flockwolle ausgekleidet. Diese Polsterung gibt einem etwas zu denken, wenn man sich einem Gefährt von so einladendem Wesen das erste Mal anvertraut. Der Kutscher sitzt auf einem Brett, das ihm als Bock dient; mit je einem Fuß auf einem der Deichselarme nimmt er die Kruppe des Pferdes zwischen die Beine, so daß er nicht nur alle Stöße seines Karrens, sondern auch alle Bewegungen seines Gauls spüren kann und gleichzeitig fährt und reitet. Mit dieser Kutschiererei scheint er durchaus zufrieden zu sein, denn er singt die ganze Zeit, so fürchterlich er auch durchgerüttelt werden mag. Er unterbricht sich nur, um gelassen die gräßlichsten Flüche auszustoßen, wenn sein Pferd zögert, sich in einen Abgrund zu stürzen oder eine Felswand zu erklimmen.

Denn so geht die Reise: Hohlwege, Gießbäche, Schlammlöcher, Hecken, Gräben sperren die Fahrt vergebens; wegen solcher lächerlichen Kleinigkeiten hält man nicht an. Das Ganze nennt sich übrigens »Straße«. Anfangs hält man dies Hindernisrennen für einen schlechten Witz und fragt den Lenker, was ihn wohl gepiekt habe. »Das ist die Straße«, antwortet er. »Aber dieser Bach?« »Das ist die Straße.« »Und das tiefe Loch?« »Die Straße.« »Und das Dickicht?« »Gehört auch zur Straße.« »Sei's drum.« Sodann bleibt einem nichts anderes übrig, als sich abzufinden, die Polsterung zu segnen, ohne die man um Knochenbrüche nicht herumkäme, seinen Geist in Gottes Hand zu befehlen, die Landschaft zu betrachten und auf den Tod oder ein Wunder zu warten.

Und dennoch erreicht man sein Ziel zuweilen unversehrt, weil der Wagen in sich stabil ist, weil das Pferd kräftige Beine hat und vielleicht auch wegen des Gleichmuts des Kutschers, der es gewähren läßt, die Arme verschränkt und gelassen seine Zigarre raucht, während sich ein Rad am Berg und das andere über dem Abgrund dreht. An eine Gefahr, aus der andere sich nichts machen, gewöhnt man sich rasch; sie bleibt nichtsdestoweniger echt. Man kippt nicht immer um. Aber wenn es passiert, kommt man so leicht nicht wieder auf die Beine und Räder.

Um die Kartause zu erreichen, muß man aussteigen, denn kein Gefährt kann den gepflasterten Weg bewältigen, der zu ihr hinaufführt; er entzückt das Auge, wie er sich unter den schönen Bäumen dahinwindet; herrliche Ausblicke eröffnen sich bei jedem Schritt und werden schöner und schöner, je höher man steigt. Ich habe nie etwas Reizenderes und gleichzeitig Melancholischeres gesehen als diese Landschaft, wo Steineiche und Johannisbrotbaum, Pinie und Olivenbaum, Pappel und Zypresse die verschiedenen Farbtöne ihrer Blätter in tiefen Lauben vermischen, wahre Abgründe von Grün, und wo der Bach unter üppigem Buschwerk von unvergleichlicher Anmut hinabeilt. Ich werde nie eine Beuge der Paßstraße vergessen, wo ein Blick rückwärts auf eins jener hübschen kleinen arabischen Häuser fällt, die ich schon beschrieben habe; es liegt auf einer Hügelkuppe, halb versteckt hinter seiner Feigenkaktushecke und flankiert von einer großen Palme, die sich über den Steilhang neigt und ihre Silhouette in den Himmel schreibt. Wenn mir in Paris Dreck und Nebel auf die Nerven gehen, schließe ich die Augen und sehe wie im Traum jene grüne Kuppe, jene fahlen Felsen und jene einzelne Palme, verloren im rosafarbenen Firmament. Die Berge von Valldemosa steigen in immer schmaler werdenden Plateaus bis zu einer Art von Kessel an, der von hohen Kämmen umgeben im Norden durch eine letzte geneigte Hochfläche mit dem Kloster an der Talseite abgeschlossen ist. In gewaltiger Arbeit haben die Kartäuser die Strenge dieses romantischen Erdenwinkels gemildert. Sie machten aus dem oberen Tal einen weiten Garten, gegliedert durch Terrassenmauern, die den Blick nicht behindern; eine Einfassung von pyramidenförmigen Zypressen, die paarweise auf verschiedenen Ebenen angeordnet sind, erinnert an Friedhofskulissen einer Operndekoration.

Dieser Garten, bestanden mit Palmen und Mandelbäumen, nimmt den ganzen Talschluß ein und steigt in weiten Terrassenabsätzen bis zum Felsgürtel an. Wenn der Schatten bei Mondschein die Ungleichheit dieser Stufen verschwimmen läßt, meint man, ein Amphitheater für die Kämpfe von Riesen vor sich zu haben. In der Mitte sammelt unter einer Palmengruppe ein steinernes Becken das Wasser, das von den Bergen herunterfließt, und verteilt es auf die tieferliegenden Terrassen durch ein System von Kanälen, die mit Platten ausgelegt sind. Die Anlage ist so weitläufig und kunstvoll, daß sie wohl von den Arabern stammt. Die ganze Insel ist mit solchen Kanälen überzogen, und diejenigen, welche vom Garten der Kartause ausgehen und neben dem

Bachbett verlaufen, führen Palma das ganze Jahr hindurch Quellwasser zu.

Die Kartause von Valldemosa, die nach der Ordensregel mit dreizehn Mönchen einschließlich des Priors belegt war, fiel nicht unter das Regierungsdekret von 1835, wonach alle Klöster mit weniger als zwölf Insassen abzureißen waren; wie alle anderen war auch diese Klostergemeinschaft aufgelöst und der Besitz säkularisiert, d. h. zur Staatlichen Domäne erklärt worden. Die Regierung in Palma wußte nicht recht, was sie mit der riesigen Anlage anfangen sollte, und hatte beschlossen, sie allmählich verfallen zu lassen, mittlerweile jedoch die Zellen an Reflektanten zu vermieten. Obwohl man eine sehr bescheidene Miete verlangte, hatten die Dorfbewohner von Valldemosa kein Kapital daraus schlagen wollen, vermutlich wegen ihrer tiefen Frömmigkeit oder aus Mitgefühl für ihre Mönche, vielleicht aber auch aus abergläubischer Furcht. Das hinderte sie zwar nicht, in Karnevalsnächten dort zu tanzen, wie man noch sehen wird, ließ sie aber unsere unehrerbietige Anwesenheit in den heiligen Hallen scheelen Blickes betrachten.

Mittlerweile ist die Kartause während der Sommerhitze größtenteils bewohnt, und zwar von Leuten aus dem Mittelstand, die in

Die Kartause von Valldemosa

dieser Höhenlage und unter den dicken Gewölben frischere Luft suchen als in der Ebene oder in Palma. Beim Herannahen des Winters vertreibt sie jedoch die Kälte, so daß das Kloster während unseres Aufenthalts außer von mir und meiner Familie nur vom Apotheker, dem Sakristan und von Maria Antonia bewohnt war.

Maria Antonia war eine Art Haushälterin, die, soviel mir bekannt ist, vom spanischen Festland herübergekommen war, um dem Elend zu entgehen. Sie hatte sich eine Zelle gemietet, um die Sommergäste auszubeuten. Sie lag neben der unsrigen und diente uns als Küche, während Maria Antonia als unsere Wirtschafterin galt. Eine verwelkte Schönheit, war sie noch immer schlank und adrett, gab vor, aus guter Familie zu sein, hatte charmante Manieren und eine angenehme Stimme, war katzenfreundlich, redete einem nach dem Munde und übte eine sonderbare Art von Gastfreundschaft. Sie pflegte den Neuankömmlingen ihre Dienste anzubieten, aber mit tiefgekränkter Miene und vor Entsetzen das Gesicht verbergend lehnte sie jede Art von Entlohnung für ihre Mühe ab. Sie würde es tun, so sagte sie, Gott zuliebe, aus Hilfsbereitschaft und in der einzigen Absicht, sich die Nachbarn zu Freunden zu machen. Ihr Mobiliar bestand aus einem Gurtbett, einem Fußwärmer, einem *brasero*, zwei Stühlen, einem Kruzifix und etwas Tongeschirr. Großzügig stellte sie all das zur Verfügung, brachte das Dienstmädchen bei sich unter und übernahm das mitgebrachte Küchengerät.

Sobald sie aber die Regentschaft eines Haushalts angetreten hatte, rahmte sie für sich das Beste von Putzkram und Eßbarem ab. Ich habe nie einen frommen Mund gesehen, der genäschiger war, oder flinkere Finger, um, ohne sich zu verbrennen, aus kochenden Töpfen zu fischen, oder einen dehnbareren Schlund, um heimlich den Zucker und den Kaffee der geliebten Herrschaft zu verschlucken und dabei ein Kirchenlied zu summen oder einen *bolero* zu trällern. Für einen unbeteiligten Beobachter wäre es vermutlich erheiternd gewesen, der guten Antonia, der großen valldemosaner Hexe, unserem Stubenmädchen Catalina, und der *niña*, dem kleinen struppigen Scheusal, das uns Hilfsdienste leistete, zuzuschauen, wie sie sich alle drei über unser Essen hermachten. Das war zur Stunde des Angelus, des Gebets, das herzumiauen diese drei Katzen niemals versäumten: die beiden Alten im Duett beim Einhauen auf alle Gänge unserer Mahlzeit, die Kleine jeweils *Amen* respondierend und dabei mit unvergleichlicher Geschicklichkeit ein Kotelett oder eine kandierte Frucht stibitzend. Wenn es auch ein Bild zum Malen war, war es doch klüger so zu tun, als sähe man nichts; als aber Regen häufig die Verbindung mit Palma unterbrach und die Lebensmittel knapp wurden, fanden wir die »Bedienung« nach Art der Maria Antonia und ihrer Bande weniger drollig, und ich mußte mich mit meinen Kindern ablösen, unsere Vorräte zu bewachen. Ich kann mich erinnern, daß ich, unter meinem Kopfkissen, einen Korb voll Zwiebäcke bebrütet habe, die wir fürs Frühstück am nächsten Morgen brauchten, und daß ich manchmal wie ein Geier über dem Fischgericht auf unserem Herd im Freien schwebte, um die kleineren Raubvögel zu verscheuchen, die uns nichts als Gräten übriggelassen hätten.

Architektonische Schönheit besitzt diese Kartause nicht, doch ist es ein sehr großzügig angelegter Gebäudekomplex. In einer solchen Einfriedung aus behauenen Steinen hätte ein ganzes Armeekorps Platz; dabei wurde das ausgedehnte Hauptgebäude für nur zwölf Personen errichtet. Man nennt es das Neue Kloster, denn es ist das dritte, das im Laufe der Jahrhunderte neben den jeweils älteren Bau gesetzt wurde. Jede der zwölf Zellen besteht aus drei großen Räumen, die alle nach der gleichen Seite gehen. Rechtwinklig zu dieser Zellenflucht sind an den beiden Seitenfronten jeweils sechs Kapellen angeordnet, denn jeder Mönch hatte seine eigene, in die er sich zu einsamem Gebet einschloß. Diese Kapellen sind alle verschieden ausgestattet, überladen mit Vergoldungen und behängt mit Bildern von gröbstem Geschmack; die Heiligenfiguren aus bemaltem Holz fand ich so entsetzlich, daß ich gestehen muß, ich wäre ihnen nicht gern nachts außerhalb ihrer Nischen begegnet. Der Boden dieser Kapellen ist

mit glasierten Fliesen ausgelegt, deren Mosaikmuster außerordentlich wirkungsvoll sind; man spürt hier noch den maurischen Einfluß und damit den einzigen guten Stil, der sich in Mallorca gehalten hat. In jeder Kapelle befindet sich übrigens ein Wasserhahn über einem Muschelbecken aus schönem einheimischem Marmor. Ein Kartäuser war gehalten, sein Bethaus täglich zu waschen. In diesen dunklen Gewölben mit ihrem Fliesenboden herrscht eine Kühle, die während der brennenden Hitze der Hundstage sehr wohl die langen Stunden des Gebets fast zu einer Art sinnlicher Lust werden lassen konnte.
Wenn das Wetter für Ausflüge in die Berge zu schlecht war, machten wir unseren Spaziergang unter Dach im Kloster, und wir hatten stundenlang zu tun, um den riesigen Komplex zu erkunden. Ich weiß nicht, was meine Neugier reizte, das innerste Geheimnis mönchischen Lebens in diesem verlassenen Gemäuer aufzuspüren. Seine Spur war noch so frisch, daß ich stets meinte, das Klappern der Sandalen auf den Fliesen und das Murmeln von Gebeten unter den Gewölben der Kapellen zu hören. Gedruckte lateinische Gebete waren in unseren Zellen an die Wand geklebt und noch lesbar; wir fanden sie sogar auf den geheimsten Örtchen. Ich hätte niemals gedacht, daß man dort hinginge, um sein *oremus* zu sagen.
Auf unseren Erkundungsgängen in den oberen Stockwerken stießen wir unversehens auf eine hübsche Empore, von der aus wir in eine große und schöne Kapelle hinunterblickten, die so vollständig und ordentlich eingerichtet war, daß man meinen konnte, sie sei erst gestern verlassen worden. Der Armsessel des Priors stand noch an seinem Platz, und das Wochenprogramm der geistlichen Übungen hing in einem Rahmen aus schwarzem Holz vom Gewölbebogen mitten über dem Chorgestühl herab. Auf die Rücklehne eines jeden Chorstuhls war ein Bildchen geklebt, vermutlich das vom Schutzheiligen des jeweiligen Mönchs. Der Weihrauchduft, mit dem die Mauern während so vieler Jahre gesättigt worden waren, hatte sich noch nicht ganz verflüchtigt. Die Altäre waren mit verwelkten Blumen geschmückt, und halb niederge-

brannte Kerzen standen in ihren Leuchtern. Die Ordnung und Unberührtheit dieser Dinge kontrastierten eigentümlich mit der Verfallserscheinung von draußen, mit den Brombeerranken, welche die Fenster überwucherten, und mit dem Lärm der Gören, die in den Gängen mit Mosaiksteinchen Schusser spielten.
Was meine Kinder angeht, so trieb sie der Hang zum Wundersamen noch viel stärker zu diesen munteren und leidenschaftlichen Expeditionen. Sicher erwartete meine Tochter, auf den Dachböden der Kartause ein Feenschloß voller Wunderdinge zu finden, während mein Sohn die unter den Trümmern verborgenen Spuren einer seltsamen und schrecklichen Bluttat zu entdecken hoffte. Mir war manchmal angst und bange, wenn ich sie wie die Katzen auf verkrümmten Planken und über schwanke Balkone turnen sah; oder wenn sie einige Schritte vor mir plötzlich in einer Wendeltreppe verschwanden, glaubte ich, sie wären verloren, und ich beschleunigte meine Schritte voller Schrecken, wobei der Aberglaube vielleicht auch eine gewisse Rolle spielte.
Denn wenn man sich noch so sehr dagegen wehrt: diese unheimlichen Gebäude, die einem noch unheimlicheren Kult gewidmet sind, regen die Phantasie an; und ich möchte mit dem ruhigsten und kühlsten Kopf wetten, daß er dort nicht lange bei klarem Verstand bleibt. Diese kleinen eingebildeten Ängste, wenn ich sie so nennen darf, sind nicht ohne Reiz; andererseits sind sie wirklich genug, um alles zu tun, sie in seinem Innern zu bekämpfen. Ich gestehe, daß ich abends durch das Kloster nicht oft ohne ein aus Angst und Lust gemischtes Gefühl gegangen bin, was ich meinen Kindern aber nie verraten habe, weil ich fürchtete, es auf sie zu übertragen. Sie schienen jedoch dafür nicht anfällig zu sein und rannten bei Mondschein gern unter den zerbrochenen Bögen herum, die wirklich zu Sabbattänzen aufzufordern schienen. Zum Friedhof habe ich sie um Mitternacht einige Male geführt. Nachdem wir einen großen alten Mann getroffen hatten, der zuweilen in den finsteren Gängen herumstrich, ließ ich sie indessen abends nicht mehr allein weggehen. Es handelte sich um einen ehemaligen Knecht oder Hintersassen des Klosters, den der Wein

und religiöser Wahn oft unzurechnungsfähig machten. Wenn er betrunken war, schwankte er durch die Gänge, klopfte an die Türen der verlassenen Zellen mit einem schweren Pilgerstab, an dem ein langer Rosenkranz hing, und rief mit weinseliger Stimme die Mönche an oder lallte hohltönende Gebete vor den Kapellen. Da er einen schwachen Lichtschein durch die Ritzen unserer Zellentür dringen sah, schlich er mit Vorliebe dort umher, um Drohungen und schreckliche Flüche auszustoßen. Der Alte klopfte an unsere Tür zu den unmöglichsten Stunden, und wenn er es endlich müde wurde, vergebens nach Pater Nicolas, seiner fixen Idee zu rufen, ließ er sich zu Füßen der Madonna in einer Nische nicht weit von unserer Tür hinsinken und schlief ein mit dem offenen Messer in der einen und dem Rosenkranz in der anderen Hand.

Eines Abends wurden wir von einer anderen Art von Erscheinung aufgescheucht, die ich nie vergessen werde. Es fing mit einem unerklärlichen Lärm an, den ich nur mit dem von tausend Säcken voller Nüsse vergleichen kann, die unablässig über den Fußboden gerollt werden. Wir gingen rasch hinaus auf den Gang, um zu sehen, was los war; der aber war leer und finster wie immer. Doch der Lärm kam näher und näher, und bald erhellte ein Lichtschimmer die Gewölbe in der weiten Tiefe. Allmählich zunehmend stellte sich das Leuchten als von mehreren Fackeln ausgehend heraus, und in ihrem rötlichen Dunst erschien eine Horde von Wesen: Gott und den Menschen zum Ekel. Es war niemand weniger als Luzifer in Person, umgeben von seinem gesamten Hofstaat: ein gehörnter Oberteufel, ganz in Schwarz und mit blutrotem Gesicht, inmitten eines Schwarms von Teufelchen mit Vogelköpfen, Pferdeschwänzen und anderen Scheußlichkeiten in allen Farben, dazwischen Teufelinnen oder auch Schäferinnen in weißen und rosa Kleidern, die aussahen, als seien sie von diesen bösen Geistern entführt worden. Nach meinem oben angelegten Geständnis kann ich wohl zugeben, daß ich mich während ein oder zwei Minuten und sogar nachdem ich begriffen hatte, was gespielt wurde, arg zusammennehmen mußte, um meine Lampe angesichts dieser gräßlichen Maskerade nicht fallen zu lassen, der die Stunde, der Ort und der Fackelschein ein wahrhaft übernatürliches Aussehen gaben.

Es waren Leute vom Dorf, reiche Bauern und Kleinbürger, die Fastnacht feierten und gekommen waren, um sich in der Zelle der Maria Antonia mit Volkstänzen zu belustigen. Der seltsame Lärm, mit dem sie anrückten, ging von Kastagnetten aus, die gleichzeitig von mehreren Buben in schmierig-gräßlichen Masken geschlagen wurden, aber nicht in regelmäßigem Takt wie in Spanien, sondern in kontinuierlichem Rattern wie von Trommeln auf dem Schlachtfeld. Diese Begleitung ihrer Tänze ist ein so grelles und scharfes Geräusch, daß man Nerven wie Stricke haben muß, um es auch nur eine Viertelstunde zu ertragen. Bei ihren Festzügen unterbrechen sie es unvermittelt, um alle miteinander eine *coplita* über ein musikalisches Motiv anzustimmen, das sich immer wiederholt und nie enden will; dann fangen die Kastagnetten wieder für ein paar Minuten zu klappern an. Es gibt nichts Barbarischeres, als seine Fröhlichkeit auszutoben, indem man sich mit Holzgeklapper das Trommelfell sprengt. Andererseits wächst das Motiv, das an sich nichts Besonderes ist, zu einer gewissen Größe, wenn es nach langen Lärmpausen aufklingt, zumal gesungen von diesen sehr eigenartigen Stimmen, die selbst bei höchster Lautstärke verschleiert und bei höchster Lebendigkeit gedehnt klingen. Ich kann mir denken, daß da noch viel aus der arabischen Tradition mitschwingt.

In der lauen und dunklen Nacht unserer Überfahrt von Barcelona nach Palma, wo die einzige Lichtquelle eine eigenartige Phosphoreszenz im Kielwasser des Schiffes war, schlief alles an Bord mit Ausnahme des Rudergängers, der zur Abwehr seiner eigenen Schlafanwandlungen die ganze Nacht sang, aber mit einer derart sanften und gemessenen Stimme, daß man meinen konnte, er scheue sich, die anderen Männer von der Wache zu wecken, oder er sei selbst im Halbschlaf. Wir wurden es nicht satt, ihm zuzuhören, denn sein Gesang war ganz sonderbar mit einem Rhythmus und Modulationen, die wir nicht gewohnt waren. Der Klang seiner Stimme schien zu entschweben wie der Rauch aus dem

Schornstein, von der Brise gewiegt und davongetragen. Es war eher eine Träumerei als ein Lied, ein unwillkürliches Schweifenlassen der Stimme, wobei das Bewußtsein kaum beteiligt war. Aber die Töne waren im Einklang mit dem Rollen des Schiffes und dem Wasserrauschen an den Schaufelrädern; sie machten zwar den Eindruck einer vagen Improvisation, waren jedoch in eine sanfte, monotone Regel gefügt. Dieser besinnliche Gesang hatte großen Charme.

Doch zurück zu den Teufeln. Als sie alle vor unserer Zelle angelangt waren, umringten sie uns unaufdringlich und manierlich, denn die Mallorquiner sind in ihrer Art weder wild noch aggressiv. König Beelzebub war so gnädig, mich in Spanisch anzureden, und er sagte mir, er sei Rechtsanwalt. Um Eindruck bei mir zu schinden, versuchte er dann, Französisch zu sprechen, und fragte mich, wie es mir in der Kartause gefiel. Dabei übersetzte er das spanische Wort *cartuja* mit dem französischen *cartouche* (Kartätsche), was etwas sinnverwirrend war. Aber man kann vom mallorquinischen Teufel nicht verlangen, daß er alle Sprachen spricht.

Ihre Tänze sind nicht lustiger als ihre Lieder. Wir folgten dem Schwarm in Maria Antonias Zelle, die mit Efeugirlanden dekoriert war, an denen kleine Papierlaternen hingen. Das Orchester bestand aus einer großen und einer kleinen Gitarre, einer Art Geige und drei oder vier Paaren von Kastagnetten; es begann, die einheimischen *jotas* und *fandangos* zu spielen, die den spanischen ähneln, deren Rhythmus jedoch origineller und deren Gangart forscher ist.

Dieses Fest wurde zu Ehren von Rafael Torres, einem reichen Pächter der Umgegend veranstaltet, der sich ein paar Tage vorher mit einem recht hübschen Mädchen verheiratet hatte. Der frischgebackene Ehemann war der einzige, der dazu verdammt war, fast den ganzen Abend mit den Frauen zu tanzen, die er eine nach der anderen aufforderte. Und während dieses *pas de deux* hockten alle anderen ernst und schweigend nach orientalischer Art auf dem Boden; selbst der Bürgermeister mit seiner Mönchskapuze und seinem großen, schwarzen Stab mit silbernem Knauf machte keine Ausnahme. Die mallorquinischen *boleros* haben eine altertümliche Gemessenheit und nichts von der sinnlichen Anmut, die man in Andalusien bewundert. Herr und Dame halten die Arme unbeweglich ausgestreckt, während die Finger rasch und ununterbrochen auf den Kastagnetten spielen. Der schöne Rafael tanzte seine Pflicht. Als er seinen Frondienst abgeleistet hatte, hockte er sich hin wie die anderen, und die Dorfgecken kamen an die Reihe, ihre Künste zu zeigen. Ein schlanker, junger Bursche mit einer Wespentaille erregte allgemeine Bewunderung durch die abgehackte Präzision seiner Bewegungen und durch Sprünge auf der Stelle, die an galvanische Zuckungen erinnerten; dabei erhellte nicht das geringste Fünkchen von Fröhlichkeit sein Gesicht. Ein vierschrötiger Landarbeiter, der sehr von sich eingenommen war, wollte Tanzschritte mit angewinkelten Armen im spanischen Stil machen, wurde aber ausgelacht, wie er es verdiente, denn es war tatsächlich die lächerlichste Karikatur, die man sich vorstellen kann. Dieser Dorfball hätte uns lange gefesselt, wenn diese Damen und Herren nicht einen derartigen Duft von ranzigem Öl und Knoblauch verbreitet hätten, daß er einen wirklich an der Gurgel packte.

Wir machten vor allem zwei Ausflüge, die einen Bericht verdienen. An den ersten denke ich nicht gern zurück, obwohl wir viel Schönes gesehen haben. Aber unser Kranker, der damals zu Beginn unseres Aufenthalts auf Mallorca gut beisammen war, wollte uns begleiten; er hatte sich jedoch zuviel zugemutet, und die Anstrengung war der Grund für den Ausbruch seiner Krankheit.

Unser Ziel war eine Einsiedelei, etwa drei Meilen von der Kartause entfernt. Wir folgten dem rechten Zug der Bergkette und stiegen von Hügel zu Hügel einen steinigen Pfad hinauf, der uns auf wunden Füßen zur Nordküste hinführte. An jeder Wegbiegung hatten wir das großartige Schauspiel des Meeres, das wir von hoch oben über eine Strecke reicher Vegetation hinweg liegen sahen. Es war das erste Mal, daß ich ein fruchtbares Ufer mit

Bäumen und anderem Grün bis an die erste Welle heran sah, ohne fahle Klippen, ohne schlammige Marsch und ohne langweiligen Strand. Wo immer ich in Frankreich die Küste erlebt habe, sogar auf den Höhen von Port-Vendres, wo sie sich mir endlich voller Schönheit präsentierte, überall kam mir das Meer schmutzig und abstoßend vor. Selbst der gepriesene Lido von Venedig ist nichts als fürchterlich nackter Sand, der von riesigen Eidechsen wimmelt; man braucht nur einen Schritt zu machen, und schon springen sie zu Tausenden unter dem Fuß auf und scheinen einen in ständig wachsender Zahl zu verfolgen wie in einem bösen Traum. In Royant, in Marseille, fast überall an unseren Küsten verleidet uns ein Gürtel schmieriger Tanghaufen und öden Sandes den Zugang zum Meer. In Mallorca sah ich es endlich, wie ich es mir erträumt hatte: klar und blau wie der Himmel, sanft gewellt wie eine Ebene aus Saphiren, die sich, von einem unsichtbaren Pflug beständig in Furchen gelegt, aus einer gewissen Höhe gesehen nicht merklich bewegt und von dunkelgrünen Forsten eingerahmt ist. Mit jedem Schritt, den wir auf dem gewundenen Bergpfad machten, bot sich uns ein erhebenderer Ausblick als der vorherige. Zur Einsiedelei mußten wir ein gutes Stück absteigen; hier ist die Küste zwar sehr schön, aber längst nicht so überwältigend wie an einer anderen Stelle, zu der ich einige Monate später kam.

Die vier oder fünf Einsiedler sind keine poetisch-lyrischen Figuren. Ihre Behausung ist so erbärmlich und roh, wie es ihr Gelübde erheischt; und zu Füßen ihres Terrassengartens, den umzugraben sie gerade beschäftigt waren, bietet sich ihren Blicken die große Einsamkeit des Meers. Uns kamen sie als die einfältigsten Menschen der Welt vor. Sie trugen keine geistliche Tracht. Ihr Superior legte seinen Spaten aus der Hand und kam in seinem hellbraunen, unordentlichen Wams auf uns zu; seine kurzen Haare und der schmutzige Bart hatten nichts Malerisches. Er sprach uns von den Entbehrungen, die dieses Leben auferlegt, und vor allem von der unerträglichen Kälte, die an dieser Küste herrscht; als wir ihn aber fragten, ob es gelegentlich Frost gäbe, konnten wir ihm nicht begreiflich machen, was Frost ist. Er kannte das Wort in keiner Sprache und hatte nie von einem Land gehört, wo es kälter als in Mallorca ist. Indessen hatte er eine gewisse Vorstellung von Frankreich, weil er unsere Flotte auf ihrem Wege zur Eroberung Algiers im Jahre 1830 hatte vorbeifahren sehen; es war das schönste, aufregendste, man kann sagen, sein einziges Erlebnis. Er fragte uns, ob es den Franzosen gelungen sei, Algier einzunehmen. Als wir ihm erzählten, sie hätten kürzlich auch noch Constantine besetzt, machte er ganz große Augen und rief aus, die Franzosen seien ein großes Volk.

Er führte uns nach oben in eine kleine, ziemlich schmutzige Zelle, wo wir den Veteran der Einsiedler trafen. Er kam uns vor, als wäre er hundert Jahre alt, dabei war er erst achtzig, wie wir zu unserer Überraschung hörten. Der Mann war völlig verblödet, obwohl er mit seinen aschgrauen, zittrigen Händen noch ganz mechanisch Holzlöffel anfertigte. Er nahm keine Notiz von uns, wenngleich er nicht taub war. Als der Superior ihn anrief, hob er einen massigen Kopf wie aus Wachs und zeigte uns ein Gesicht von bestialischer Häßlichkeit, in dessen verzerrten Zügen sich ein ganzes Leben geistiger Verkümmerung abzeichnete. Ich mußte rasch meine Augen von dem erschütterndsten und quälendsten Menschenbild abwenden, dem ich je begegnet bin. Wir gaben ihnen ein Almosen, denn sie gehörten einem Bettelorden an; von den Bauern werden sie noch immer sehr verehrt und mit allem Notwendigen versorgt. Auf unserem Rückweg kamen wir in einen furchtbaren Sturm, der uns mehrere Male umwarf und unseren Marsch so anstrengend machte, daß unser Kranker völlig erschöpft war.

Den zweiten Ausflug machten wir nicht lange vor unserer Abreise von Mallorca; ich werde ihn nie vergessen. Es war der gewaltigste Eindruck, den mir die Natur jemals vermittelt hat, und ich bin höchstens drei- oder viermal in meinem Leben ähnlich ergriffen gewesen.

Der Regen hatte endlich aufgehört, und der Frühling war plötzlich gekommen. Es war Februar; die Mandelbäume standen in voller Blüte, und die Wiesen waren mit duftenden Narzissen übersät. Abgesehen vom Farbton des Himmels und dem frischen, jungen Grün der Landschaft führten die Blumen den einzigen Unterschied zwischen den beiden Jahreszeiten vor Augen, denn die Bäume dieser Gegend sind zumeist immergrün. Was früh ausschlägt, braucht keine Frostschäden zu befürchten, das Gras bleibt saftig, und die Blumen brauchen nur einen sonnigen Morgen, um ihre Nase in den Wind zu heben. Als unser Garten unter spannendickem Schnee lag, wiegte der Wind an unseren Bogenlauben niedliche, kleine Kletterrosen, die zwar etwas blaß waren, aber dennoch guter Dinge zu sein schienen.

Eines Morgens, an dem es unserem Kranken gut genug ging, um zwei oder drei Stunden alleingelassen zu werden, bestimmte mich ein Blick aufs Meer vom Nordtor des Klosters, mich mit den Kindern auf den Weg zu machen, um die Küste nach jener Seite kennenzulernen. Bisher war ich darauf nicht im mindesten neugierig gewesen, obgleich mir meine Kinder, die wie die Gemsen sprangen, versicherten, es sei das schönste Fleckchen auf der Welt. Sei es, daß von unserem Besuch der Einsiedelei als Ursache unserer Sorgen eine gewisse berechtigte Unlust nachgeblieben war, sei es, daß mir ein Meeresblick von unten nicht so vielversprechend vorkam wie der von der Höhe aus; jedenfalls hatte ich noch keine Versuchung gespürt, mich aus dem bergenden Tal von Valldemosa zu wagen.

Wie gesagt steht die Kartause an einer Stelle, wo sich der Gebirgszug teilt und eine leicht geneigte Ebene zwischen den beiden sich ausbreitenden Armen auf das Meer zu ansteigt. Wenn ich bei meinem täglichen Blick in dieser Richtung das Meer sich am Horizont weit über diese Ebene erheben sah, befanden sich Auge und Hirn in einem seltsamen Irrtum. Anstatt mir klarzumachen, daß die Ebene zunächst anstieg, dann aber gar nicht weit von mir plötzlich abbrach, bildete ich mir ein, sie senke sich allmählich bis zum Ufer in etwa fünf bis sechs Meilen Entfernung. Woher sollte ich denn wissen, daß dieses Meer, das scheinbar mit der Kartause auf gleicher Höhe lag, tatsächlich mehr als 400 Meter tiefer gelegen war. Es wunderte mich schon zuweilen, daß seine Stimme bei dem von mir angenommenen Abstand so laut bis zu uns drang. Ich hatte ganz einfach nicht nachgedacht, und ich frage mich, mit welcher Berechtigung ich mich manchmal über kleine Leute in Paris mokiere, wo meine eigenen Mutmaßungen doch mehr als einfältig waren. Ich erkannte nicht, daß der Meereshorizont, über den mein Blick streifte, 15 oder 20 Meilen von der Küste entfernt war, während man das Gestade, an dem sich die Wellen brechen, in einer halben Wegstunde von der Kartause erreichen konnte. Wenn also meine Kinder mich dazu bewegen wollten, mit ihnen bis zu der Stelle zu kommen, wo man einen weiten Blick aufs Meer hinaus hat, und behaupteten, es seien nur ein paar Schritte bis dahin, hatte ich nie Zeit dafür, weil ich glaubte, es handele sich um ein paar Kinderschritte, was in Wirklichkeit Riesenschritte bedeutete. Kinder marschieren ja bekanntlich mit dem Kopf, ohne jemals in ihre Füße zu denken, und Däumlings Siebenmeilenstiefel sind ein Symbol dafür, daß Kinder um die ganze Erde laufen könnten, ohne es zu merken.

Schließlich ließ ich mich von ihnen mitschleppen und war überzeugt, daß wir dieses ferne Märchenufer niemals erreichen würden. Mein Sohn behauptete, den Weg zu kennen; da aber alles Weg ist, wenn man Siebenmeilenstiefel anhat, und da ich seit langem nur noch in Pantoffeln durchs Leben latsche, wandte ich ein, daß ich nicht wie er und seine Schwester über Gräben, Hekken und Bäche springen könne. Während einer Viertelstunde ging es offensichtlich nicht abwärts zum Meer, denn die Bachläufe rannen uns hurtig entgegen, und je weiter wir vorankamen, desto tiefer schien das Meer am Horizont in den Abgrund zu sinken. Am Ende glaubte ich, wir gingen in der entgegengesetzten Richtung, und nahm mir vor, den ersten Bauern, der uns begegnete, zu fragen, ob wir Aussicht hätten, so ans Meer zu gelangen.

In einem modderigen Graben unter einer Weidengruppe waren drei Hirtinnen, vielleicht drei verkleidete Feen, damit beschäftigt, mit Schaufeln im Dreck zu wühlen, um ich weiß nicht was für einen Talisman oder Salatkopf zu finden. Die erste hatte nur einen Zahn und war vermutlich die Fee Dentue, die ihren Hexensud mit diesem einzigen, entsetzlichen Zahn in ihrem Kessel rührt. Die zweite Alte war allem Anschein nach die böse, bucklige Carabosse, die Todfeindin orthopädischer Institute. Beide schnitten uns eine fürchterliche Fratze. Die erste fletschte ihren Zahn in Richtung auf meine Tochter, deren Jugendfrische ihren Appetit reizte. Die zweite warf den Kopf zurück und schwang ihre Krücke, um meinem Sohn, vor dessen geradem und schlankem Wuchs ihr grauste, das Kreuz zu brechen. Die dritte war jung und hübsch; sie sprang behende auf den Grabenrand, warf ihren Umhang über die Schultern und machte uns ein Zeichen mit der Hand, ihr zu folgen. Sie war sicher eine gute kleine Fee, nannte sich aber unter ihrer Verkleidung als Gebirglerin Périca de Per Bruno. Périca ist das netteste einheimische Geschöpf, dem ich auf Mallorca begegnet bin. Sie und meine Ziege sind die einzigen lebenden Wesen, die in Valldemosa ein Stückchen meines Herzens zurückbehalten haben. Das junge Mädchen war so verdreckt, wie die kleine Ziege sich geschämt hätte, es zu sein; als sie aber eine Weile durch das feuchte Gras gegangen war, wurden ihre bloßen Füße zwar nicht gerade weiß, aber niedlich wie die einer Andalusierin. Ihr anmutiges Lächeln, ihr zutrauliches und neugieriges Geplapper, ihre uneigennützige Gefälligkeit gaben uns das Gefühl, wir hätten in ihr etwas so Reines wie eine kostbare Perle gefunden. Sie war sechzehn Jahre alt und hatte ein feingeschnittenes Gesicht, das ganz rund war und samtig wie ein Pfirsich. Sie besaß das Ebenmaß und die Harmonie einer griechischen Statue, war schlank wie eine Gerte, und ihre nackten Arme hatten einen tiefbraunen Ton. Unter ihrem *rebozillo* aus grobem Leinen quoll wie ein Fohlenschwanz das wirre, flatternde Haar hervor. Unter ihrer Führung überquerten wir den Rain ihres Akkers und eine baumbestandene Wiese, umrahmt von großen Felsblöcken. Das Meer konnte man nicht mehr sehen, so daß es mir vorkam, als stiegen wir in die Berge und die schelmische Périca hielte uns zu Narren.

Doch am Ende der Wiese öffnete sie ein kleines Gatter, und wir befanden uns auf einem Pfad, der um eine Felsnadel in Form eines Zuckerhuts herumführte. Nach einigen Windungen standen wir plötzlich wie durch Zauberei hoch über dem unermeßlichen Meer mit der seitlichen Sicht auf die gegenüberliegende Küste der kleinen Bucht zu unseren Füßen. Dieser unerwartete Blick machte mich zunächst schwindlig, so daß ich mich erst einmal hinsetzen mußte. Aber diese Anwandlung verging allmählich; ich wurde wieder beherzt und ging sogar den Pfad weiter hinunter, obwohl er nicht für Menschenfüße, sondern eher für Ziegen gedacht war. Was ich sah, war so schön, daß meine Gedanken diesmal keine Siebenmeilenstiefel, sondern Schwalbenflügel bekamen, und ich zog los, um die 30 Meter hohen Sandsteinnadeln herum, die am Saum der Klippen wie wachsame Riesen dastanden. Die ganze Zeit hielt ich Ausschau nach dem Ufer der kleinen Bucht zur Rechten, in der Fischerboote, winzig wie Fliegen, lagen.

Plötzlich sah ich nichts mehr vor mir und unter mir als das strahlend blaue Meer. Der Weg hatte sich irgendwie verlaufen. Périca rief von oben, und meine Kinder, die mir auf allen Vieren folgten, fingen an, noch lauter zu schreien. Ich drehte mich um und sah meine Tochter ganz in Tränen aufgelöst. Ich kehrte um, aber ehe ich sie fragen konnte, was los ist, wurde mir rasch bewußt, daß die verzweifelte Angst meiner Kinder nicht ohne Grund war. Hätte ich auch nur einen Schritt mehr gemacht, wäre ich viel schneller unten gewesen, als mir lieb sein konnte, es sei denn, es wäre mir gelungen, wie Fliegen an der Zimmerdecke umgekehrt zu laufen, denn der Felsen, auf den ich zusteuerte, war überhängend und der Inselblock unten tief ausgewaschen. Als ich die gefährliche Lage sah, in die ich meine Kinder fast mit hineingezogen hätte, packte mich ein entsetzlicher Schrecken, und ich machte, daß ich wieder zu ihnen hinaufkam. Nachdem ich sie aber hinter einem der großen Zuckerhüte in Sicherheit gebracht hatte, wurde ich erneut von dem Drang besessen, auf den Grund der Bucht zu kommen und die Auswaschungen von unten zu sehen.

Niemals in meinem Leben hatte ich etwas dem Vergleichbares gesehen wie das, was ich da unten erahnte und was meine Phantasie beflügelte. Ich konnte es nicht lassen, auf einem anderen Pfad noch einmal abzusteigen, indem ich mich an Brombeerranken festhielt und die Felsnadeln umklammerte, die jeweils einen neuen Absatz der Tiefe zu bezeichneten. Endlich konnte ich einen Blick vom riesigen Maul des ausgehöhlten Gesteins erhaschen, in das sich die Wellen mit seltsamen Lauten stürzten; ich weiß nicht, welche Zauberklänge zu hören und welche unbekannte Welt ich zu entdecken meinte, als mich mein Sohn beängstigt und ziemlich wütend packte und mich zurückriß. Unweigerlich mußte ich einen recht prosaischen Fall tun, nämlich nicht vornüber, denn das wäre das Ende des Abenteuers und meiner selbst gewesen, sondern aufs Sitzfleisch, wie ein vernünftiger Mensch. Mein Sohn hielt mir meine Unbedacht mit so schönen Worten vor, daß ich meine Absicht aufgab, allerdings nicht ohne Bedauern, das selbst heute noch nicht ganz erstorben ist, denn meine Pantoffeln werden jedes Jahr schwerer, und ich glaube nicht, daß mir die Flügel, die ich an jenem Tage hatte, jemals wiederwachsen werden, um mich an solche Gestade zu tragen.

. . .

Der Mallorquiner versteht sich nicht auf die Rindermast, auf die Wollverarbeitung und auf das Melken von Kühen (Milch und Butter schätzt er nämlich ebenso wenig wie Industrie); er ist nicht fähig, genügend Weizen zu erzeugen, um sich davon zu ernähren; er kann sich kaum dazu aufraffen, Maulbeerbäume anzubauen und Seide zu gewinnen; die einst blühende Kunst der Tischlerei ist ihm abhanden gekommen und völlig in Vergessenheit geraten; er besitzt keine Pferde, denn das spanische Mutterland requiriert alle Fohlen für das Heer, und der friedliche Mallorquiner ist nicht so dumm, für die Ausrüstung der königlichen Kavallerie zu arbeiten. Da er es nicht für notwendig hält, eine einzige Straße, auch nur einen einzigen brauchbaren Weg auf der Insel zu unterhalten, da die Ausfuhrrechte der Willkür einer Regierung anheimgegeben sind, die keine Zeit hat, sich mit solchen Lappalien zu befassen, blieb dem Mallorquiner nichts anderes übrig, als zu vegetieren, als seinen Rosenkranz abzuleiern und seine Hosen zu flicken, die in einem traurigeren Zustand sind als die von Don Quijote, seinem Vorbild in Armseligkeit und Stolz.

Schließlich aber kam das Schwein als Retter. Der Export des Borstenviehs wurde gestattet, und eine neue Ära, die Zeit des Wohlstandes brach an. In Mallorca wird die Nachwelt unser Jahrhundert das Zeitalter des Schweins nennen, ähnlich wie die Moslems in ihrer Geschichte mit einem Zeitalter des Elefanten rechnen.

Heutzutage liegen Oliven und Johannisbrot nicht wie früher unter den Bäumen herum, die Kaktusfeige dient den Kindern nicht mehr als Spielzeug, und die Hausmütter haben gelernt, mit Saubohnen und Kartoffeln sparsam umzugehen. Das Schwein erlaubt keine Vergeudung und läßt nichts umkommen. Es ist das beste Beispiel herzhafter Gefräßigkeit bei bescheidenen Ansprüchen an Kost und Logis, das man den Massen vorhalten kann.

Daher genießt es in Mallorca Vorrechte, die man früher nicht einmal menschlichen Wesen eingeräumt hätte. Man hat die Gehöfte ausgebaut und besser belüftet; Frucht, die am Boden verrottete, wurde aufgesammelt, verlesen und eingelagert, und eine Schiffsverbindung zwischen der Insel und dem Festland, die man vordem für überflüssig und abwegig gehalten hatte, wurde eingerichtet.

Ich habe es also dem Schwein zu verdanken, daß ich die Insel Mallorca besuchen konnte. Wäre ich nämlich drei Jahre früher auf die Idee gekommen, hätte mich vermutlich die lange und gefährliche Reise auf einem Kutter den Plan aufgeben lassen. Aber mit dem Schweineexport hat die Zivilisation hier Fuß gefaßt. Man kaufte in England ein nettes kleines Dampfschiff, das zwar gegen den steifen Nordwind nicht ankommt, aber bei gutem Wetter einmal in der Woche zweihundert Schweine und beiläufig einige Passagiere nach Barcelona befördert.

Auf unserer Rückfahrt von Palma nach Barcelona war es lustig zu sehen, mit welcher behutsamen Rücksicht diese Herren (ich spreche nicht von den Passagieren) an Bord behandelt und wie liebevoll sie an Land gesetzt wurden. Der Kapitän des Dampfers ist ein reizender Mensch, der durch das Zusammenleben mit diesen edlen Tieren ganz ihr Grunzen und Quieken und sogar etwas von ihrer Ungezwungenheit angenommen hat. Wenn sich ein Passagier über den Saulärm beklagt, antwortet der Kapitän, das sei der Klang von Goldstücken, die auf dem Zahlbrett klimpern. Wenn eine Frau so zimperlich ist, sich über den Gestank zu beschweren, den sie im Schiff verbreiten, hat ihr Mann die Antwort bereit, daß Geld nicht stinkt und daß es ohne Schweine für sie weder Hüte oder seidene Kleider aus Frankreich noch Mantillas aus Barcelona gäbe. Wenn jemand seekrank wird, braucht er gar nicht zu versuchen, einen Matrosen um Beistand zu bitten. Schweine werden nämlich auch seekrank, und diese Unpäßlichkeit ist bei ihnen von einer absonderlichen Teilnahmslosigkeit und einem derartigen Lebensüberdruß begleitet, daß man um jeden Preis dagegen ankämpfen muß. Alles Mitleid und menschliche Gefühl über Bord werfend – denn es geht um die Existenz seiner liebsten Passagiere – stürzt sich der Kapitän höchstpersönlich mit einer Peitsche bewaffnet mitten unter sie. Hinter ihm drein stürmen Matrosen und Schiffsjungen; jeder greift sich, was ihm gerade in die Hände fällt, der eine eine Eisenstange, der andere ein Tauende, und unverzüglich bezieht die ganze Saubande, die reglos und stumm hingefläzt lag, eine väterliche Tracht Prügel. Die Tiere werden dadurch gezwungen aufzustehen, sich zu bewegen und durch die gewaltsame Ablenkung den unheilvollen Einfluß des Schlingerns zu bekämpfen.

Bei unserer Abfahrt von Mallorca im Februar war es drückend heiß, doch wir konnten nicht an Deck. Selbst wenn wir riskiert hätten, daß uns ein übelgelauntes Schweinevieh die Beine abbeißt, wäre es uns vom Kapitän sicher nicht erlaubt worden, die Biester durch unsere Anwesenheit zu belästigen. Zunächst verhielten sie sich völlig ruhig, aber um Mitternacht fand der Steuermann, sie schliefen wie in dumpfe Schwermut versunken. Also wurde ihnen die Peitsche verabfolgt, und wir wurden regelmäßig

alle Viertelstunde von einem derart fürchterlichen Zetern und Quieken aufgeweckt – Schmerz- und Wutgeschrei der Gepeinigten einerseits und Anfeuerungsrufe des Kapitäns begleitet von Flüchen der wetteifernden Peiniger andererseits –, daß wir manchmal dachten, die Schweine fräßen die Mannschaft auf.
Als das Schiff in Barcelona vor Anker gegangen war, verlangte uns natürlich nach raschem Abschied von der sonderbaren Gesellschaft, und ich muß gestehen, daß mir die menschliche fast so unerträglich geworden war wie die der Tiere. Aber wir durften nicht an die Luft, ehe die Schweine ausgeschifft waren. Wir hätten ruhig in unseren Kabinen ersticken dürfen, ohne daß sich jemand um uns gekümmert hätte, solange auch nur noch ein Schwein vom rollenden Schiff an Land zu bringen war.
Mir macht die Seefahrt nichts aus, aber ein Mitglied meiner Familie war schwer krank. Die Überfahrt, der Gestank und Mangel an Schlaf hatten seine Leiden nicht gemildert. Die einzige Aufmerksamkeit, die uns der Kapitän erwies, war uns zu bitten, den Kranken nicht in die beste Koje der Kabine zu legen, denn nach spanischen Begriffen ist jede Krankheit ansteckend; und da sich unser Kapitän bereits vorgenommen hatte, die infizierte Koje zu verbrennen, sollte es die schlechteste sein. Zwei Wochen danach, auf unserer Heimreise nach Frankreich mit *Le Phénicien*, einem herrlichen Dampfschiff unserer Nationalität, konnten wir die Zuvorkommenheit des Franzosen mit der Gastlichkeit des Spaniers vergleichen. Der Kapitän von *El Mallorquín* hatte einem Todeskandidaten das Lager nicht gegönnt; der Kapitän aus Marseille fand ihn nicht gut genug gebettet und gab ihm die Matratzen seiner eigenen Koje ... Und als ich unsere Passage bezahlen wollte, meinte der Franzose, ich gäbe ihm zuviel; der Mallorquiner hatte mich doppelt zahlen lassen.
Daraus schließe ich nicht etwa, daß der Mensch an einer Stelle unserer Weltkugel aus Erde und Wasser immer nur gut und an einer anderen immer nur schlecht sei. Moralische Mängel sind beim Menschen nur die Auswirkung materieller Mängel. Not erzeugt Angst, Mißtrauen, Betrug, jegliche Art von Kampf. Der

Spanier ist unwissend und abergläubisch; infolgedessen glaubt er an Ansteckung, fürchtet Krankheit und Tod, ist weder aufrichtig noch barmherzig. Er ist arm, steht unter schwerer Steuerlast; das macht ihn geizig, selbstsüchtig und unehrlich im Verkehr mit Fremden. Aus der Geschichte wissen wir, daß er Größe bewiesen hat, wenn ihm Gelegenheit dazu gegeben war. Aber er ist ein Mensch, und im Privatleben erliegt der Mensch, wo er erliegen muß.

BRIEFE EINES REISENDEN *(Auszüge)*

Auf die Idee, die »Briefe eines Reisenden« [1] *zu veröffentlichen, kam George Sand zu Beginn der dreißiger Jahre: »In jenen Zeiten, wo mein ermüdeter Geist keine Helden und Abenteuer erfinden konnte, bin ich gleich einem Impresario, dessen Truppe zur Stunde des Schauspiels noch nicht versammelt ist, ganz verwirrt im Schlafrock auf die Bühne gelaufen, um schnell nur den Prolog des erwarteten Stückes herzusagen.«* [2]
Im folgenden wird einer der vielen Briefe an Herbert [3] *wiedergegeben, in dem George Sand ihr Zusammentreffen mit Marie d'Agoult und Franz Liszt schildert. Die Reise in die Schweiz unternahm George Sand mit ihren Kindern, Solange und Maurice, unmittelbar nachdem sie sich im Juli 1836 endgültig von ihrem Mann getrennt hatte. Sie verbrachte dort mit ihren Freunden einen sehr glücklichen September.* [4]

Genf.

– Meine Herren, wo steigen Sie ab?
So spricht der Postillon. – Antwort:
– Bei Herrn Liszt.
– Wo wohnt dieser Herr?
– Ich wollte eben dieselbe Frage an Euch tun.
– Was macht er? Was ist sein Stand?
– Künstler.
– Tierarzt?
– Bist du krank, Vieh?
– Es ist ein Violinenhändler, sagt ein Vorübergehender, ich will Sie zu ihm führen.
Man läßt uns eine schroff ansteigende Straße hinaufklettern, und die Wirtin des bezeichneten Hauses erklärt, Liszt wäre in England.
– Die Frau spricht im Traume, sagt ein anderer Vorübergehender. Herr Liszt ist ein Musiker vom Theater; man muß beim Regisseur nach ihm fragen.
– Warum nicht? sagt der Legitimist. Und er geht zum Regisseur. Dieser erklärt, Liszt sei in Paris. – Natürlich, sag ich zornig, er

hat sich als Querpfeifer bei Musards Orchester engagiert, nicht wahr?
– Warum nicht? sagt der Regisseur.
– Da ist die Tür des Cassino, sagt, ich weiß nicht wer. Alle Fräulein, die Musikunterricht nehmen, kennen Herrn Liszt.
– Ich habe Lust, diejenige anzureden, die soeben mit einem Notenbuche unter dem Arme herauskommt, sagt mein Gefährte.
– Und warum nicht? um so mehr, da sie hübsch ist.
Der Legitimist verbeugt sich dreimal *à la française* und fragt in den höflichsten Ausdrücken nach Liszts Adresse. Das junge Mädchen errötet, senkt die Augen und antwortet mit einem unterdrückten Seufzer, Herr Liszt sei in Italien.
– So geh er zum Teufel! Ich lege mich in den ersten besten Gasthof zur Ruhe, jetzt mag er mich seinerseits suchen.
Im Gasthause bringt man mir einen Brief von seiner Schwester.
»Wir haben Dich erwartet, Du bist nicht pünktlich, Du langweilst uns. Suche uns, wir sind abgereist. Arabella.«[5]
N. S. »Such' den Major[6] auf und komm mit ihm zu uns.«
– Wer ist der Major?
– Was kümmert das Sie? fragt mein Freund, der Legitimist.
– Zur Sache! Kellner, hol den Major.
Der Major kommt. Er hat ein Gesicht wie Mephistopheles und einen Mantel wie ein Zollwächter. Er betrachtet mich vom Kopf bis zu den Füßen und fragt mich, wer ich bin.
– Ein schlecht gekleideter Reisender, wie Sie sehen, der sich von seiten Arabellas empfiehlt.
– Aha! ich laufe nach einem Paß.
– Ist der Mensch toll?
– Nicht doch; morgen gehen wir nach dem Montblanc ab.
Da sind wir in Chamonix; der Regen fällt, und die Nacht wird immer finsterer. Ich steige aufs Geradewohl in der *Union* ab, welche die Leute des Landes *Oignon* aussprechen, und diesmal hüte ich mich wohl, nach dem europäischen Künstler unter seinem Namen zu fragen. Ich richte mich nach den Begriffen des aufge-

klärten Volkes, welches ich zu besuchen die Ehre habe, und entwerfe eine summarische Beschreibung von der Person: Zu enge Bluse, langes, unordentliches Haar, eingedrückter Strohhut, wie ein Strick zusammengedrehte Krawatte, für den Augenblick hinkend und gewöhnlich das *Dies irae* mit angenehmem Wesen trillernd.
– Gewiß, mein Herr, antwortet der Wirt, sie sind eben angekommen; die Dame ist sehr ermüdet und das junge Mädchen guter Laune. Steigen Sie die Treppe hinauf, sie sind in Nr. 13.
– Das sind sie nicht, dachte ich; doch was tut's? Ich eile nach Nr. 13, entschlossen, mich dem ersten besten Engländer an den Hals zu werfen, der mir in die Hände kommt. Ich war so beschmutzt, daß es ein köstlicher Spaß für einen Reisediener gewesen wäre. Der erste Gegenstand, der unter meine Füße fällt, ist das von dem Wirte sogenannte *junge Mädchen*. Es ist Puzzi[7], der auf einem Nachtsacke reitet, und so verändert, so groß geworden, den Kopf mit so langen, braunen Haaren bedeckt, und in eine so weibliche Bluse gehüllt, daß ich nicht weiß, was ich davon denken soll; und da ich den kleinen Herrmann nicht mehr erkenne, nehme ich vor ihm den Hut ab und sage: Schöner Page, sage mir, wo ist Lara?
Aus der Tiefe einer englischen Capote erhebt sich bei diesem Worte das blonde Haupt Arabellas; während ich zu ihr eile, fällt mir Franz um den Hals, stößt Puzzi einen Schrei der Überraschung aus, und wir bilden eine unentwirrbare Gruppe von Umarmungen, während das Mädchen des Gasthofs, erstaunt zu sehen, daß ein so schmutziger Junge, den sie bisher für einen Jokkey gehalten, eine so hübsche Dame wie Arabella umarmt, das Licht fallen läßt und im ganzen Hause erzählt, Nr. 13 sei von einer Truppe geheimnisvoller, rätselhafter, dichtbehaarter Menschen besetzt, wo man nicht mehr sehen könnte, was Mann oder Frau, Diener oder Herr sei. – Komödianten! sagt ernst der Küchenmeister mit verächtlicher Miene, und so sind wir denn bezeichnet, verachtet und verabscheut. Die englischen Damen, denen wir auf den Korridoren begegnen, lassen ihren Schleier über

ihr züchtiges Gesicht herab, und ihre majestätischen Gatten verabreden untereinander, von uns während des Abendessens gegen eine anständige Kollekte eine kleine Probe unserer Kunst zu verlangen. Hier ist der Ort, Dir die wissenschaftlichste Bemerkung mitzuteilen, die ich in meinem Leben gemacht habe.
Die Inselbewohner Albions führen ein besonderes Fluidum bei sich, das ich das britische nennen möchte, und in ihm reisen sie, so wenig zugänglich der Atmosphäre der Gegenden, durch die sie kommen, als die Maus in einer Luftpumpe. Nicht bloß den tausend Vorsichtsmaßregeln, mit denen sie sich umgeben, verdanken sie ihre ewige Kaltblütigkeit. Nicht, weil sie drei Paar *breeches* übereinander tragen, kommen sie trotz Regen und Schmutz trokken und anständig an; auch nicht weil sie wollene Perücken haben, trotzt ihre steife, metallische Frisur der Feuchtigkeit; nicht, weil sie alle mit so viel Pomade, Bürsten und Seife beladen herumwandeln, daß man ein ganzes Regiment niederbretagnischer Konskribierten damit adonisieren könnte, ist ihr Bart immer so frisch, ihre Nägel so untadelhaft, sondern weil die äußere Luft auf sie keine Einwirkung hat, weil sie in ihrem Fluidum wie in einer zwanzig Fuß dicken Kristallglocke gehen, trinken, schlafen und essen und durch sie mitleidsvoll auf die Reiter, deren Frisur der Wind zerstört, und auf die Fußgänger herabsehen, deren Schuhe der Schnee beschädigt. Indem ich aufmerksam den Schädel, die Physiognomie und die Haltung der fünfzig Engländer beiderlei Geschlechts, welche alle Abende an jeder Wirtstafel der Schweiz sich niederlassen, betrachte, habe ich mich gefragt, was wohl der Zweck so vieler weiten, gefährlichen und schwierigen Pilgerfahrten sein könnte, und glaube es endlich, dank dem Major, den ich eifrig bei dieser Angelegenheit zu Rate gezogen, entdeckt zu haben. Für eine Engländerin nämlich besteht der wahre Zweck des Lebens darin, die höchsten und stürmischsten Gegenden zu durchreisen, ohne daß ein Haar auf ihrem Haupte aus seiner Lage gerissen wird. – Für einen Engländer ist es der, in sein Vaterland zurückzukehren, nachdem er eine Fahrt um die Welt gemacht hat, ohne daß seine Handschuhe beschmutzt oder seine Stiefel

durchlöchert worden sind. Deshalb treten des Abends nach mühsamen Exkursionen Männer und Frauen in den Wirtshäusern unter die Waffen und zeigen sich mit edlem zufriedenem Blick in all der majestätischen Undurchdringlichkeit ihrer Touristenhaltung. Nicht ihre Person, ihre Garderobe reist, und der Mensch ist nur die Gelegenheit für den Mantelsack, das Vehikel für die Kleidung. Es sollte mich gar nicht wundern, wenn ich in London Reisebücher erscheinen sähe unter dem Titel: Spaziergänge eines Hutes in den pontinischen Sümpfen. – Erinnerungen aus Helvetien eines Rockkragens. – Reise um die Welt von einem Kautschukmantel. – Die Italiener fallen in den entgegengesetzten Fehler. An ein gleichmäßiges, mildes Klima gewöhnt, verachten sie die geringsten Vorkehrungen und werden von dem Wechsel der Witterung in unserem Klima so lebhaft ergriffen, daß sie sogleich vom Heimweh befallen werden; sie durchwandern es mit stolzer Verachtung, überall die Sehnsucht nach ihrem schönen Vaterlande mit sich tragend und es unaufhörlich und ganz laut mit allem, was sie sehen, vergleichend. Sie sehen aus, als wenn sie Italien in einer Güterlotterie ausspielen wollten und Käufer für ihre Lose suchten. Wenn irgend etwas die Luft benehmen könnte, über die Alpen zu gehen, so wäre es die Art von Aufschrei, den man bei allen Städten und Dörfern ertragen muß, deren Name schon das Herz eines Italieners zum Schlagen bringt und seine Stimme anschwellt, sobald man sie nur ausspricht.
Die besten Reisenden und diejenigen, welche am wenigsten Geräusch machen, sind die Deutschen, treffliche Fußgänger, unerschrockene Raucher und alle ein wenig Musiker und Botaniker. Sie sehen langsam und umsichtig und trösten sich für alle Langweile des Gasthofs mit der Zigarre, der Maultrommel oder einem Herbarium. Ernst wie die Engländer, prahlen sie nicht mit ihrem Vermögen und zeigen sich nicht mehr, als sie sprechen. Sie gehen unbemerkt vorüber, ohne andere zu Opfern ihres Vergnügens oder ihres Müßigganges zu machen.
Was uns Franzosen betrifft, so muß man wohl gestehen, daß wir weniger als irgendein Volk Europas zu reisen wissen. Die Unge-

duld verzehrt uns, die Bewunderung reißt uns fort; unsere Fähigkeiten sind lebhaft; ergreifend, aber der Überdruß erfaßt uns bei dem geringsten Anstoß. Obgleich unser *home* im allgemeinen nicht sehr behaglich ist, übt es doch eine Gewalt auf uns aus, die uns bis zu den äußersten Enden der Erde verfolgt, uns im Ertragen von Entbehrungen und Strapazen widerspenstig und ungeschickt macht und uns den kindischsten, nutzlosesten Kummer einflößt. Unvorsichtig gleich den Italienern, haben wir nicht ihre physische Kraft, um die Unbequemlichkeiten unseres Ungeschicks zu ertragen. Wir sind auf Reisen, was wir im Kriege sind, glühend im Anfang, demoralisiert, sobald wir aufgelöst sind. Wer die Abfahrt einer französischen Karavane auf den steilen Wegen der Schweiz sieht, mag wohl über diese stürmische Freude, diese tollen Sprünge auf den Bergabhängen, über diese scherzhafte Eile, über diese ganze verlorene Mühe, die ganze im voraus am Anfange des Weges verschwendete Kraft und über diese eitle Aufmerksamkeit lachen, die enthusiastisch den ersten Gegenständen gezollt wird. Er kann gewiß sein, daß nach Verlauf einer Stunde die Karavane alle ihre physischen und moralischen Kräfte erschöpft hat und gegen Abend zerstreut, traurig, abgemattet, kaum sich fortschleppend ins Nachtlager kommt, ohne den eigentlichen bewundernswerten Gegenständen mehr als einen zerstreuten, ermüdeten Blick gewidmet zu haben.

Das alles ist vielleicht nicht so unnütz zu bemerken, als Dir es scheint. Eine Reise, hat man oft gesagt, ist ein kurzer Überblick des menschlichen Lebens. Die Art zu reisen ist also das Kriterium, an welchem man die Nationen und Individuen erkennen kann; die Kunst zu reisen, ist fast die Wissenschaft des Lebens.

Ich rühme mich dieser Wissenschaft des Reisens, aber wie sehr habe ich sie auf meine Kosten erlangt! Ich wünsche niemanden um denselben Preis dahin zu kommen, und dasselbe kann ich von allem sagen, was meinen Gedankenkreis und meine Gewohnheiten ausmacht.

Wenn ich ohne Langweile und ohne Widerwillen zu reisen verstehe, so rühme ich mich doch nicht, ohne müde zu werden gehen, und ohne naß zu werden den Regen aufnehmen zu können. Es ist keinem Franzosen gegeben, sich die notwendige Menge des britischen Fluidums zu verschaffen, um allen Unbilden des Wetters gänzlich zu entgehen. Meine Freunde sind in demselben Fall, so daß auf der ganzen Reise unsere Toilette für die pneumatischen Touristen ein Gegenstand des Ärgernisses und der Verachtung gewesen ist. Doch wie sehr wird man entschädigt, wenn man sich auf die Erde werfen kann, um auf dem ersten besten Moose auszuruhen, wenn man sich in der Sennhütte einräuchern und ohne Hilfe des Maultiers und eines Führers schwierige Wege durcheilen, auf nassen Wiesen den Apollo mit den weißen mit purpurnen Augen besetzten Flügeln verfolgen und längs den Gebüschen seiner Phantasie, schneller und schöner als alle Schmetterlinge der Erde, nachlaufen kann! Das alles freilich mit der Gefahr, des abends vor den Engländern mit verwirrten Haaren, sonnenverbrannt, staubig, schmutzig oder zerrissen zu erscheinen und von ihnen für einen Seiltänzer gehalten zu werden.

Übrigens stellte uns die Erscheinung des eidgenössischen Majors in Uniform und der Eintritt des Legitimisten in Chamonix in ihrer Achtung wieder ein wenig her. Ihr ausgezeichnetes Wesen und Arabellens anmutige Würde führte das Schweigen, wenn auch nicht das Vertrauen um uns wieder zurück. Ich glaube aber demungeachtet, daß die silbernen Bestecke diesen Abend dreimal gezählt wurden, und hörte meinerseits Mistreß** und Milady**, meine Nachbarinnen, zwei junge Witwen, von fünfzig bis sechzig Jahren, ihre Türe verbarrikadieren, als wenn sie einen Einfall der Kosaken befürchtet hätten.

– Glauben Sie nicht, sagte der Major, daß ein zum Gasthof für alle Nationen verwandeltes Land irgendeinen Nationalcharakter bewahren kann?

– Aber kann man nicht denselben Vorwurf auch Ihrer Schweiz machen? fragte ich ihn.

– Leider; wer hindert Sie daran? erwiderte er.

– Diese Schweiz, welche sich die Mühe gibt, eine stolze Haltung anzunehmen, sagte Franz, und die, während mehrere Tausend

Engländer hier ihren Müßiggang zur Schau tragen, die Flüchtlinge von ihrem Gebiete jagt! Diese Republik, die sich mit den Monarchien vereinigt um die Märtyrer der republikanischen Sache gleich wilden Tieren aufzuhetzen! ...

Ein Trommelwirbel unterbrach uns.

– Was bedeutet dieses kriegerische Geräusch? fragte Arabella.

– Der Frost tritt ein, und die Trommel verkündigt den Bewohnern des Tales, daß sie bei den Kartoffeln Feuer anzünden müssen.

Die Kartoffeln sind der einzige Reichtum dieses Teiles von Savoyen. Die Bauern glauben, wenn sie eine Rauchschicht über die mittlere Region der Gebirge legen, so fangen sie die Luft der obern Regionen ab und beschützen die tieferen Schluchten vor ihrem Eindringen. Ich weiß nicht, ob sie recht haben. Wenn ich auf Kosten einer Regierung, einer gelehrten Gesellschaft oder auch nur eines Journals reiste, so würde ich das und noch vieles andere zu erfahren suchen, was ich wohl niemals besser wissen werde, als die Mehrzahl derer, welche darüber sprechen und entscheiden. Was ich davon weiß, ist nur, daß diese, gleich Signalen längs dem Gebirgstale entzündete Feuerlinie mir mitten in der Nacht ein herrliches Schauspiel darbot. Sie durchbrach mit roten Flecken und schwarzen Rauchsäulen den silbernen Duftschleier, in welchem das Tal eingehüllt und verloren war. Über den Feuern, über dem Rauch und dem Nebel zeigte die Kette des Montblanc einen ihrer letzten Granitgürtel, schwarz wie Tinte und mit Schnee bedeckt. Diese phantastischen Teile des Gemäldes schienen im leeren Raume zu schwimmen. Über einigen Gipfeln, wo der Wind den Nebel verjagt hatte, erschienen am kalten, reinen Firmament große Sterne. Die Gebirgsspitzen, welche in den Äther einen schwarzen, engen Horizont erhoben, ließen die Gestirne noch glänzender erscheinen. Das blutige Auge des Stiers, der wilde Aldebaran stand über einer dunklen Granitspitze, welche der Deckel des Vulkans schien, aus dem dieser höllische Funke geworfen worden war. Weiter hin neigte sich Fomalhaut, ein bläulicher, reiner, melancholischer Stern auf einen weißen

Schneegipfel und erschien wie eine Träne des Mitleids und des Erbarmens, die vom Himmel auf das arme Tal herabgefallen, aber im Begriff war, von dem tückischen Geist der Gletscher unterwegs ergriffen zu werden.

Nachdem ich, zu meiner großen Selbstzufriedenheit, diese beiden Bilder gefunden hatte, schloß ich mein Fenster. Doch als ich mein Bett suchte, dessen Stellung ich in der Finsternis verloren hatte, stieß ich meinen Kopf unsanft gegen eine Ecke der Mauer, was mich für alle folgende Tage das Bildersuchen vermeiden ließ. Meine Freunde hatten die Gefälligkeit, zu erklären, sie entbehrten es sehr schmerzlich.

Das Schönste, was ich in Chamonix gesehen, ist meine Tochter. Du kannst Dir die Sicherheit und den Stolz dieser achtjährigen Schönheit in der Freiheit der Gebirge nicht vorstellen. So mußte Diana als Kind sein, als sie, noch ungeschickt, den Eber zu verfolgen, mit den jungen Rehen auf den reizenden Abhängen des Hybla spielte. Die Frische von Solange trotzt dem dörrenden Windhauch und der Sonne. Ihr halbgeöffnetes Hemd läßt ihre starke Brust sehen, deren makellose Weiße nichts beflecken kann. Ihr langes blondes Haar fällt in leichten Locken bis auf ihre kräftigen, biegsamen Hüften herab, die nichts ermüdet, weder der steife, harte Tritt der Maultiere noch das gefährliche Wettrennen über jähe, schlüpfrige Abhänge, noch die Felsensteige, die wir ganze Stunden lang erklettern müssen. Immer ernst und unerschrocken rötet sich ihre Wange vor Stolz und Unmut, wenn man ihre Schritte zu unterstützen sucht. Kräftig wie eine Zeder des Gebirgs und frisch, gleich einer Blume des Tals, scheint sie, obgleich sie den Wert des Geistes noch nicht kennt, zu erraten, daß der Finger Gottes sie auf die Stirn berührt hat und daß sie bestimmt ist, einst durch ihre geistige Kraft diejenigen zu beherrschen, deren Körperstärke sie jetzt beschützt. Auf dem Gletscher »des Bossons«, sagte sie mir: »Sei nur ruhig, lieber George, wenn ich Königin werde, gebe ich Dir den ganzen Montblanc.«

Ihr Bruder ist zwar fünf Jahre älter, doch weniger kräftig und weniger verwegen. Zärtlich und sanft erkennt und verehrt er instinktmäßig die Überlegenheit seiner Schwester; doch er weiß recht gut, daß die Herzensgüte ein Schatz ist. »Sie macht Dich stolz«, sagt er mir oft, »ich werde Dich glücklich machen.« Ewige Sorge, ewige Freude des Lebens, despotische Schmeichler, heftig bei den geringsten Wünschen, geschickt sie sich zu verschaffen, sei es durch inständige Bitten, oder durch Hartnäckigkeit; offene Egoisten, instinktmäßig von ihrer nur allzu gesetzmäßigen Unabhängigkeit durchdrungen, sind die Kinder unsere Herren, welche Festigkeit wir auch ihnen gegenüber zum Schein annehmen. Die meinigen zeichnen sich, trotz ihrer natürlichen Herzensgüte unter den heftigsten und unbequemsten aus, und ich gestehe, daß ich nicht weiß, wie ich sie in die soziale Form beugen soll, ehe die Gesellschaft sie ihre marmornen Ecken und ihre eisernen Spitzen fühlen läßt. Vergeblich forsche ich, welchen guten Grund man einem aus der Hand Gottes hervorgehenden und seine freie Rechtlichkeit genießenden Geist angeben kann, um ihn in solche nutzlose und törichte Knechtschaft einzusperren. Ohne Gewohnheiten, die ich nicht habe, und einen Scharlatanismus, den ich weder besitzen kann noch will, so begreife ich nicht, wie ich zu fordern wagen soll, daß meine Kinder die sogenannte Notwendigkeit unsrer lächerlichen Beschränkun-

Franz Liszt

gen anerkennen. Ich habe also nur ein Mittel der Autorität und wende es im Notfall, das heißt, sehr selten an; nämlich einen absoluten Willen ohne Erklärung und Widerruf. Doch rate ich dieses niemanden an, wenn er sich nicht ebenso geliebt als gefürchtet machen kann.

Ich liebe die Systeme sehr, nur ihre Anwendung nicht. Ich liebe den Saint Simonistischen Glauben, ich schätze Fouriers System; ich verehre diejenigen, welche sich in dieser verfluchten Zeit keiner lasterhaften Neigung unterworfen haben und sich in ein Leben des Nachdenkens und der Forschung zurückziehen, um über das Heil der Menschheit zu träumen. Doch glaube ich, mit der kleinsten praktisch geübten Tugend könnte man mehr tun, als mit aller in den Büchern niedergelegten Weisheit der Nationen. Dieser Gedanke kommt mir nicht bei Gelegenheit der Erziehung meiner Kinder, sondern bei der des Menschengeschlechts, über welche Franz, während wir die Abgründe des Tête-Noire überstiegen, von seinem Maultier herabdiskutierte. Ich, zu Fuß, das Maultier meiner Tochter am Zügel haltend, um es den sehr steilen Felsabhang hinabzuführen, schwätzte bunt durcheinander. Man machte mir den Krieg, weil ich während unsers Aufenthaltes in Chamonix nicht an der Philosophie hatte anbeißen wollen. Der Major ist gelehrt, Franz nach Kenntnissen begierig, Arabella durchdringt alles mit schnellem, klarem Blick. Ich dagegen bin träg, nachlässig und stolz auf meine Unwissenheit wie ein Wilder. Sie hatten gutes Spiel gegen mich, sie, drei zusammen, welche an den Fingern alle Kunstwörter der deutschen Metaphysik herzählen. Ich wehrte mich wie ein Teufel und glaubte, wir verstanden uns alle zusammen nicht. Anfangs argwöhnte ich, der Major wolle mich sondieren, um mich von seiner Wissenshöhe zu verurteilen und über die Armseligkeit meines Gehirns einen Richterspruch zu fällen. Wie Du glauben kannst, beeilte ich mich nicht, ihn alle phrenologischen Erhöhungen und Vertiefungen fühlen zu lassen, mit denen mich die Natur begabt hat. Ich spreche nicht gern von mir mit denen, die ich liebe, und obgleich ich den Major unendlich geistreich fand (vielleicht auch eben deshalb) fühlte ich ein geheimes Mißtrauen gegen ihn.

Ich hatte gewiß sehr unrecht. In der Folge der Reise habe ich gesehen, daß er ebenso gut als verständig ist; und sein Kopf, den ich für so kalt und aufgeblasen hielt, ist poetischer als der meinige! Das habe ich zu meiner großen Schande und zu meinem großen Vergnügen bemerkt.

Doch damals, wo ich ihn für ein wenig pedantisch hielt, spielte ich während des ganzen Tages den Spötter und den groben Menschen. Aus Widerspruchsgeist griff ich alle schönen Dinge an, die er wußte, und führte einen Vandalen-Krieg gegen seine Metaphysik. Er hielt mich für einfältiger, als ich es war; und ich konnte mich nur darüber freuen; denn von diesem Augenblicke, begann er mich in Freundschaft zu nehmen und nicht mehr in meinem Kopfe mit einem Mikroskop herumzusuchen, um alle die satanischen Herrlichkeiten aufzufinden, die er darin vermutete. Er sah, ich sei ein ganz erträglich guter Junge, keineswegs einer von den stärksten und nähere mich mehr der Natur des Maikäfers als des Teufels.

Im Grunde, wenn er auch in vieler Hinsicht recht gegen mich hatte, so behaupte ich doch, daß ich in dem nicht unrecht hatte, was ich beweisen wollte. Mein Irrtum bestand darin, in ihm Systeme bekämpfen zu wollen, die ich ganz ohne Grund bei ihm voraussetzte; und um eine Schaustellung falscher und kalter Wissenschaft zurückzuweisen, die ich ihm ungerechterweise zuschrieb, machte ich aller Wissenschaft, aller Methode, aller Theorie den Prozeß. Gott verzeihe mir, ich glaube, ich hätte meinem Jean-Jacques geflucht, wenn er seine Partei genommen hätte. Aber er machte mir das Vergnügen, nicht daran zu denken, und ich, der ich mich bis an den Hals in den Naturzustand meines geliebten Meisters versenkte, deklamierte (etwas weniger beredt als er) gegen den Mißbrauch der Wissenschaft und die Abgeschmacktheiten der Philosophie. Darin hatte ich recht: Ich hasse diese tiefe, erhabene, unergründliche, barbarische Wissenschaft, wo der Geist ertrinkt, wo das Herz vertrocknet; diese eiskalte Metaphysik der Deutschen, welche die menschliche Seele analysiert und die Geheimnisse der Gottheit in uns zerlegt, ohne daran zu denken, in unserm Herzen einen edlen Gedanken zu erwecken, ohne ein wahrhaft religiöses, ein wahrhaft menschliches Gefühl zum Keimen zu bringen. Ich lehnte mich also gegen alle diese eklektischen Doktoren auf, von denen ich den Major betört glaubte. Ich hielt mich krampfhaft an der Wirklichkeit fest, an der klaren Logik, an der begeisterten Praxis, an den republikanischen Prinzipien, an dem Edelmut des französischen Blutes, mit einem Worte, an Frankreich, welches dieser Genfer, sein metaphysisches Deutschland in der Hand, zu verachten schien. Um das alles auszusprechen, brachte ich tausend Dummheiten zum Vorschein; der verschlagene Major trieb mich immer weiter, indem

Marie d'Agoult

er mich als Jakobiner behandelte, und ich, das übersprudelnde Kind von Paris, wollte meine Väter, die Seele unseres Ahnherrn Rousseau nicht verleugnen. Der Streit war zu lebhaft, als daß ich an Zurückhaltung hätte denken sollen. Es schien mir, als wäre es Feigheit, unsere Verirrung, unsere Unwissenheit, unsere Exzesse von 93 in Gegenwart eines Gegners zu verurteilen, der sich das Ansehen gab, die Schuld unserm philosophischen Frankreich des achtzehnten Jahrhunderts aufzubürden; und während des Wortkampfes erhitzte ich mich so sehr, daß ich fähig gewesen wäre, den Major, Puzzi, die Puppe, welche meine Tochter hinter sich auf dem Sattel hielt, und selbst das Maultier, welches sie gemeinsam ritten, auf die Guillotine zu schicken.
Aber plötzlich bemerkte ich, daß der Major, gelangweilt oder empört von meiner Treulosigkeit, mich nicht mehr hörte. Er hatte den Kopf auf sein Buch geneigt, und mitten in den schönsten Szenen der Natur hatte er nur Augen und Sinn für eine philosophische Abhandlung, die er aus der Tasche gezogen. Ich erlaubte mir darüber zu spotten.
– Schweigen Sie, sagte er; Sie gehen durch das Leben und sehen nur die Gegenstände an, wie sie äußerlich gefärbt, beschnitten und geordnet sind; Sie kennen die Ursache von nichts und wünschen sie nicht kennen zu lernen. Sie haben wohl die Gebirge von Chamonix bis hierher genau betrachtet, nicht wahr? Sie haben die Fichten gezählt und könnten in Ihrem Kopfe eine genaue Zeichnung der äußeren Gestalt der Gebirgskette wiedergeben, wie ein Landkartenzeichner die Windungen der Saone aus dem Gedächtnis auf ein Stück Papier wirft. Während der Zeit habe ich das Prinzip der Welt gesucht.
– Und Sie haben es gefunden, Major? Teilen Sie es uns mit.
– Sie sind unverschämt, sagte er. Ich habe nichts gefunden; aber ich habe an das Prinzip der Welt gedacht, und das ist ein Gegenstand des Nachdenkens, der wohl der Handlung des in die Luftschauens, ohne an etwas zu denken, gleichkommt.
Und seinem Maultier die Hacken einsetzend, ließ er uns zurück, immer auf sein Buch blinzelnd und zwischen den Zähnen eine

Phrase murmelnd, die er gelesen hatte und die ihm wahrscheinlich nicht ganz klar war: *Das Absolute ist identisch mit sich selbst.*
– Wenn wir gegen elf Uhr des abends nach Martigny kommen, wagte ich zu sagen, hat er vielleicht dreiundzwanzigtausend verschiedene Arten, diese Worte auszulegen, gefunden. Ich begreife, daß man nicht guter Laune sein kann, wenn man solche Geisteskämpfe besteht.
– Ihr habt gegenseitig unrecht, euch zu beleidigen, sagte die vernünftige Arabella. Jeder Mensch ist weise, der sich seinen Eindrücken überläßt, ohne sich um das Was-wird-man-denken? zu bekümmern. Es gibt noch etwas Dummeres, als die Gleichgültigkeit des gemeinen Haufens in Gegenwart der Naturschönheiten, nämlich die gefällige Ekstase, die unermüdliche Bewunderung. Wenn der Major diesen Morgen in keiner künstlerischen Laune ist, so zeigt er viel mehr Geist und Verstand, indem er sich einer ausschließlichen Beschäftigung hingibt, als wenn er traurige Anstrengungen macht, um seinen erkalteten Enthusiasmus zu beleben.
– Übrigens weiß ich nicht, mit welchem Rechte wir seine Gleichgültigkeit für die Natur verachten sollten, nahm Franz das Wort, da wir bis jetzt seit unserer Abfahrt nichts getan haben, als uns streiten. Was den Doktor Puzzi betrifft, so hat er längs den Gebüschen sehr ernst alte Pferde aufgejagt, und das ist nicht poetischer.
Gegen Abend befanden wir uns auf dem höchsten Kamm des Gebirges und wurden von einem eisigen Winde angegriffen, der uns den feinen Hagel ins Gesicht trieb. Auf unsere Maultiere gebeugt, verbargen wir das Gesicht in unsere Mäntel. Der Major war teilnahmlos und dachte an sein Absolutes. Zehn Minuten später und eine Viertel Wegstunde tiefer kamen wir in eine gemäßigtere Region, und die Gründe des Wallis öffneten sich zu unsern Füßen, gekrönt mit violetten Berggipfeln und von der Rhône wie von einem matten Silberstreifen durchflossen. Die Nacht kam, ehe wir im schnellen Lauf die Wiesen durcheilt hatten, welche nach Martigny führen, den schönen Rasen von tausend

Bächen durchschnitten. Ein bemerkbares Loch in meinem Schuhe zwang mich, auf das Maultier des Majors zu steigen, hinter ihn und sein Absolutes. Er erließ mir die Lektion nicht.

– Die Systeme sind keineswegs so verächtlich, sagte er, als diejenigen es wohl glauben machen möchten, welche unfähig sind, nur eine Viertelstunde lang der einfachsten Schlußfolgerung zu folgen und die klarsten Theorien zu begreifen. Das sind gar treffliche Geistesgewohnheiten, welche uns dahin führen, mit einem Blicke alle Kombinationen des Gedankens zu umfassen; und wenn man dahin gekommen ist, ohne Anstrengung alle moralischen und philosophischen Data, welche in der geistigen Welt zirkulieren, aufzufassen und sie ohne Verwirrung und ohne Schwindel zu vergleichen, so glaube ich, ist man wenigstens ebenso fähig, seine Zeit zu beurteilen, als wenn man die Arme übereinanderschlägt und behauptet: Alles Dunkle ist unverständlich und alles Schwierige nicht zu verwirklichen.

– Bravo, Major! nieder mit den Obsuranten! riefen im Chor alle Anwesenden.

Ich war nicht zufrieden, um so mehr, als das Maultier einen sehr harten Trott hatte und der höllische Major jede Phrase mit einem Spornstich begleitete, der die heftigsten Stöße hervorbrachte. Ich hatte große Lust ihn in den ersten Graben zu werfen und den Weg ohne ihn fortzusetzen; doch fürchtete ich, er möchte sich durch eine noch ausgesuchtere Bosheit rächen; und da ich das Unglück habe, im Scherz sehr schwerfällig zu sein, unterwarf ich mich bis zu einer besseren Gelegenheit meinem Lose. Die gute Arabella sah aber meinen Mißmut und nahm sich großmütig meiner an.

– Wenn Sie in der Wissenschaft nichts anderes gefunden haben, sagte sie zu dem Major, als den Vorteil und das Vergnügen, Ihre Zeit zu beurteilen, so möchte das für uns andere von keinem großen Nutzen sein. Die Menschen brauchen nicht bloß Verstand, sondern auch Liebe und Tätigkeit. Das will wahrscheinlich Piffoël[8] seit den drei Stunden, wo er ins Blaue hineinschwätzt, beweisen, und der Major nimmt den Schein an, als verstände er es nicht, obgleich er ebenso sehr davon durchdrungen ist, als wir.

– Nein, nein, rief ich in übler Laune; er ist nur vom Gegenteil durchdrungen. Wenn der Major gelehrt ist, was kümmern ihn dann die Leiden und die gedrückte Lage des Einfältigen und Unwissenden? Mag der Major mit Geistern höherer Art sympatisieren, es ist für ihn und für sie sehr glücklich und angenehm; doch die Welt spürt davon keine Wärme, und der gemeine Haufe empfängt dadurch keine Erleichterung. Ei, so suchen Sie meinetwegen ein Mittel, Ihre Wissenschaft auf einen klaren, lakonischen Text zu stützen, und wenn Sie damit ein Volk gemacht haben, so geben Sie ihm ein Gesetzbuch in dreißig Bänden, wenn Sie wollen. Bis jetzt seid Ihr nur Brahmanen; Ihr verbergt die Wahrheit in den Brunnen, und Eure ältesten Eingeweihten können kaum Eure Mysterien erklären, so kompliziert sind sie, so sehr ist das Prinzip mit Hieroglyphen umhüllt! Statt daß Ihr scharf einschneidend und mutig die ganze Gefahr und das ganze Leiden einer großen versöhnenden Krisis darstellen solltet, macht Ihr Euch mit Euren Rätseln lächerlich und verdient in mehrerer Hinsicht den Vorwurf der Heuchelei, den man Euch macht. Deshalb bereichert all Euer wissenschaftliches Glück keinen Menschen, deshalb wissen wir nichts, oder wenn wir anfangen zu studieren und was zu unterrichten, fallen wir in eine beklagenswerte Verwirrung.

– Und doch, nahm Franz das Wort, liegt in allem, zweifelt nicht daran, die Zukunft der Welt. Die verschiedenen Elemente der Erneuerung werden sich eines Tages festsetzen und eine edle Einheit bilden. O nein, so viel schöne Werke versinken nicht in die Nacht zurück; so viel edle Bestrebungen, so viel menschenfreundliche Seufzer werden nicht durch die unversöhnliche Gleichgültigkeit des Geschicks erstickt. Was bedeuten die Irrtümer, Schwächen, Zwistigkeiten der Verteidiger der Wahrheit? Sie kämpfen jetzt noch zerstreut und wider ihren Willen erkrankt von der Unordnung und unduldsamen Eitelkeit der Welt. Sie können sich über die vergiftete Atmosphäre nicht erheben. Verloren in ein entsetzliches Gewühl verkennt, flieht und verwundet einer den andern, statt sich demselben Banner anzureihen und vor dem Kräftigsten und Reinsten unter ihnen das Knie zu beugen. Sie verschwenden ihre Kraft in einzelnen Kämpfen, in frivolen Scharmützeln. Diese erschöpfte Generation muß vorübergehen und verschwinden wie ein Wildbach. Sie muß unsere prophetischen Klagen, unsere Beteuerungen und unsere Tränen, mit sich fortnehmen. Nach ihr werden neue besser disziplinierte, von unserm Unglück belehrte Kämpfer unsere auf dem Schlachtfelde zerstreuten Waffen aufraffen und die Zaubergewalt der Pfeile des Herkules entdecken.

– Umarmen wir uns, guter Franz, und Gott möge Dir sein Ohr leihen! rief ich, vom Maultier herabspringend. Du sprichst und denkst nicht schlecht für einen Musiker.

Der Major lächelte in seinen Bart hinein, während er uns mit väterlichem Blicke betrachtete, sein Herz sympatisierte mit unserm Enthusiasmus für die Zukunft, und er begann mir weniger teuflisch zu erscheinen, als ich mir in den Kopf gesetzt hatte, ihn anzunehmen.

Eine Magd öffnete in diesem Augenblick in sehr übler Laune die Tür des Hotel de la grande Maison in Martigny.

– Das ist kein Grund, um Grimassen zu schneiden, sagte ihr Franz ins Gesicht, denn er war ganz lebhaft und kriegerisch geworden. Er befahl den Dienern, die Karavane um sechs Uhr morgens aufzuwecken, und wir eilten, von Müdigkeit erdrückt, in die Betten. Ich hatte fast den ganzen Weg, das heißt, acht Lieues zu Fuße gemacht. Der Major hatte es sehr wohl bemerkt und schrieb es sich hinters Ohr. Er schloß sich mit seiner Abhandlung über das Absolute und mit Puzzi, den er prügelte, um ihn am Schnarchen zu hindern, ein und suchte die ganze Nacht den wahren Sinn der furchtbaren Phrase: – »Das Absolute ist an sich identisch.«

Da er nichts gefunden hatte, was ihn vollkommen befriedigte, erbitterte sich seine satanische Laune, und um vier Uhr morgens machte er einen furchtbaren Lärm an meiner Tür. Ich wache auf, kleide mich eilig an, packe und durchlaufe das ganze Haus, die Augen reibend, gegen die Müdigkeit kämpfend, in der Besorgnis, zu spät zu kommen. Eine tiefe Stille herrschte überall, schon begann ich zu glauben, die Karavane sei ohne mich abgereist, als der Major in der Nachtmütze, gähnend in seiner Zimmertür erscheint und mit einem hämischen Lächeln sagt:

– Was sticht Sie denn für eine Fliege und warum sind Sie so zeitig munter? Auf der Reise ist Ihre Laune wirklich unerträglich. Bleiben Sie ruhig, wir können noch eine ganze Stunde schlafen.

– Verdammter Major! rief ich wütend.

Der Name ist ihm geblieben, und er ist weit malerischer, als es meiner Feder erlaubt ist, ihn zu zeichnen. Der Name ist gleichbedeutend mit Gesalbter; und da die Sprache außerordentlich logisch ist, so ist es auch ein Beiwort der Erhabenheit, wenn man es dem Substantiv nachsetzt.

Anmerkungen

Einleitung

1 Heinrich Heine, *Sämtliche Schriften in 12 Bänden*, hrsg. v. K. Briegleb, München 1976, Band 9, S. 262 f.
2 Marcel Proust, *Auf der Suche nach der verlorenen Zeit*, *In Swanns Welt 1*, Frankfurt/M. 1964, S. 60.
3 F. M. Dostojewski, *Tagebuch eines Schriftstellers*, München 1963, S. 197.
4 Heinrich Mann, *Eine Freundschaft – Gustave Flaubert und George Sand*, München 1905/06, und A. Maurois, *Dunkle Sehnsucht*, München 1975, S. 439.
5 F. Winwar, *Ein Leben des Herzens*, Bern 1947, S. 369.
6 H. Lange, *Frauenhandbuch* Bd. 1, Berlin S. 23.
7 L. Spach, *Zur Geschichte der modernen französischen Literatur*, Straßburg 1877, S. 185.
8 Die Geschichte ihrer Vorfahren erzählt G. Sand ausführlich in mehreren Bänden der *Geschichte meines Lebens*, Leipzig 1855, dt. v. C. Glümer.
9 *a.a.O.*, 3. Teil, S. 43.
10 *a.a.O.*, 7. Teil, S. 84.
11 André Maurois, *Dunkle Sehnsucht. Das Leben der George Sand*, München 1953, dt. v. W. M. Lüsberg, S. 42.
12 Arnold Hauser, *Sozialgeschichte der Kunst und Literatur II*, München 1953, S. 197.
13 G. Sand, *Geschichte meines Lebens*, *a.a.O.*, S. 68.
14 A. Maurois, *a.a.O.*, S. 62.
15 *a.a.O.*, S. 170.
16 *a.a.O.*, S. 97.
17 Aurore hatte in dem Sekretär ihres Mannes dessen Testament gefunden, das zwar erst nach seinem Tode geöffnet werden sollte, das sie aber – da es an sie adressiert war – erbrach. In einem Brief an Jules Boucoiran schrieb sie im Dezember 1830:
»Bei Gott! Welch ein Testament! Verwünschungen, weiter nichts! Er hatte darin alle seine Anwandlungen von Mißgelauntheit und Zorn gegen mich zusammengetragen, alle seine Gedanken über meine *Perversität*, alle Gefühle der Verachtung wegen meines Charakters. Er hinterließ mir dies als ein Unterpfand seiner Zärtlichkeit! Ich vermeinte zu träumen, ich, die ich bis dahin die Augen verschloß und nicht sehen wollte, wie geringschätzig man mich behandelte. Diese Lektüre hat mich endlich aus dem Schlaf gerissen.«

18 Der Aufstand der Pariser hatte sich gegen die fünf von Karl X. unterzeichneten Ordonnanzen gerichtet, die die Veröffentlichung jeder Druckschrift von der Erlaubnis der Behörden abhängig machten, die Abgeordnetenkammer auflösten und das Wahlgesetz und die Rechte der Kammer willkürlich beschränkten.
19 Eigentlich Hyacinthe Thabaud de Latouche, Schriftsteller, der während der Revolution von 1830 an der Seite der Republikaner auf den Barrikaden gekämpft hatte und nun Spottgedichte gegen das Regime des Bürgerkönigs Louis Philip von Orléans veröffentlichte.
20 G. Sand, *Geschichte meines Lebens*, *a.a.O.*, 10. Teil, S. 38 ff.
21 Maurois, *a.a.O.*, S. 113 f.
22 1839 veröffentlichte Jules Sandeau seinen bekanntesten Roman, *Marianna*, der stark autobiographisch ist und seine Erlebnisse mit Aurore schildert.
23 Maurois, *a. a. O.*, S. 132.
24 *a. a. O.*, S. 132.
25 George Sand, *Briefe eines Reisenden*, dt. v. L. Meyer, Leipzig 1844, Vierter Teil, S. 101.
26 Östen Sodergård (Hrsg.), *Les Lettres de George Sand à Sainte-Beuve*, Genf-Paris 1964, S. 37.
27 Hans Mayer, *Außenseiter*, Frankfurt/M. 1975, S. 106.
28 Siehe S. 145 ff. in diesem Band.
29 S. die Bildreproduktion auf S. 25 in diesem Band.
30 Dt.: *Beichte eines Kindes unserer Zeit* (1915).
31 Eine Tochter aus dieser Verbindung ist Cosima, die spätere Frau zuerst des Pianisten Hans v. Bülows, dann des Komponisten Richard Wagner. Den Namen Cosima gab G. Sand der Heldin des gleichnamigen Dramas, das 1840 aufgeführt wurde und durchfiel, weil es als unmoralisch empfunden wurde.
32 Die Hauptfigur in George Sands Roman *Spiridion* ist dem berühmten Abbé nachgezeichnet.
33 s. S. 229 ff. in diesem Band.
34 H. Heine, *a.a.O.*, S. 442.
35 A. Maurois, *a.a.O.*, S. 259.
36 s. S. 196 ff. in diesem Band.
37 s. S. 177 ff. in diesem Band.
38 *Correspondance entre George Sand et Gustave Flaubert*, Paris o. J., S. 71.
39 K. Grün, *Die soziale Bewegung in Frankreich und Belgien*, Hildesheim 1974.
40 A. Maurois, *a.a.O.*, S. 335.
41 F. Winwar, *Ein Leben des Herzens*, Bern 1947, dt. v. N. O. Scarpi, S. 364.

42 L. Spach, *a.a.O.*, S. 196.
43 H. Mann, *Eine Freundschaft*, München 1905/6, S. 31.
44 A. Maurois, *a.a.O.*, S. 407.
45 A. Maurois, *a.a.O.*, S. 407 und G. Flaubert, *Briefe an George Sand*, Potsdam 1919, S. 38 f.
46 *Correspondance entre George Sand et Gustave Flaubert*, Paris o. J., S. 467. s. a. *Die vielgeliebte Frau*, hrsg. und übertragen von Lili Turel, S. 172, München 1922.
47 Maurois, *a.a.O.*, S. 439.

Geschichte meines Lebens

1 George Sand, *Œuvres autobiographiques*, Bd. 1 und 2, hrsg. von Georges Lubin, Paris 1970
2 Nach der deutschen Ausgabe von 1855: George Sand, *Geschichte meines Lebens*, dt. v. Claire v. Glümer, Leipzig 1855, 4 Bde. Die ausgewählten Texte wurden lediglich in der Schreibweise dem heutigen Sprachgebrauch angepaßt.
3 Kaffeehaus, Kneipe
4 der Urgroßvater Aurore Dupins väterlicherseits
5 Fußgicht
6 Das Gut Nohant erbte Aurore von ihrer Großmutter. Es liegt ca. 200 km südlich von Paris im Berry.
7 Weihnachtsmann
8 ein uneheliches Kind, das der Vater mit einem Dienstmädchen gezeugt hatte
9 eine uneheliche Tochter, die die Mutter mit in die Ehe gebracht hatte
10 Dechartres lebte im Hause der Großmutter. Er war der Erzieher von Aurores Vater gewesen und sollte auch Aurore in allen wichtigen Fächern unterrichten.
11 ein Kind aus der Nachbarschaft, das Aurores Spielgefährtin war
12 ein Dienstmädchen im Hause der Großmutter
13 ein Dienstmädchen im Hause der Großmutter
14 eine der ärgsten Lehrerinnen, durch deren Verhalten sich Aurore ständig gedemütigt und verletzt fühlte
15 Als Mutter wählten sich die Klosterschülerinnen diejenige Nonne, zu der sie besonderes Vertrauen hatten und mit der sie ihre persönlichen Probleme besprechen konnten.
16 die vormalige Kloster-Tochter von Schwester Alicia
17 Thabaud de Latouche, Schriftsteller, in dessen Redaktionsstube George Sand ihre ersten Artikel schrieb.
18 Republikanischer Aufstand gegen den König Louis Philippe

19 Halbmonatszeitschrift für Politik, Geschichte, Literatur und Kunst; erscheint heute noch in Paris.
20 Michel de Bourges, Republikaner, bekannter Rechtsanwalt, der George Sand in ihrem Scheidungsprozeß vertrat.
21 nach dem Scheidungsprozeß

Ein Winter auf Mallorca

1 George Sand, *Ein Winter auf Mallorca*, hrsg. und übers. von Ulrich C. A. Krebs, Frankfurt/M., o. J.
2 Frédéric Chopin

Briefe eines Reisenden

1 George Sand, *Briefe eines Reisenden*, Leipzig 1844, übers. v. L. Meyer
2 Aus der Vorrede, S. 2
3 D. i. Charles Didier (1805–1864), französischer Schriftsteller
4 Im folgenden werden S. 39 bis 58 des 4. Teils der *Briefe* in der Übersetzung von L. Meyer von 1844 wiedergegeben, die nur in der Schreibweise dem heutigen Sprachgebrauch angepaßt wurde.
5 die Gräfin Marie d'Agoult
6 Adolphe Pictet, schweizer. Major und Schriftsteller
7 ein Schüler Liszts, der später unter seinem Namen Hermann Cohen als Musiker auftrat.
8 so wurde George Sand genannt, die ihrerseits Marie d'Agoult und Franz Liszt die »Crétins« nannte.

1804 1. Juli: Geburt von Amantine-*Aurore*-Lucile Dupin in Paris, der späteren George Sand, Tochter von Maurice Dupin und Antoinette-Sophie-Victoire Dupin, geb. Delaborde.

1808 16. September: Aurores Vater, Maurice Dupin, stirbt durch einen Sturz vom Pferd.

1810 Aurores Mutter, Sophie-Victoire Dupin, läßt sich in Paris nieder. Aurore bleibt bei der Mutter ihres verstorbenen Vaters in Nohant im Berry.

1818 Eintritt ins Kloster der Englischen Augustinerinnen in Paris.

1820 Rückkehr nach Nohant, wo Aurore ihre kranke Großmutter pflegt.

1821 26. Dezember: Tod der Großmutter. Die siebzehnjährige Aurore Dupin wird Erbin des Landgutes Nohant sowie eines vornehmen Privathauses, des Hôtel Narbonne in Paris.

1822 Januar: Aurore wird von ihrer Mutter mit nach Paris genommen. April: sie lernt Casimir-François Dudevant kennen, den sie am 17. September heiratet.

1823 Das Ehepaar Dudevant lebt abwechselnd in Nohant und in Paris. Am 30. Juni Geburt des Sohnes Maurice.

1825 Reise in die Pyrenäen. Bekanntschaft mit Aurélien de Sèze. Leidenschaftliche, aber platonische Liebe zwischen diesem und Aurore.

1828 13. September: Geburt der Tochter Solange.

1830 Aurore lernt Jules Sandeau kennen, dessen erste Namenshälfte »Sand« später ihr Pseudonym wird.

1831 Januar: Aurore läßt sich in Paris nieder. Sie schreibt zusammen mit Jules Sandeau den Roman *Rose et Blanche*, der unter dem Pseudonym J. Sand erscheint.

1832 *Indiana*, Aurores erster allein verfaßter Roman, erscheint unter dem Pseudonym G. Sand.

1833 *Lélia*. März: Bruch mit J. Sandeau. Juni: Bekanntschaft mit Alfred de Musset, mit dem sie Ende des Jahres nach Venedig fährt.

1834 August: George Sand kehrt mit dem venetianischen Arzt Pagello von ihrer Italienreise zurück.
Jacques (Roman in Briefform)

1835 März: Endgültige Trennung von Alfred de Musset.
April: Sie lernt Michel de Bourges kennen.
André.
Leone Leonie.

1836 Endgültige Trennung der Ehegatten George Sand und Casimir Dudevant. Reise in die Schweiz mit Marie d'Agoult und Franz Liszt.

Simon.
Lettres d'un voyageur.
1837 Tod der Mutter George Sands. Aufenthalt Marie d'Agoults und Franz Liszts in Nohant.
Mauprat.
1838 Honoré de Balzac in Nohant. Bekanntschaft mit Frédéric Chopin. Oktober: Gemeinsame Reise nach Mallorca.
La Dernière Aldini
Les maîtres mosaïstes
1839 Februar: Abfahrt von Valldemosa auf Mallorca. Chopin sehr krank.
L'Uscoque.
Spiridion.
1840 P. Buloz weigert sich, *Le Compagnon du Tour de France* in der *Revue des Deux Mondes* abzudrucken.

George Sand

Gabriel.
Les Sept Cordes de la Lyre.
Cosima.
Le Compagnon du tour de France.

1841 George Sand und Pierre Leroux gründen *La Revue Indépendante.* G. Sand und F. Chopin wohnen bis 1847 abwechselnd in Paris und Nohant.
Pauline.

1842 Eugène Delacroix in Nohant.
Un Hiver à Majorque.
Horace.

1843 *Consuelo.*

1844 *La Comtesse de Rudolstadt.*

1845 George Sand schreibt ein Vorwort zu den Gedichten des französischen Arbeiterdichters M.-E. Mogu.
Le Meunier d'Angibault.

1846 *La Mare au diable.*

1847 Bruch mit Chopin. Kurzer Aufenthalt des italienischen Freiheitskämpfers Giuseppe Mazzini in Nohant.
Lucrezia Floriani.

1848 Teilnahme George Sands an der Revolution in Paris. Mitarbeit am *Bulletin de la République.* Sie gründet die Zeitschrift *La Cause du Peuple.* Verhaftung von Barbès, Blanqui, Leroux etc.
Lettres au peuple.

1849 Tod von Marie Dorval und Frédéric Chopin.
La Petite Fadette.

1850 Tod von Honoré de Balzac.
François le Champi.

1852 George Sand setzt sich zugunsten vieler Verurteilter der 48er Revolution ein.

1853 *Les Maîtres sonneurs.*

1854/55 *Histoire de ma vie.*

1857 Tod von Alfred de Musset.

1859 *Elle et Lui.*

1862 Heirat ihres Sohnes mit Lina Calamatta.

1863 Erster Brief an Flaubert.

1864 Veröffentlichung verschiedener Theaterstücke.

1866 George Sand besucht Alexandre Dumas in Puys und Gustave Flaubert in Croisset.

1869 Tod von Sainte-Beuve.
Flaubert während der Weihnachtstage in Nohant.

1871 Tod von Casimir Dudevant. *Journal d'un voyageur pendant la guerre.*

1873 Besuch von Gustave Flaubert und I. S. Turgenjew in Nohant.

Contes d'une grand-mère.

1874 *Ma sœur Jeanne.*

1876 8. Juni: Tod von George Sand nach kurzer und schmerzhafter Krankheit.

Die angegebenen Erscheinungsdaten beziehen sich auf *Buch*veröffentlichungen. Die meisten Romane George Sands wurden vorher in der *Revue des deux Mondes* oder anderen Zeitschriften veröffentlicht.